中國海洋史論集

曹永和／著

目次

中國海洋史話

敘論

我國歷史文化萌芽甚早。七、八千年前已有定居農業，至四千年前文物已燦然大備，與古埃及、巴比倫和印度，並稱世界四大古文明國。我國位於歐亞大陸東隅，東、南面臨汪洋大海，北絕大漠，與其他古文明地區，距離遙遠，地形較爲孤立。加之週遭又無強大文明國家，所以其文化大體上是在本土獨自醞釀成長，而於東亞形成了一個獨特的文明世界。

我國地理雖較其他文明地區孤立，但並非絕對的隔絕，自古仍有斷斷續續的對外交通。世界任何國家民族的歷史文化和社會經濟的開發，其間必得經過多次文化交流。由於不同的文化因子、相互激盪，凝融創新，再經由交通貿易的互惠，不但得以打破閉鎖的自然經濟社會，更豐富生活內容，文化境界也因此而提升了。若無此有利於生存條件的刺激，該國家民族文化的生機便可能衰退，甚至滅亡。現存世界文明古國中，惟獨中國歷史文化猶存至今。中國文化之所以延續不絕，綿延擴大，其原因固然甚多，然而自古以來不斷地和不同的文化交流，由吸收而融合，而臻於完備，這也是重要原因之一。

中外交通的路線，主要有陸路和海道。歷史上的海洋接觸，與陸路一樣可溯及史前。然而中華民族發展的軌轍，由西北而東南，由黃土高原、江河平原而至海洋，因此中外交通，早期多以陸路爲主，海道爲輔。隨著中國文化、經濟逐漸向東南擴展傳播，海洋交通亦隨之發達，海洋的重要性亦更與日俱增。自宋朝以後中外交通的中心逐漸由陸路轉向海洋。至十五世紀末年，由於西歐諸國熱中於海洋的探險和新航路的開拓，各國無不提倡海外發展，世界歷史於是開了一個新紀元。海權的提倡，致使世界各地皆蒙受西歐海上勢力的衝擊，世界局勢亦因此完全改觀。我國東南沿海和臺灣，亦因而成爲列強競相爭逐之地，從而改變了中國的命運。

經人類數千年來的維生經營，陸地資源至今已開發殆盡；而佔有地球表面四分之三的海洋資源，除漁業以外，尙多未開發，因此未來人類的生存，不得不繫之於海洋資源的開發。近年來各國紛紛拓展領海，致力確保經濟海域，由此可見一斑。我國所瀕臨的太平洋爲地球上最大海洋，其開發具有無限潛力。我國位於太平洋的西側，而臺灣的地理位置更處於西太平洋的要衝，對於將來海洋資源的開發，實具有其重要性。

由此可見海洋對於我國，無論過去，現在或將來，均具有重要的意義。本篇將敘述我國歷史上海洋所具意義及海道的開拓與發展。

史前文明與河海的關係

舊石器時代與濱海地區的接觸

自人類出現以迄一萬年前間，是爲舊石器時代，從地質學上來說，是屬於更新世。這個時期文化的發展緩慢，所使用的工具爲打製的石器，以漁獵和採集維生。雖然文明進展極其緩慢，但到了晚期漁獵反而更形活躍。在不同的地理環境下，生活和文化也帶有地方性的差異，而水產和海產此時不但成爲人類維繫生活的資源，介殼、骨器等更已成爲美化生活的資產；濱海地區和內陸也已有往來交易了。

丁村位於山西臨汾的汾水流域，在丁村除了發現的三顆人類牙齒化石以外，同時有大約二千件的石器及大批動物骨骸化石的出土。由這些出土物可推知，當時人們不但獵取附近的扁角鹿、象、犀牛等動物，同時也發展出漁撈業，並從汾河中捕撈青魚、鯉魚、鯇魚、厚殼蚌等水產動物作為食物。

舊石器時代晚期的遺存，在我國境內分佈相當廣泛。在這個時期裡所發現的化石人類已經同屬現代人類，也具有蒙古人種的特徵。出土的人類主要有河套人、周口店的山頂洞人、安徽省的泗洪人、四川省的資陽人、廣西省的柳江人、麒麟山人、臺灣省臺南縣的左鎮人等。這時期人類的生活有很明顯的重大進展。例如在周口店山頂洞中發現大量的動物化石以及巨大河蚌殼、魚脊椎骨等，廣西省來賓縣麒麟山蓋頭洞中出土有鹿、野豬骨頭和大量的螺螄殼堆積，這些都顯示了狩獵之外，漁撈的經濟活動已有了相當的進展。由其他出土物也可知道此期人類的生活內容也較為豐富，已知致力於文化的創造，而有了原始的宗教和原始藝術。在周口店山頂洞曾出土有一件骨針，屍骨旁放置穿孔的牙齒及介殼，許多牙齒內並染成紅色，可知已經能縫製獸皮、也已有埋葬的儀式和陪葬品。遺物中海蚶殼、大蚌殼或赤鐵礦等許多都是外來的貨物。另外，河南省許昌縣靈井遺址出土化石人類的大腿骨二支以及石器以外，還出土了海生軟體動物牡蠣的殼。這些都說明了山頂洞人和靈井人已經有了與濱海地區的人們直接或間接的交通，海產介殼因此成為珍貴飾品。

新石器時代濱海文化的開展

人類古文明的起源，大多與河流及海洋息息相關。中國古文明即是起源於黃河流域，而逐漸發展傳播至各地。在舊石器時代，中原地區的古人類已與濱海地區時有接觸，到了新石器時代，中國東南及東部沿海地區的文化更扮演了相當重要的角色。

根據各地的考古發現，新石器時代的文化類型，主要可分爲若干系統。其中除了廣爲人知的華北仰韶、龍山文化外，還有稻作的江南沿海文化，如山東、河北、江蘇的青蓮崗文化，江蘇、浙江的河姆渡文化、馬家濱文化、良渚文化，長江中游湖北的屈家嶺文化以及東南沿海長江下游的印紋陶文化。這些不同類型的文化，顯示了新石器時代文化的起源是多元的。而沿海地區的文化蓬勃發展後，並與中原地區的文明相互交流，形成了新石器時代的濱海文化。

中原文化區　仰韶文化是中國境內最早發現的新石器時代文化。這個文化分佈相當廣大，而勢力也相當雄厚，分佈地區遍及整個黃河流域，而以黃河與渭水、汾河交會的河谷地區，亦即關中一帶，爲核心地區，屬於典型的中原內陸文化。在數千年的演化中，它傳播至各地，並與濱海地區的文化相互影響，而產生了屬於濱海文化系統的龍山文化。這一段過程使中國的文化由中原文化開展成了濱海文化。

江南沿海地區文化　新石器時代屬江南沿海地區的文化可以江蘇、浙江的河姆渡文化、馬家濱文化、良渚文化爲代表。在華東沿海地區，考古的發現證實了早在西元前五千至四千年之間，這一帶的居民已從事種稻和養豬。浙江省餘姚縣河姆渡所發現的水稻栽培，比仰韶文化半坡的小米早一千年。過去學者都認爲水稻的種植起源於印度，再經由東南亞傳到中國。然而印度迄今已知的水稻，其最早的紀錄僅有五千年，較河姆渡的水稻爲晚。河姆渡的水稻栽培紀錄是目前所知全世界最早的。

馬家濱的文化在浙江北部至江蘇南部一帶，起源於西元前四千九百至三千五百年間，相當於中原仰韶文化的早期和中期，比河姆渡文化略晚，而溯源於河姆渡文化，其農作物也是水稻。

此外，分佈於浙江北部錢塘江下游及江蘇太湖流域一帶的良渚文化（西元前三四〇〇—前二一〇〇年），與北方龍山文化於某些方面有相當近似的面貌。其農業已經相當進步，農作物也是水稻，另外還有花生、香瓜等各種作物。水稻包括有粳稻和秈稻。另外，木槳、木浮標、網錐的出土，都顯示了良渚文化的居民已經懂得操作船隻，並於深水域從事漁業作業。

由上述的三個文化可看出，河姆渡文化在時間上爲最早期，地理位置最偏東南，並緊靠著華東沿海地區發展。接下來的馬家濱文化，時間上略晚，地域已分佈至較北的浙江北部；到良渚文化，時間上更晚，地區上也愈向北方發展。因此，這股向北發展的江南沿海文化與向東、向南發展的中原文化交融匯合，而出現了交流地區的文化，最後又發展成了龍山文化。

沿海文化與中原文化的交流　在沿海地區與中原地區之間，許多文化區兼具了雙方文化的特質，顯示出中原文化與沿海文化交流的面貌，其中以青蓮崗文化和屈家嶺文化爲代表。

青蓮崗文化係以江蘇淮安青蓮崗的發現爲代表，不過也有稱之爲大汶口文化，此則以山東泰安大汶口的發現爲名。青蓮崗文化的分佈在山東、蘇北一帶，年代早期在西元前四千六百年左右，晚期則遲至西元前二千三百年左右。這個文化也是水稻耕作，與馬家濱文化有許多共同點，但也有顯著的差異。同時也有少量的彩陶出土，具有一些地方的色彩，此顯示出和中原的仰韶彩陶文化有過文化交流。

屈家嶺文化分佈於長江中游和漢江流域，年代在西元前三千至二千五百年間，主要農作物爲粳稻。這個文化是中原的仰韶文化向東擴展，而受到了江南下游文化的影響所形成。

濱海文化的展開——龍山文化　民國十七年在山東省歷城縣龍山鎭城子崖地方，發現了與黃河中游的仰韶文化截然不同的龍山文化遺址。這個遺址的出土物中，最引人注意的是帶有黑色光澤，而又薄如蛋殼的黑陶，因此也稱黑陶文化。這個地方又有卜骨出土，所以龍山文化和仰韶文化以及殷文化之間究竟有什麼關係，成了學者研究的一個問題。

當時學者認爲仰韶文化和龍山文化是黃河流域中分別在東、西獨立產生發展而成。而仰韶文化是從陝西傳到河南地方，其後龍山文化從山東傳到河南，發展成爲殷商的青銅器文化。傅孟眞先生的「夷夏東西說」即以這種說法爲基礎而建立，因此仰韶文化與龍山文化遂成了東夷西夏的分界。但近年來各地陸續發掘的結果，發現龍山文化所最具特色的黑色陶器，不僅分佈於龍山一地，龍山文化只是一個典型的類型而已。

民國四十四年至四十六年間，在河南廟底溝遺址發現廟底溝的第二期文化是屬於晚期仰韶文化至龍山文化的中間文化，而其中龍山文化的因素相當明顯，甚至可說是早期的龍山文化。由此可知仰韶文化和龍山文化並不是東西對立的不同文化，而是仰韶文化向東、南發展，與馬家濱、青蓮崗、屈家嶺等文化彼此往來，交互影響，而形成了龍山文化。由於龍山文化分佈的地區非常遼闊，各地方自然環境以及文化背景的差異，使得各地的龍山文化都帶有地方色彩。但可約略劃分爲陝西龍山文化、河南龍山文化、山東龍山文化、湖北龍山文化等類型。山東龍山文化亦稱爲典型龍山文化，以山東爲中心，北沿渤海灣抵達遼東半島，南至蘇北一帶。由此可知以山東爲中心的龍山文化，是中原的仰韶文化向濱海開展，而稻作的江南沿海文化向北發展，於山東交會而形成了所謂典型的龍山文化。由此看來，這個典型的龍山文化顯然是個濱海的文化。

由以上所述及，可看出新石器時代的文化，在地域上相當接近，但不論其分佈是由西向東，或從北至南，都與河流或海岸有明顯的連繫。當時的交通，在內陸沿著河川，沿海地區則仰賴海路。

尤其江南至華南一帶，高溫多濕，森林密佈，因此沿岸海路的交通更形重要。於是由南海至華南，再沿江南海濱至山東與中原接連的交通線，從龍山文化期以後直至殷代，便逐漸地發展起來了。

商周的海上交通

新石器時代晚期帶有海洋色彩的龍山文化，因與邊疆文化交互影響，並摻雜了新的成份，遂於中原地區形成了中原龍山文化，後來逐漸發展而孕育出青銅器文化，成爲中國文化的母體，也就是黃河中原地區的殷商文化。換句話說，中國文化是大陸文化與海洋文化的交流而形成的新的中原文化；而以具有海洋文化特質的龍山文化，作爲殷商文化的主要發展基礎。

殷商的海外接觸

由殷墟出土的遺物，可知商代在某種程度上，已經直接或間接地與四周的民族有交通往來，交通的路線有陸上交通和沿海航路。而這些沿海的航路又和河流的水運連接，而通抵中原。河南安陽的殷墟出土了許多外來的物品，如：新疆一帶出產的玉；海產方面的鯨魚骨頭是由離中原最近的東海運來；而占卜用的龜甲，則是南海的產物。又，從殷墟發現了許多青銅器，其原料中的銅、錫等礦石並非產於中原，而係出於南方；銅器的裝飾藝術，融合了幾個不同的傳統，其中包括了很多僅見於太平洋區域所發展的裝飾藝術。

另外，在二里崗及小屯村商代城址中，也發現相當多的貝。根據考古資料顯示，仰韶期和龍山期關於貝的出土很少。至殷商後期，以首都「大邑商」為中心的地區，貝類的出土有顯著的增加。甲骨文中，有不少地方提及貝若干「朋」，「朋」是指一連串的貝。王國維曾認為十枚貝為一朋，但在出土的貝中，通常以二十二、二十四或二十六個貝為一串。其中有賜貝二朋等辭例的記載。殷末至西周的金文也有以貝若干朋作為賞賜品的記載。由這些均可充分地看出殷與南海地區已有密切的往來。

周代的海權發展

周初由於致力於東方的經營，終於消滅了殷商在東方的殘存勢力，同時也控制了黃河流域的重要農業地區，及山東沿海直至長江下游的沿岸地區。

根據記載，西周前期賜與臣僚貝的數量比殷後期為多，這顯示了殷末至周初以來，雖然東南諸夷時常反叛，但由於中原地區對於東南諸夷的經營進展，當時頗為珍貴的貝供給亦隨之增加。從西周至東周的初期，華北貝類的出土，除了量的增加外，分佈地區亦更為擴大。《尚書·禹貢篇》揚州條謂：「島夷卉服，厥篚織貝」，這表示當時中原人士大約模糊地認為貝是產於江淮或其南方的島夷。

周初所實施的封建，實際就是武裝的殖民運動，亦即分別於戰略、經濟、交通上的重要地區或路線上，移殖武裝力量。在林立衆多的封國當中，最重要的大國如燕、齊、魯、衛、唐，都是利用其軍事據點以控制東方，並作爲鞏固周室的目的。在這段時期，各國國勢的發展與海洋產生了相當密切的關係，諸如濱海的國家以海洋資源爲後盾而強大起來；國與國之間的爭戰也有許多發生於海上；海軍的強大能進而支援國力，並鞏固其政權等等。

齊由周初至春秋戰國始終是個大國，濱海之漁鹽爲其得天獨厚的資源。齊因利用漁鹽從事工、商，因而強盛富庶。齊桓公能稱霸中原，即靠其雄厚的經濟力量，以支持龐大的軍隊。齊桓公去世後，齊的霸業雖結束，但齊的工商業並未衰退，直到戰國末期仍未衰頹。尤其是齊的紡織品，始終暢銷國外，使齊國家殷人足，成爲他國巨富爭相投資之處。齊的沿海交通頻繁，如越國大夫范蠡滅吳之後，即引退越國，渡海到齊，變名易姓，稱爲陶朱公。這表示了當時民間，由華東至山東已有海上交通的存在。

關於海上軍事行動，據《左傳·哀公十年》，或《史記·吳泰伯世家》記載，周敬王三十五年（西元前四八五年），吳王夫差，帶同當時在其勢力之下的魯公由陸路北上，另派大夫徐承率舟師攻齊，但爲齊軍所擊退。這說明了文獻上中國已有了以舟師由海道攻戰之事。當時吳的軍船，根據《越絕書》的記載，大翼長十二丈，寬一丈六尺，人員九十一人，其中戰士二十六人，櫂卒五十人，舳艫三人。中翼長九丈六尺，寬一丈三尺；小翼長九丈，寬一丈二尺。由此可知當時船已相當發達，船團也相當大。

西元前四八二年，當吳王夫差至黃池會合諸侯時，越王勾踐一方面派范蠡統率水軍，沿海進入淮河以斷吳王歸路；另一方面親自率領中軍攻入吳都。夫差稱霸後，匆忙趕回，向越求和，但終於西元前四七三年爲越所滅。越之所以能攻敗吳國，因其頗致力於海軍勢力的增強。根據《史記·越世家》記載，當時越王勾踐動員習流二千人、教士四萬人、君子六千人、諸御一千人的大軍伐吳。西元前四七三年滅吳後，越於琅琊山築觀臺，派勇士八千人，配置軍船三百艘於此。至西元前四六八年，越更遷都於琅琊，這顯示了越爲確保黃海上的制海權，以便增強中原勢力的一段史實。

秦漢帝國的海上開拓

秦漢帝國成立後，開疆拓土，確立了中國的版圖，爲以後二千年的歷史，提供了中華民族生存活躍的空間，但漢民族繁殖區域仍在漢水、淮河以北，江漢流域以南則仍是蠻荒瘴癘之區。就整個中國歷史而言，自舊石器時代迄於秦漢帝國的成立爲止，各族的文化交流與彼此間紛爭衝擊的結果，中原成爲向心的中心，再經由各族不斷的融合，活動範圍的日益擴大，勢力漸展，文化逐漸提升，終於凝集於中原而形成了所謂漢民族與漢文化。秦漢以前的歷史期是向心凝集而形成的漢民族和漢文化；以後的二千年歷史則是漢文化於中外交通之間吸收、滋長、擴張、傳播，終致形成了光被四表的東亞文明世界。

仙山與海上交通

古人非常重視宗敎生活，大多相信鬼神或超自然的存在。這種宗敎上的信仰經過長時期的演變，有些則逐漸成爲神話而流傳在民間。流傳的神話中，往往有關於樂園的說法。傳說中的這種樂園，有些是在天上，有些是在地上遙遠的地方。在中國，西方有崑崙山的傳說，東方則有海上仙山的神話。這種神仙說的起源，可能與齊國東北沿岸的名山山神信仰有關，而起於祭祀山神的巫祝之說。傳說東方海上有蓬萊、方丈、瀛洲等三神山，上面有長生不老的仙人，優游自在地住於黃金與白金的宮殿，而島上的鳥獸、草木都是白色；遙望如白雲，近觀卻在水下；想要接近，卻因有風而不能到達。這個神話，可能是起因於黃海和渤海灣氣壓不同，光線曲折，以致常常發生海市蜃樓的現象。

海上仙山的傳說，在齊國鄒衍的陰陽學說思想結合發展，而產生了方士。方士利用各種民間信仰的方式，宣揚其已見過神仙，體會了長生不老之術。神仙說遂變成一種引人入勝的信仰，漸漸傳播於各地，更使各國諸侯想藉此方式以永保其榮華富貴的生活。如齊國的威王、宣王，或燕國的昭王，都曾派人入海求海上仙山，並尋不死之藥。秦始皇聽信齊人方士徐市（福）之言，曾遣徐市率童男女數千人入海求仙人和仙藥。漢武帝亦深信此說，如李少君、公孫卿等，頗多燕齊地方的方士，在武帝的身邊為之求福，並建議武帝舉行封禪的祭祀。神仙的居處，最初只有東海的三神山，後來逐漸地擴大為以五嶽為中心，至後漢末年，神仙說與黃老道家相結合，又受新傳來佛教的影響，而形成了道教。由此可知道教的成立，與沿海文化之一的神仙說有極密切的關係。同時，秦始皇和漢武帝遣方士入海求仙藥，也促進了海上交通的發達。

秦漢的南海經略

秦初對南越三郡的統治是相當艱苦。始皇三十三年（西元前二一四年），秦始皇徵發樓船之士南下討伐百越，設立桂林、南海、象郡三郡。動機據說是為了犀角、象牙、翡翠、珠璣等珍寶。始皇死後，群雄割據，中原紛亂，趙佗伺機於南越獨立稱王。漢高祖統一後，初對趙佗稱王南越並不承認，但由於當時漢朝勢力無法達到南越，漢高祖只得遣使通好，除了承認趙佗的地位之外，並與南越通市於邊關。呂后臨朝之後，禁止南越關市鐵器，南越因此與漢絕交。呂后臨朝五年（西元前一八五年），趙佗發兵攻長沙邊境，七年（前一八一年）漢派兵往討，但因水土不服，士卒大疫，不能逾嶺，後因呂后駕崩，即罷兵。趙佗在位七十一年，死於漢武帝建元四年（西元前一三七年）。

漢武帝建元三年（前一三八年）閩越攻伐北鄰的東甌，漢武帝令嚴助由會稽沿海路出兵救援東甌，未至，而閩越已走。元鼎五年（前一一二年）秋，武帝發江淮以南十萬大軍，分水、陸四路前往征討南越。路博德為伏波將軍，出兵桂陽，繼下湟水（今廣東北江上流）；楊僕為樓船將軍，出兵豫章，直下橫浦；鄭嚴為戈船將軍，田甲為下瀨將軍，並出零陵；鄭嚴直下灕水（今廣西桂江），田甲兵下蒼梧；又發夜郎兵，直趨牂牁江，會師於番禺，消滅南越。當時南越王趙建德等逃亡海上，漢軍前往追捕，雖然作戰詳情不知，但至少得知此時應已有了海戰。又，當時東越王曾請求發兵八千人以支援漢軍，但卻暗中與南越勾結，藉口海風波浪，遲不發兵。楊僕原擬乘便襲擊東越，武帝因士卒勞倦，大軍遂暫屯兵於豫章等地。東越聞之，於元鼎六年（前一一一年）兵反。元封元年（前一一〇年）武帝令橫海將軍韓說 率領艦隊出海句章，與其餘陸路諸軍攻滅東越，並將東越人民遷徙於江淮之間。漢武帝亡滅南越之後，分置其地為九郡，漢帝國的疆域於是擴張至今日之北越。

元封二年（前一〇九年）漢武帝遣派樓船將軍楊僕征討朝鮮。楊僕率漢軍五萬，自齊出海，橫越渤海抵達朝鮮。這些泛海遠征，顯示漢初已有強大的舟師，於陸海相輔之下，北自朝鮮，南抵交趾、閩、越，盡入漢帝國版圖。

南海諸國的貿易與朝貢

南海的特產，主要是犀角、象牙、玳瑁、翡翠、珍珠、璧琉璃等類。戰國時期，經由楚與越而獲有這些物資。《史記·春申君傳》記載趙平原君遣使訪楚的春申君，意欲誇耀其富強。當時趙使者頭戴玳瑁的簪，身配鞘部飾有珠玉的刀劍，而楚春申君的食客有三千人，其上客皆穿著珠履。由此記載可知，戰國時南海的特產頗爲貴重。

漢武帝征服南越之後，漢帝國對外的交通，自此開闢了直通南海的水路。南越首都番禺，遂成南海貿易的起點。中國各地商人，紛紛往來番禺經商，並獲鉅利，而南海諸國自武帝以來，亦來朝貢獻。於是漢廷於黃門設置譯長，與應募商人入於南海。商人攜帶黃金、雜繒等貨，前往購買明珠、璧琉璃、奇石、異物等稀奇珍寶。所至之處，各國皆提供糧食款待，並由南海各國商船代爲轉送。其中或有因交易，被掠奪殺害，或遇風溺死者，而往返皆需費時數年，《漢書·地理志》末段，記載有從廣州經中南半島，繞過馬來半島，抵至黃支國各地方的事情。根據日人藤田豐八和法人費瑯（G. Ferrand）的說法，認爲黃支國可能位於印度南部 Conjeveram 地方，以前稱之爲 Kancipura（建志補羅），而黃支即 Kanci 的譯音。由此，充分顯示了西元前一、二世紀時，漢人足跡已抵至南印度。其中初段航程雖搭乘中國船舶，然而至遠海，卻是由各國商船代爲轉送。

番禺至日南、合浦等地的港口，歸屬漢朝之後，華商與南海商賈得以直接接觸，因而這些珍貴的貨品比以前更爲流通。後漢墓中有許多玳瑁的出土，又根據後漢王符所撰的《潛夫論》記載，京師洛陽的貴戚頗多奢侈，無論衣服、飲食、車輿、建築等均超越立制，甚至從奴、僕、妾皆穿著各種細緻錦繡等類服飾，並以犀角、象牙、珠玉、琥珀、瑇瑁等珍寶裝飾，其驕奢由此可略窺一端。此段史實說明了由廣州流進的南方特產於當時已相當流行了。後漢初年，交趾的徵側和徵貳二姐妹反漢，九眞、日南、合浦等郡亦起而響應，光武帝派伏波將軍馬援，率大小樓船二千多艘，戰士二萬多人，前往鎮壓。由此軍事行動可知，東漢初可動員的水軍軍力已相當龐大，同時藉以掌握南海重要物資。

漢是東亞最大的文明帝國，所以當時許多國家都經由東南與東漢接觸。後漢永建六年（西元一三一年），有葉調國、撣國自日南徼外，亦即經由海路來朝貢。葉調國有說是現在的爪哇，也有說是錫蘭；而撣國則是緬甸的撣（Shan）族。撣國於安帝永寧元年（西元一二〇年）曾經緬甸，再經我國西南來朝。桓帝延熹二年（西元一五九年）、延熹四年（西元一六一年）有天竺國，即今天之印度，自日南經由海路來朝。據《後漢書‧天竺傳》，天竺國於和帝（西元八九－一〇五年）時曾數度遣使朝貢。後因西域反，遂斷絕來朝。桓帝時復由日南徼外來朝貢。此充分顯示東漢時陸海具可通。至西元二世紀時，由海上自中國經東南亞到印度的航路已相當發達。

魏晉南北朝的對外交通

中西的間接海上交通

歐亞大陸東西雙方的經濟和文化的交流，雖爲間接的，但自史前時代以來已經由陸路和海道，分爲幾個環節相連交通接觸。西方方面，自亞歷山大東征到達印度以後，地中海的文明世界與印度文明方才開始直接交通。亞洲的希臘勢力衰頹後，位於裡海東方，大夏（Bactria）西南的安息（Parthia）於西元前二四七年獨立，並於伊朗地方控制了通往地中海的貿易，而與希裔敘利亞王國抗衡。敘利亞王國滅亡後，由羅馬勢力取代，於是自西元前七〇年以來，安息與羅馬爲控制東西貿易，時或以兵相抗，時或和平相處。由於羅馬的繁榮，東亞貿易趨盛，對於中國絲的需求亦隨之增加。西元三〇年前後，兩國又以兵戈相見，於是自印度通至地中海的陸路屢爲阻塞，然而經紅海的海上路線卻因此發達了起來。尤其是約於西元前一世紀至西元一世紀間，希臘人希帕洛斯（Hipparos）發現印度洋的季節風後，開闢了不經由波斯灣而直接抵達印度西海岸的航路。依據考古的調查，印度西海岸南部很少有埃及希臘托勒密（Ptolemaios）王朝貨幣的發現，然而羅馬皇帝奧古斯都（Augustus，在位期：西元前三〇年—西元一四年）和臺比留（Tiberius，在位年代：西元一四年—三七年）時代的貨幣出土卻相當多，但尼羅（Nero，在位年代：西元五四年—六八年）以後的就變得很少。因此考古家威拉（M. Wheeler）認爲自紅海橫越到達印度的航路開闢始於奧古斯都時代。

《艾立特拉海週遊記》（Periplus Maris Erythraei）一書，作者不詳，可能是居於埃及的一位希臘海商所著。此書作於西元四〇至七〇年間，艾立特拉海即爲紅海，作者曾經從事東方貿易。這本書雖以紅海的周遊記爲書名，其實所述包括紅海、印度洋、波斯灣、阿拉伯灣等整個東方海域，而印度東岸及孟加拉灣以東，作者似未親履其地，僅據傳聞記述。書中記述紅海及印度洋各港口的貿易情況、貿易品及出產地，而值得注意的是有關中國絲的記述。印度西岸各港口中，出口品目內記載著 Seres（絲國，即中國）的絹布者有印度河口的港口巴魯巴里貢（Barbarikon）和巴里喀薩（Barygaza，即今布爾奇 Broch 港以南的達奇那巴的斯 Dachinabades 地方）及穆寄利斯（Muziris，可能爲今之庫朗諾雷 Cranganore）。書中並提及遠東北部有一國，叫秦（This），其內陸一個都城「支那」（Thinai）出產有生絲和絹布，並可經由陸路通過巴克特利亞（Bactria，即大夏）到巴里喀薩（Barygaza），也有經過恆河輸出到印度西南的馬拉巴（Malabar）地方，書中稱之為達米利卡（Damirica，或利米利卡 Limyrike）。此 Thinai 後轉寫為 China，這是中國以 China 的字眼出現於西方文獻上的最早紀錄。中國的絲和絹帛起初多經由西域陸道到大夏（Bactria），再經過安息（Parthia）到大秦（羅馬）。但由於安息控制了通往羅馬的道路，因此貴霜王朝不得不另尋航路，即自犍馱羅、塔克希拉（Taxila）經印度河南下到河口，再經海路運抵埃及亞歷山卓城（Alexandria），再轉運羅馬。由這本《艾立特拉海週遊記》可知當時已開闢了由印度河口至亞歷山卓城的海上航路。

由於羅馬人對中國絲綢和南海香料的需求甚殷，亞歷山卓城便成為連接地中海和紅海、印度洋的商港而發達了起來，希臘商人更因而活躍於印度洋。另一方面，印度商人向東活動，以尋求中國絲綢與南海特產以供應西方，於是印度、中國間或印度、爪哇間的航海路線上，蘇門答臘、馬來半島、中南半島各地便成了順風或避風的港口。於是東南亞沿岸各地開始成立印度化的小國家，其中最有力的國家即扶南。扶南位於中南半島東南部，湄公河下游地域，正處於聯絡中國及印度交通的要衝。

據《後漢書》卷一一八西域大秦傳記載，桓帝延熹九年（西元一六六年）大秦王安敦遣使自日南徼外，來獻象牙、犀角、玳瑁等。大秦王安敦即是羅馬的皇帝馬卡斯‧奧里歐斯‧安東紐斯（Marcus Aurelius Antonius）。所朝貢的物品，據記載，均爲南海的物資，並非羅馬、希臘等地的特產。因此該使者可能並非由羅馬皇帝直接遣來，而是至印度經商的羅馬商人與印度等地的商人一起前來中國。西元一九四二年，越南南部Oc-éo地方有黃金製品、雕像、印章、玻璃器具、陶器等各種遺物出土。Oc-éo爲扶南時代商埠，該地的出土物顯示此地的國際性格。西元一九四四年，由法國遠東研究所的馬里略（Malleret）等一行人於此地進行挖掘調查，認爲此遺址係扶南時代的港口。此地出土的遺物有印度犍馱羅式樣的青銅鍍金佛坐像、錫製的南印度的阿瑪拉梵提（Amaravati）式樣之佛像。出土的戒指、印章等等皆是以印度布拉富彌（Brahmi）字體所寫成，並有印度系統的人名。更重要的是其中也有羅馬金幣的發現，其中一個是安東紐斯‧皮烏斯（Antonius Pius）時的金幣，並有其在位第十五年（西元一五二年）的銘文。安東紐斯‧皮烏斯在位期間爲西元一三八年至一六一年。其餘的金幣表面模糊，故不能確定是安東紐斯‧皮烏斯時期，或下一代的馬卡斯‧奧里歐斯‧安東紐斯的時期。馬卡斯‧奧里歐斯在位時期爲西元一六一年至一八〇年。除羅馬金幣的發現以外，尚有中國的青銅鏡。這些青銅鏡雖已破碎，但可知是夔鳳鏡和方格規矩四神鏡，這些均屬於後漢的銅鏡。由此發現可證明《後漢書》所載大秦王安敦使者來朝的正確性。

海外移民與文化外傳

中華民族雖然是以中原爲核心而凝集，並形成了漢民族及漢文化，但如同物理一樣，有向心力，也有遠心力。各族間交流、衝擊的結果，向心力等於同化、融合，並凝集而成了中華民族；但遠心力則是因交通而產生相互排擠而引起民族的移動。因此自新石器時代以來，多元的文化既不斷地互相交流，不斷的融合，而且也不斷的衝突、衝擊。於是有了大陸沿海的民族移動散佈於海外各地，如日本、臺灣、東南亞的各島嶼，甚至太平洋玻里尼西亞的起源也是自大陸沿岸地區所移去的。

日本早在舊石器時代已有了人類的活動，到了新石器時代，日本的先民大概是由南北各路進入列島，有經由北海道和朝鮮半島，也有經江南，或經由南邊的琉球群島、伊豆七島等途徑。由南北兩路移來的先民經過長期混合，終於產生了所謂大和民族。

朝鮮的民族也是以東北亞的通古斯族爲主的北蒙古（Mongoloid）人種爲基幹份子。而新石器時代、殷、周、春秋戰國至秦始皇的各時代，有檀君系統的集團、箕子系統；戰國末期的有衛滿系統，分批地移民於朝鮮。這些移往朝鮮的東夷系統，有些是經過陸路，有些則是經由海路抵達朝鮮。越王勾踐時，越國的勢力一直伸展至山東一帶，之後越爲楚所滅。秦漢時，東甌、閩越、南越等地分別爲始皇帝和漢武帝所征服討滅。越人於此數百年間，有些與中原人同化，但也有許多擴散移住他處。

目前日本、朝鮮半島、中國的長江流域及其以南地區、中南半島至印度一帶，都是當今世界的主要食米地區。從氣候來說，這些地區正位於季節風地帶。稻的起源，一般認爲是在印度的孟加拉地方，也有認爲是泰國。然而根據考古的發現，中國江南地區早已有稻米的栽培。關於稻米自江南傳播至朝鮮半島和日本，也有南方和北方兩個不同路線的說法。大概陸稻是先流傳，而水稻則比較晚。水稻的傳播，很可能是隨著越族由山東移至朝鮮半島，再輾轉而流傳日本；另一可能係直接由江南移至朝鮮和日本。由此看來，水稻的流傳與越族的擴散有相當密切的關係。在東亞稻作傳播的路線亦有人稱之爲「稻道」。

在日本，當繩文文化正值緩進之時，由大陸傳來的水稻農耕文化，使日本脫離了原始部落社會，而形成了原始國家。元封二年（西元前一〇九年）漢武帝由水陸二路經略朝鮮，次年滅衛氏朝鮮，設立樂浪、眞番、臨屯、玄菟四郡；之後日本亦常前往樂浪，以交通之便而輸入大陸的新文化。

臺灣的新石器時代的文化特質，由早期若干文化層中，顯示與大陸沿海新石器文化有密切關係。《前漢書》與《後漢書》記載有「會稽海外有東鯷人，分爲二十餘國，以歲時來獻進。」雖有人指東鯷爲現在的臺灣，但詳情已無從查考。總之，兩漢時代，除了南方的經營交通往來以外，東方的海上交通也相當頻繁。

三國的海上交通

後漢末期，國內紛亂，加以西北之胡族連年入寇，終致後漢滅亡。三國鼎立，中國遂進入分裂時代，此時期，許多華北人士逃亡至交州。這些中原人士許多是利用沿海水路由會稽通抵交州，這可表示從華北、華中、華南直至現在北越之間的沿海水運暢通無阻。當時士燮任交州太守，年年派遣使者將南海的物產，即明珠、大貝、琉璃、翡翠、玳瑁、犀角、象牙等奇珍異寶獻於吳王孫權。三國時，交州雖附屬孫吳，不過實際政權仍爲士燮兄弟所掌握。士燮對吳極表恭順，治理交州達四十年，死於孫吳黃武五年（西元二二六年）。其治理期間內，由於中原紛亂，不少士人、學者，如《理惑論》撰者牟融及《釋名》撰者劉熙等，均因避難而移住交州，中國文化之傳入越南，即起源於此時。這是中國文化經由海陸南傳的一個例證。

中原因三國分裂，無統一的政治中心力量。由於各自據地互峙，爲鞏固其勢力，除開疆拓之外，更積極地向海上發展。

魏的東方經略　後漢末年，許多漢人涉海流亡至遼東及朝鮮半島。公孫度於初平元年（西元一九〇年），趁中國內部動亂，起兵自立，領有遼東、玄菟、樂浪諸郡獨立，自稱遼東侯，並東討高句麗，西征烏丸，越渤海灣，佔領山東半島北岸。後漢建安九年（西元二〇四年）公孫度死，其子公孫康繼立。次年割據樂浪南境，並設置帶方郡。公孫康死於西元二二一年，弟公孫恭繼立，西元二二八年，爲公孫度之子公孫淵篡奪。其時三國鼎立，公孫淵一度與吳交通修好，孫權亦圖開創局面，於是遣使乘海聯絡，並封公孫淵爲燕王，不久公孫淵背盟反吳，再歸於魏。但對魏並不恭順，魏明帝遂於西元二三八年令司馬懿率兵征伐，公孫淵父子被殺，自公孫度以來三代五十年間割據於遼東的公孫氏終爲魏所滅。當時魏的別軍亦自山東渡海收復樂浪、帶方二郡。倭國女王震於魏軍勢力，特派使者至帶方郡朝貢明帝。西元二三九年，女王使者抵達洛陽，魏封倭國女王爲親魏倭王。在魏的四十五年統治中，據《魏志》記載，倭國女王先後遣使朝貢四次，魏派使者赴倭國二次。《三國志·魏志倭人傳》所記載關於邪馬臺國之事因有所謬誤，因而倭國的邪馬臺國究竟是現在的日本九州，或是畿內的大和，日本學術界因之爭辯不已，迄今尚無定論。

吳的海外經營　吳在江東立國，建都於建業，領有東南濱海地帶，更繼而向海外謀求發展。交州的士燮病逝（西元二二六年）之後，孫權聽從呂岱之議，分交州爲交、廣兩州，以呂岱爲廣州刺史，戴良爲交州刺史。後因士燮之子士徽抗命，遂派呂岱入海平定交州。士氏的勢力被消滅後，交州的南海貿易遂爲吳所直接控制。之後，呂岱更派朱應、康泰兩人南宣國化，招撫交州以南諸國。

扶南、林邑、堂明諸國遂遣使來貢。這顯然是吳積極拓展商務交流的成果。朱應和康泰的出使，所經之地，據傳有百數十國。朱應撰有《扶南異物誌》，康泰有《吳時外國傳》、《扶南土俗傳》等書，但均散佚，而吳藉這些書對南海各地知識卻大爲增加。

西元二三〇年孫權再遣衛溫、諸葛直率領甲士萬人渡海征夷州，俘虜數千人。學者咸認爲夷州即現在的臺灣，這是中國經營臺灣最早的記載。西元二三二年，孫權再遣使者前往聯絡遼東的公孫淵，次年又派兵一萬乘海至遼東，並由公孫淵處購馬。其後，公孫淵背盟反吳，吳使者逃至高句麗。西元二三五年孫權派謝宏至高句麗訂盟，又於二四二年，以兵三萬攻海南島北部珠崖、儋耳。孫吳意欲經由海上與遼東公孫氏或高句麗結盟，以圖制魏。孫吳積極的海外經營，於軍事方面來說，與高句麗的結盟除了達成騷擾魏邊境之外，其目的並沒成功；然而於拓展南海的交通貿易方面而言，則貢獻甚大，對後世影響頗深。

南北朝與東亞、南海的往來

三國鼎立的局面，後雖爲晉所統一，不久五胡相繼入侵中原，晉室南渡，造成南北對立之局面。在北方，漢族將入境五胡加以吸收融合，在南方，原被認爲是化外的蠻荒地域，至此時則逐漸開發成爲文化和經濟的中心，此後南北遂分道發展。在對外的關係上亦如此，北朝的對外交通是以陸路爲主，西域是主要貿易對象；南朝的對外重心則在海路，與當時東方的高句麗、百濟、日本都有頻繁的往來，南海諸國也年年來到廣州。

東亞的交通　五胡入境中原後，晉室南遷，因而朝鮮半島漢人的勢力自然後退，於是在此局面下，東亞幾個部族國家各別發展。朝鮮半島北部，高句麗自三國末年以來重振得勢，三、四世紀時南下入侵樂浪等部，西元三一三年攻陷樂浪郡治，次年又攻下帶方郡治；東晉太元二十一年（西元三九二年）更打敗了日本及百濟的聯合軍，稱霸於朝鮮半島。另一方面，朝鮮南部原有七十八國的部族國家，其中除弁韓依然分立割據以外，伯齊首先統一馬韓各部族，又復吸收樂浪的漢人，並於西元三四六年建立百濟；辰韓中的新羅統一辰韓各族後，亦於三五六年建新羅國。但至六世紀時，朝鮮半島勢力更替的結果，新羅稱霸。日本原分爲各部族，到此時亦統一爲所謂大和朝廷。

這些東亞各國或者互相通交，或者彼此衝突，各自競相吞併周圍小國，擴展勢力。其間爲鞏固各自勢力並牽制對方，曾與中國通交。高句麗、百濟、新羅和日本皆曾各別自海上與北朝及南朝通交，藉以提高其地位，並從中國吸收新文化。

南海諸國的交通　南朝由於地理的關係，仍如前代與南海諸國繼續通交。兩晉的海外交通似乎較少。《晉書．南蠻傳》也僅載有林邑、扶南兩國而已。林邑乘後漢末的紛亂，於西元一九二年在最南端的象木縣自立建國，自此迄至八世紀中葉中國文獻上均稱之爲林邑。晉武帝太康五年（西元二八四年）開始入貢於晉朝。晉時海外各國入貢雖不多，然而民間的交通貿易似乎相當發達，因此南方的物產仍得以大量的輸入中國。

依據現存正史，南北朝對立期間的三百多年，共有上百次的朝貢記事。據《南史》記載，來朝貢者，除林邑、扶南以外，尚有訶羅單、婆皇、婆達、闍婆達、槃槃、丹丹、干陁利、狼牙修、婆利，以及師子國等，共有十幾個地名。對於這些地名，有些不十分清楚，有些則學者間尚有爭論，總之，此期來往的地方要比前代增加。

佛僧的入海求法

自從漢武帝對外積極經略以來，中西交通大開，不僅通商交易擴大，文化交流，佛教亦隨之東來。佛教自教主釋迦牟尼佛涅槃後，其門徒組織教團，傳教於恆河流域，並逐漸地擴展至印度各地。阿育王皈依佛教以後，由於積極宣化佈教，佛教因而鼎盛於全印度，甚至沿印度西北傳至阿富汗。其時由於中印交通發達，佛教亦隨之傳至西域各國及南海地區。至二世紀貴霜朝（Kushan）迦膩色迦王（Kaniska）更極力保護佛教，此時期發展出了犍馱羅式的佛像雕刻，又由於西域的東西交通發達，西域各國日漸繁華，文明亦隨著發達了。所謂西域三十六國的佛教也和印度佛教有了不同的發展。

佛教最初是由印度傳入西域再進入中國，經典也是由梵文譯成西域文字再傳入中國。自漢末以來，即有從各種不同來源的經典翻譯；經後漢至魏晉南北朝的紛亂時期，佛教亦逐漸為各界所接受。此後不斷有印度或西域各地的佛僧來華，中國的佛僧同時也經由西域往印度求法，以取得梵本的三藏經典。

當時求法佛僧中有利用西域陸路，也有取道海路。利用海路的佛僧中，自西元五世紀初以來有法顯、智嚴、法勇等，其中以法顯最為有名。

法顯於六十餘歲時，在東晉安帝龍安三年（西元三九九年）與十餘位同學自長安出發，經西域留學印度，然而抵達印度者僅法顯一人而已。留印期間，法顯潛心學習梵語，研究佛教，遊歷參拜佛蹟，並蒐集佛教經論，十五年間共歷遊三十餘國。後由印度至錫蘭，在錫蘭滯留二年後，於西元四一一年搭船回國。途中遇風，漂流至耶婆提國，在其地停留五個月後，於西元四一二年搭船赴廣州，又遇風雨，卻回到青州，次年（西元四一三年）終於回抵南京。回國後不久，即於西元四一四年著手撰寫旅行記，西元四一六年撰成《佛國記》一書，又名「法顯傳」。由於歷代以來很少有關中亞細亞和印度的文字記載，因此這部書對這方面的史地及印度的佛教文化史上是極珍貴的文獻史料。不過這本書的主要部分都是關於中亞細亞和印度的記述，海上的紀錄則只有從錫蘭經南海回中國的部分，其中關於師子國（即現在的錫蘭）的紀錄較詳細。此外，僅有耶婆提國一國的記載而已。耶婆提國是 Yavadvipa 的譯音，學者多認爲即現在的爪哇；根據書中記載，法顯停留五個月的爪哇及其他地方，都沒有關於中國人的記述。由此可知當時中國人在東南亞諸島嶼尚沒有積極的活動。

智嚴爲西涼人，曾由陸路至印度。返國後，於元嘉四年（西元四二七年）與寶雲等翻譯普曜、廣博等經。其後隕歿再次由海路至印度，而圓寂於罽賓。

法勇於永初元年（西元四二〇年）帶領一行二十五人，經由陸路至罽賓（即現在的喀什米爾 Kashmir），獲梵文觀世音受記經等類。後由南印度經海路回國，於元嘉三〇年（西元四五三年）返回廣州。其旅行範圍似乎比法顯廣闊，雖著有《列國記》，惜已佚失而未流傳。

隋唐的海路交通

分裂的中國於六世紀末再度統一，此後至八世紀中葉止，即隋唐盛世。這一時期，中華文化不僅豐富燦爛，且光被四表。在此之前可說由於華夷文化的融合而形成了漢文化，然而此漢文化於前漢與後漢時代波及四方，而引起四周的所謂番夷文化的自覺，發生反作用，使得漢文化於此情形下與各族文化及外來文化相互激盪、融合，終於境界提升形成了更能包攝胡漢的唐文化。此文化經由陸海兩路與其他國家交通、交流而形成。在與西方世界的交通上，吸收西方的高度文化，以滋長中國文化；例如西方傳進的佛教，成爲中國化的佛教；中國傳統的科技如天文、曆法、醫學等，吸收了印度、伊朗的要素，而更發展、更豐富。而與東方交通的結果，則促使日本與朝鮮各國吸收中國文化之後，自部落社會發展成統一的國家。東方諸國因此於文教、典章、宗教、科技等有了共同的文化要素，而形成了一個以中國文化爲主的文化圈，即所謂的東亞世界。

文化的交流不但強化了彼此的經濟連繫，通商貿易亦更形發達，譬如由於佛教的傳播，中國醫藥吸收了印度和伊朗的醫藥；香藥等外國物資，成爲中國的必需品等等。中國文化傳播至東方各國之後，其物資的傳入，也成爲東方各國的必需品。因此，文化上除了具有一個共同文化圈之外，經濟上也有不可或缺的連繫。

初期的交通多是帝王貴顯奢侈的奇珍異寶之流通，但年代愈往後，由於文化提升，經濟發展，過去的奢侈品漸變爲日常必需品，交易量必然的增加，經濟的連繫因而更爲密切。由唐以前的中外交通及唐以後至宋的中外交通，可淸晰地看出這種經濟意義的轉變。

南方的海上活動

東南亞諸國形勢　隋唐時期，我國在南方海上的活動益臻活躍，與南方諸國亦多有來往。

林邑：東漢末年，林邑（Champa）於交州日南郡象林縣自立爲國，晉以後時常寇擾中國南境的交州。元嘉二十三年（西元四四六年），劉宋的交州刺史檀和之曾討伐林邑；蕭梁之時，曾來朝貢，而有往來，其後朝貢一時中斷。隋文帝開皇二年（西元五八二年）林邑再度遣使朝貢方物，但不久朝貢又中絕。仁壽末年，因聞林邑出產奇珠，隋曾命劉方率師南略林邑，後因文帝去世，軍事暫告停頓。煬帝即位後，再命劉方督師前進，於大業元年（西元六〇五年）攻陷都城，夷平其地，並設置郡縣。其後隋軍回師，劉方死於途中，士兵亦病死將近一半。林邑王范梵志（Sambhuvarman）逃入海中，遣使謝罪，從此朝貢不絕。

隋軍退後，林邑收復一部份土地，直至唐高宗時始完全恢復其舊有的疆域。以後仍遣使入唐，貢獻方物。

赤土：赤土國於隋以前的文獻中不曾出現，而隋代以後亦罕見記載。根據《隋書》，赤土國是扶南的別種，自中國前往，須航行百餘日始可到達，境內的土壤均爲赤色，故稱赤土國。其地理位置說法不一，有說爲今日馬來半島的南端，也有認爲是今日蘇門答臘（Sumatra）的巨港（Palembang）附近，即唐代室利佛逝的前身。

隋煬帝時曾招募通使絕域之人，其中有常駿、王君政等前來應募。大業三年（西元六〇七年）常駿等至南海郡搭船，受命前往赤土國。赤土國於大業五年與六年來隋朝貢。

交州：今日的越南爲漢武帝討滅南越後，所設置九郡中的交趾、九眞、日南三郡。交趾約爲今越南之東京地方；九眞約爲其南邊的海岸地帶，即橫山以北；日南則在更南邊的海雲山以北一帶，漢朝任命交州刺史統治，直至唐末，約有一千年期間一直爲中國的領土。然而以整個歷史發展的情勢而言，如果中國有統一強大的中央政府，則能治理交州；若中國分裂，政治力量衰弱，交州的形勢也常處於分裂。加以交州爲海上交通的一個據點，中央派任的官吏中，常有素質不好的地方官視之爲發財之地，因而常引起地方的反叛。後漢末至三國孫吳此一期間，交州刺史士燮於交州自立。東晉、南朝之間，九眞郡於西元二四八年有趙嫗之亂。劉宋末年也有交州的李長仁於西元四六八年自稱刺史。梁代交州刺史蕭諮因苛暴大失民心，土豪李賁於西元五四一年叛亂，並於西元五四四年稱南越帝。次年梁以楊瞟爲交州刺史，以陳霸先爲先鋒，討伐李賁。西元五四六年攻克嘉寧城，李賁逃往屈獠洞，死於西元五四八年。梁此時適逢侯景之亂，陳霸先還師廣州，後平定侯景之亂。西元五五七年陳霸先篡梁，即位爲陳武帝。陳武帝死後，國勢日衰，西元五七一年交州方面遂有李佛子稱南越帝。隋文帝滅陳後，於仁壽二年（西元六〇二年）遣劉方南征，李佛子請降，被解送長安，交州重新隸屬中國版圖。唐高祖武德五年（西元六二二年）設交州總管府，後改爲都督府。西元六七九年，唐高宗改交州都督府爲安南督護府。此後，交州均稱爲安南。

眞臘：約於六世紀左右，以湄公河中下游爲中心，有新興的眞臘國出現。眞臘原爲扶南的屬國，六世紀末，南下攻掠扶南，意圖擴張領土。至七世紀初，扶南終爲眞臘所滅。眞臘於大業十三年（西元六一七年）開始遣使至隋朝貢。七世紀末至八世紀初，眞臘分裂，南方靠海處稱「水眞臘」，北方靠山處稱「陸眞臘」。當眞臘分裂爲水、陸兩眞臘時，南海的大國室利佛逝的勢力於八世紀時伸至眞臘。九世紀初，二眞臘統一，方始脫離室利佛逝的統治。以後，眞臘國逐漸繁榮，國內婆羅門教流行，直至十三世紀初。此即有名的安哥期（Angkor Period），至今日當地還留有安哥城（Angkor Thom）、安哥窟（Angkor Vat）的遺跡。

室利佛逝：海上王國扶南被消滅以後，室利佛逝（Srivijaya）由於控制有麻六甲海峽，遂於唐初快速地興隆起來。根據義淨的記述，他於高宗咸亨二年（西元六七一年）十一月從廣東出發，先抵室利佛逝國，再由國王之協助送義淨至末羅瑜國。在記載末羅瑜國處有一小註，謂今已改爲室利佛逝國。在末羅瑜國停留二個月以後，義淨又轉到羯荼國，即現在的吉打（Kadah）。由此記述可知，室利佛逝在義淨前往印度時，還可能在馬來半島的東海岸；而義淨歸來時，室利佛逝已控制麻六甲海峽，並建都於現在的巨港（Palembang）地方。從伊朗、印度方面通過麻六甲海峽的航路，以及從中國和中南半島南下的航路，或由爪哇向西航行，均可會合於巨港。由於地理位置的優越，室利佛逝國很快地成爲一個海上勢力。

根據《新唐書·南蠻傳》記載，室利佛逝國從咸亨至開元年間，常遣使來朝，天寶以後，入貢暫時中斷。其間爪哇的訶陵國亦常入貢，這表示了爪哇塞連陀羅（Sailendra）王朝的興起。塞連陀羅王朝係信奉大乘佛教，建有許多的佛教寺院，其中最大者如世界有名的波羅佛塿（Borobudur）。該寺院於八世紀後半至九世紀前半，建於中部爪哇日惹（Djokjakarta）西北方的丘陵地帶。塞連陀羅王朝勢力急速進展的結果，終於在八世紀後半派軍入侵中南半島。九世紀中葉王朝分裂，其中一個王子婆羅普多羅提婆逃至母親的國家室利佛逝，而成為室利佛逝的國王。爪哇的塞連陀羅王朝，由於麻他藍（Mataram）王朝的興起而衰落；而室利佛逝的塞連陀羅王朝相反地卻逐漸地恢復。自唐末至宋，室利佛逝又再度繁盛起來，繼續遣使朝貢、貿易。宋朝文獻中，依回教徒的唸音稱室利佛逝為三佛齊（Serboza）。

這些東南亞各國入貢唐朝的情況，根據日人和田久德教授的研究（如附表），唐朝二百九十年間，東南亞各地來朝貢者，共計一二七次。其間朝貢貿易次數的分佈情形有所不同，從高祖到玄宗的一百三十八年間有一一三次；而從肅宗到唐末的一百五十二年期間只有十四次，由此可知後期的朝貢次數顯著地減少。朝貢次數劇減的原因並非因唐朝勢力的衰退而致使當日的記載遺漏，其主要原因是海上貿易的型態已由朝貢貿易轉為民間的貿易。

中國僧侶入竺求法　由於國內的佛教發達和交通的暢通，至唐初與印度來往相當頻繁。關於這些入竺求法僧，唐初義淨著有《大唐西域求法高僧傳》並附記《重歸南海傳》。義淨即於太宗咸亨二年（西元六七一年）由廣州至室利佛逝國，然後經東南亞各地，於咸亨四年抵達今日印度孟加拉地方。留印十三年間，遍歷各地，而於西元六八五年乘船經羯荼（馬來半島的吉打）返回室利佛逝，時爲西元六八七年。西元六八九年，於室利佛逝時前往碼頭送別友人，尚未下船就啓錠開航，故誤被送返廣州。同年末，又乘船回室利佛逝，在當地停留將近五年，西元六九四年始返回廣州。義淨於室利佛逝滯留期間，作了「大唐西域求法高僧傳」及「南海寄歸內法傳」四卷，並於西元六九二年託交寄回獻於朝廷。

西元六九四年返回廣州後，次年一月從廣州出發，五月回抵洛陽，則天武后親迎於上東門外。義淨出國留學，前後長達二十五年，其中滯留印度十三年，途中於東南亞各地有十年以上，尤其於室利佛逝前後停留約八年。由此得知當時東南亞，尤其室利佛逝的佛教已相當發達，因此吸引了中國僧侶前往研習佛法。

義淨的《大唐西域求法高僧傳》有五十六人的傳記；《重歸南海傳》載有四人，加上義淨本人全數共六十一位高僧。這些高僧中，其中有新羅人七位，康國一位、高昌二位、高麗一位。來往所採的途徑中，去時採陸路者二十三人、取道海上者四十人、不明者二人；回程時取陸路者十人、海路者九人、不明者五人。由此得知，過去求法僧以經由陸路者居多，然而至唐初利用海路者已相當多。利用海路者有相當多的人長期滯留於東南亞，此正表示東南各國佛教的發達。譬如會寧是益州成都人，於唐高宗麟德年間（西元六六四或六六五年）搭船至訶陵國，於訶陵國與多聞僧若那跋陀羅共譯經典。訶陵（Kalinga），即現在的爪哇。而交州人運期，曾至東南亞滯留十幾年，後來還俗至室利佛逝國。義淨至室利佛逝國時，止值運期住於該地。根據義淨書中所載，求法僧中未抵印度或錫蘭者達二十五人，其中途中死亡者有十四人，途中滯留者一人，行蹤不明者一人，途中回國者八人，回國途中情況不明者一人。至於抵達印度或錫蘭者四十人，於印度或錫蘭死亡者十一人，情況不明者十人，滯留其地者四人。自印度回國途中，死亡者四人，行蹤不明者五人，途中滯留者一人，安全回至國門者五人。由此可知求法僧爲了前往印度求法，秉持著宗教熱誠及犧牲精神，不屈於重重困難。佛教後來爲中國攝入並成爲其文化的一部份，然後再傳至朝鮮、日本等，而成爲東亞世界的共同宗教。由此可知中華民族並非一守舊頑固的民族，相反地卻是積極從事吸收外來的文化，並創造新的文化。唐朝文化之所以能成爲當時的國際文化，即是由於能積極吸收、創造文化的結果。由唐代對外交通頗多利用海路看來，此亦顯示唐代的海路較前代更爲發達，同時因求法高僧的遍歷而得知各地的情況，這對後世中國人的向東南亞發展實具有先驅的意義。

唐與西亞細亞的海上貿易　早期安息國（Arsaces，約西元前二四八年—西元後二二六年）控制了從伊朗北部經美索不達米亞南部的地帶，也控制了東西交通的陸路，而與東進的羅馬抗爭。安息與羅馬爭奪亞美尼亞（Armenia）失敗之後，美索不達米亞時成戰場。安息在與羅馬的抗爭中，逐漸地消耗了國力，又因王室內爭，終於西元二二六年爲薩珊王朝（西元二二六—六五一年）所消滅。

薩珊王朝取代安息之後，其交易活動較安息更爲積極，海上交易幾爲薩珊朝的波斯人所獨佔。其活動的範圍從印度洋的西海岸伸展至印度的東海岸。至六世紀中葉，即自佛斯拉夫一世（Husrav I，在位年代：西元五三一—五七九年）後，以錫蘭島爲根據地，往來於中國，並佔領也門爲根據地，以對抗東羅馬帝國的紅海貿易。如此，波斯人在安息王朝和薩珊王朝兩代，皆利用其地理的位置，在世界史上的國際交流具有極重要的功能。

然而從六世紀後半以來，由於薩珊朝波斯帝國與東羅馬帝國抗爭，加上埃及內亂，於是波斯灣、叙利亞、紅海的交通路線便爲之蕭條，代之而起的是阿拉伯半島西部的交易路線的發達暢通。七世紀時，回教興起之後，叙利亞、美索不達米亞、伊朗、埃及，以及西亞細亞爲回教所統一，中西貿易因此爲阿拉伯人所掌握。巴格達（Baghdad）成爲回教首都後，由波斯灣、阿拉伯海至中國的貿易，尤爲繁盛。尤其在中亞細亞的突厥族興起之後，唐的勢力從西域後退，經由西域的陸路利用變爲困難。唐中葉，由於安祿山叛亂，華北的經濟荒廢，加以南朝以來，江南的日漸發展，促使了中國的中外交通逐漸演變成以海路爲主要路線。

市舶司的設立　龍編（今越南河內附近）、廣州、泉州、揚州是當時中外交通的主要港口，許多波斯人、阿拉伯人來貿易並僑居於這些港口。由於貿易的繁榮，唐於開元年間在廣州設置市舶司，以管理海上貿易的事務，檢驗來航船隻貨品，收抽船腳與購買外國商品。關於外國船舶來到廣州的情況，在《唐大和尚東征傳》有所記載：「江中婆羅門、波斯、崑崙等船，不知其數，並載香藥珍寶，積載如山，舶深六七丈。師子國、大石國、白蠻、赤蠻等往來居住，種類極多。」

由於市舶有巨利，所以貪官也多，如《舊唐書》卷一三一《李勉傳》記載，代宗大曆四年（西元七六九年）李勉任廣東刺史兼嶺南節度觀察使，當時前來的外國船隻僅四、五艘，因李勉為官廉潔，因此至其任期末年，前來的外國船隻增至年有四十餘艘。

根據上述附表，代宗在位十八年之中，來朝貢的僅有四次，然實際上此期來到廣州的外國船隻，每年有四十餘艘。由此數目的比較，可知唐中期以後，中外交通已由朝貢貿易轉變為民間貿易。

隋代的流求

大業六年（西元六一〇年），隋煬帝派遣陳稜、張鎮州征討流求。據記載，大業元年（西元六〇五年）海師何蠻曾進言：「每春秋二時，天清風靜，東望依希，似有煙霧之氣，不知幾千里」。煬帝因此於大業三年（西元六〇七年）令朱寬與何蠻入海求訪異俗，但至流求後因言語不通，遂掠奪一人而回。次年，煬帝又命朱寬前往招撫，流求不從，於是大業六年，煬帝遣陳稜、張鎮州率兵萬餘人攻伐流求，並擄獲男女數千人而返，這是一次規模相當龐大的軍事活動。《隋書》所記載的流求，究竟爲今日之臺灣或今日之琉球，數千年來中外學者聚訟紛紜，各持己見，至今仍有歧見。然而大多數學者均認爲隋代之流求即爲今日之臺灣。

隋唐與朝鮮半島、日本

隨唐時期的朝鮮半島　正當中國境內五胡紛亂、南北朝紛爭時，朝鮮半島上的高句麗、新羅和百濟三國以及對岸的日本亦正處於相互爭鬥之態。這些東亞國家皆是由部落社會形成國家，且皆入貢於中國的各王朝。西元四世紀時，百濟與新羅結盟於朝鮮南部以對抗勢力漸大的新羅，而新羅則常與高句麗聯合以與日本、百濟的聯合勢力相抗衡。自西元三九二年開始，百濟與高句麗即連年戰爭；西元三九六年，高句麗攻破南方的百濟並擊退了渡海來襲的日本，於是百濟降於高句麗。西元三九九年，百濟又背誓與日本聯合入侵新羅，四〇〇年，高句麗出兵五萬援助新羅，打敗日本；西元四〇四—四〇五年，日本又爲高句麗所敗。經過這一連串的爭戰，各國勢力皆已損耗，於是紛紛朝貢東晉，各欲假藉中國之威勢以保持其地位；另一方面亦由中國輸入佛教、儒學、美術及工藝等文化。在此段期間，日本一直插足於朝鮮三國的爭戰中，直到六世紀中葉，方才喪失在朝鮮內部的據點，退出朝鮮半島。隋唐王朝成立以前的朝鮮半島，情勢大略如此。

隋文帝統一中國，結束紛亂之局後，對東方的高句麗反而形成了新的威脅，高句麗遂企圖聯合突厥、靺鞨組成對隋的共同戰線。於是隋文帝於開皇十八年（西元五九八年）以三十萬大軍，分水陸二路征討高句麗。水軍係從山東渡海攻平壤，但因遇風，船隻覆沒甚多；陸軍方面，由於糧秣運輸困難，加以疫病流行，因此在高句麗嬰陽王高元奉使稱臣之後，便罷兵而歸。

隋煬帝時，復三次親征高句麗，但高句麗苦戰不屈，並運用設伏、詐降等靈活的戰術以擊敗隋軍，再加上隋帝國本身內部叛亂軍的牽制（如第二次東征時有楊玄感之亂），使得三次軍事行動僅得一遼水西畔的武厲邏而已。三次勞師動衆的征伐，耗了大量的國庫，同時供役煩擾，使得盜賊蜂起，肇成了隋亡的原因。

到了唐朝，唐初諸帝繼續隋代東進的政策，太宗曾三次征討高句麗，卻全無收功；高宗永徽六年（西元六五五年）再派軍遠征，仍未能使高句麗屈服。於是唐朝改變戰略，聯合新羅，先平位於朝鮮中部的百濟，顯慶五年（西元六六〇年）蘇定方自山東渡海，拔百濟首都扶餘。百濟遂求援於日本，日本也欲藉此機會將其勢力擴展至朝鮮，遂傾國來援，卻爲劉仁軌大破於白村江，百濟遂亡。百濟既亡，高句麗勢孤，此時又值高句麗執政泉蓋蘇文死，三子因爭權而內亂，唐乃乘機進討。總章元年九月（西元六六八年）李世勣拔平壤，悉平高麗地，於其地置安東都護府。

新羅本爲唐之盟友，在百濟、高句麗相繼滅亡後，新羅乘機拓地，勢力大盛，復容納高句麗遺民，與唐朝的關係遂日趨緊張。咸亨元年（西元六七〇年）新羅叛，咸亨五年（西元六七四年）唐發兵討新羅。唐師雖屢勝，但不堪其擾，同時又因爲西北有吐蕃之患，遂於儀鳳二年（西元六七七年），將安東都護府徙至遼東郡。朝鮮半島爲新羅所統一。

新羅統一朝鮮後，年年遣使入貢，並派遣留學生及留學僧前往學習唐的文化，同時採用唐的制度以整備國家體制。佛教係於西元五二八年傳入新羅，後成爲新羅的國教，一時頗爲昌盛，許多名僧曾至中國，甚至遠行至印度求法。

日本遣唐使來華　日本自五世紀末以來，便經由百濟大量的吸收了中國南朝的文化。隋統一中國之後，更於開皇二十年（西元六〇〇年）遣使來朝。煬帝大業三年（西元六〇七年），日本又派遣小野妹子來朝，同行的尚有數名來華求法的佛僧，其遣使的目的顯然是學習中國文化。煬帝雖對日本國書中的稱呼不滿，但是仍於次年派遣裴世淸出使日本。自此以後，日本不再依賴朝鮮半島作吸收中國文化的橋樑，而直接派人至中國學習。

隋末大亂，中日交通一度中斷，到了唐代，日本又再度派遣「遣唐使」到中國來。從貞觀四年（西元六三〇年）開始，到唐末昭宗乾寧元年（西元八九四年）爲止，總計十二次，人數最多時達六百餘人，主要的成員爲留學生及留學僧，目的爲吸收中國文化，移植中國的典章文物制度，並仿效中國的政治體系，成立了中央集權政府。

鑑眞和尙渡日　盛行於唐朝的佛教始終是日本所熱中的目標，由每次留學僧的數目均超過了留學生，便說明了此一事實；而除了日本來華求法的僧侶外，也有許多中國僧侶前往日本傳教，一些唐朝新興的宗派也隨之傳至日本。唐代至日本傳教的佛僧中，以鑑眞和尙爲最著。

佛教的修行本重視戒、定、慧三學，此即出家者首以戒律爲修習定學的基礎，再進而修習慧學。戒、定、慧三學爲修習佛道的必然過程，然在中國則是先從翻譯佛經、研究佛學開始，也就是先由慧學入手，然後戒，然後定，遂演成了三學分立，而形成了宗派。在南北朝之後，中國的佛學又形成了教團的組織與經營的問題，於是產生律學，研究律藏。到了唐代，由於對佛教政策的開展有密切的關係，律學因此在中國佛教中確定了地位，並大爲盛行，後分立三派。其時，日本佛教對戒律毫不注意，成爲發展佛教的一大障礙。

西元七三三年日本的遣唐使入唐，日僧榮叡、普照隨往留學，二人俱於洛陽受戒，並請唐僧道璿等前往日本爲傳戒的準備。榮叡、普照兩人在中國留學十年，於西元七四二年由長安到揚州。當時鑑眞和尙於揚州大明寺爲衆講律，榮叡、普照專程前往頂禮，懇請前往日本傳戒講律，鑑眞考慮之下，毅然答應，並由道航等二十一人隨同鑑眞和尙前往。於是造船備糧，準備次年發航。當時浙江沿海，海賊爲患，交通中斷，供輸極爲困難。僧道航以鑑眞往日傳戒，隨行諸僧必須嚴密選擇，而如海等僧學無根柢，應以不去爲宜。如海聞之大怒，遂至州採訪廳密告，謂有僧道航造船入海，將與海賊勾結，淮南採訪使聞之大驚，將如海扣留，並派人四處查訪，以核對案文。冤情最後雖得以昭雪，但是採訪使認爲海賊橫行，不准其渡海，並且沒收船隻。

榮叡、普照二人以所願未遂深以爲憾，再度前往鑑眞處商議。鑑眞遂出資購入嶺南道採訪使的軍船一艘，備辦各種物資後，與門人、工匠等一百八十五人於西元七四四年出航。但遇颶風，只得返回修理破船。再度出航後，又遇風觸礁，所有糧食均漂失。明州太守據報，將鑑眞等安頓於阿育王寺。後越州僧等密告州官，謂日本僧人榮叡誘使鑑眞出國。榮叡因而被捕，押送長安，但途中至杭州因病重被釋，榮叡又返回阿育王寺會晤鑑眞。鑑眞爲其求法堅毅精神所動，赴日之心更爲堅定。不久派遣僧法進等前往福州購買船隻，準備糧食。鑑眞等遂由明州出發，前往溫州，未至溫州即有採訪使派人追蹤，於永嘉禪林寺將鑑眞扣留。原來揚州的佛門子弟對鑑眞的前往日本，恐其中途發生不幸，於是告官將其截留。鑑眞對此極爲憤怒，將弟子靈祐等深加呵責，後返回揚州。

至西元七四八年春，榮叡、普照二人又從同安郡到揚州，往謁鑑眞。鑑眞又再度造船備糧，自揚州出航，但不幸船隻又漂流到海南島的南端振州。鑑眞在海南島遊歷後，前往雷州，經羅州、象州、桂州、梧州後抵達廣州。鑑眞等人住廣州半年後，即和隨行之人前往韶州，但由於氣候炎熱，加之鑑眞體力衰弱，終因眼疾頻發而失明。後來鑑眞等越嶺經吉川、江州返回揚州。天寶十二年

（西元七五三年）十月十五日，日本遣唐大使藤原清河、副使大伴古麻呂、吉備眞備和阿倍仲麻呂等前來揚州往謁鑑眞，並謂其等早聞大和尚曾五度欲渡海前往日本傳教，此次能親來見大和尚甚歡喜，曰：「弟子等先錄大和尚法號及持律弟子等奏聞皇帝，向日本傳戒。皇上令道士同往日本。日本不崇道士法，便奏留春桃原等四人，令住學道士法，爲此大和尚名亦奏上，願大和尚自作方便。」意欲鑑眞搭使臣之船，前往日本，鑑眞當即許諾。揚州道俗聞此消息，紛紛前往勸阻，鑑眞置之不理，但因龍興寺防範甚嚴，因此無法如期出發。此時弟子仁幹從婺州來，暗中備船，鑑眞遂於同年十月二十九日從龍興寺步行至江邊乘船前往蘇州，隨行門徒有揚州法進、泉州曇進等共二十四人。二十三日，鑑眞等分乘副使船後，而遣唐大使藤原清河因唐朝當局已察知鑑眞渡日之舉，唯恐被搜檢，於是囑咐衆僧暫行離船。十一月十日夜半，日本副使大伴暗中接鑑眞等上船，十三日普照從越州來會，搭乘副使吉備眞備的船隻，一行共四艘，於十五日拂曉同時出發。途中經琉球，終於在十二月二十六日抵達九州太宰府。

次年二月一日鑑眞等由太宰府至難波（今之大阪），三日安抵河內國受日本朝廷的迎接慰勞。鑑眞等一行正式進入當時日本的京城平城京（今之奈良）的東大寺。四月初在東大寺大佛殿前設戒壇。聖武天皇率先登壇受菩薩戒，皇太后、今上天皇等亦隨後登壇受戒，另外又爲沙彌證修等四百四十餘人連續受戒。自此全日僧俗仰望鑑眞大德，紛紛趕往受戒。五月一日以戒壇之土於大佛殿西側建戒壇院。嗣後，續建唐招提寺，並於日本講律受戒。日本佛教的律儀，因此漸趨嚴謹。

西元七六三年，鑑眞圓寂，享年七十有六。在日本十年之久，除了傳道、受戒、講學之外，對於日本的醫術、美術、工藝等一切文物制度方面的貢獻均有深遠影響。

由鑑眞和尙東渡日本之事蹟，可知唐代對國人前往國外管制甚嚴。鑑眞得以前往日本，實得力於多方掩飾及秘密行事。由鑑眞和尙五次渡日受盡艱苦的堅毅精神，可看出唐代先人為創造唐朝文化，不但付出極大犧牲入竺求法，並克服重重困難將中國佛敎及文物傳至日本。

中西與東亞貿易路線的連接

唐代以中國爲中心，與朝鮮和日本共同形成了一個文化圈，並由於朝鮮和日本貴族對珍寶的需求，更促進了彼此間貿易的發達。八、九世紀的東亞貿易，是以新羅爲中心而展開的。當時由於新羅與唐的交通發達，在現在江蘇與山東之間的沿岸各地，均設有新羅坊。日本往來中國，亦多利用新羅船隻。新羅末期，國內紛亂，海賊橫行，唐的商船此時逐漸開拓日本航路，因此來往日本的商船便多了起來。後因唐商船來往頻繁，日本朝廷遂於十世紀初限制中國船航至日本。

唐中葉以後，波斯、阿拉伯商人常來到中國。當時廣州、揚州等港口皆設有居留地蕃坊，並由蕃長管理。中國商人到此地與阿拉伯商人等交易，並將多餘的南海物資與中國物資轉賣至朝鮮或日本，於是中西交通幹線與東亞貿易路線便連接了起來。

由世界史來說，當唐朝正於東亞創造燦爛的文化，以爲東亞文化的中心時，正值西方東羅馬帝國燦爛的拜占庭文化時期。西亞細亞回教文化最輝煌的時期烏邁亞朝（Umaya，西元六六一—七五〇年）亦在波斯人之後來到中國，並於廣州和揚州設有許多居留地。由於這三個高度東西文化相互交流，唐文化益加絢爛，而成爲世界性文化。當時由揚州經運河至華北的交通極爲便利，揚州因而成爲海上交通的起點。由揚州可至日本、新羅和廣州，因地處交通要衝，許多波斯人和阿拉伯人在揚州都有居留地。肅宗上元元年（西元七六〇年）將軍田神功攻陷揚州時，波斯、大食等蕃客遇難者數千人，由此可知揚州爲一國際港口。

中國在安史之亂時，西亞細亞亦正處於烏邁亞王朝滅亡與阿拔斯（Abbās）王朝興起的交替時期，所以中國與西亞的貿易有了短時期的減退。至阿拔斯朝的英主哈倫·阿爾·拉悉得（Hārūnal-Rashid，在位期：西元七八六—八〇九年）時，兩洋間的交通貿易較以前更爲盛大繁榮。此期，中國方面有波斯人或阿拉伯人（唐文獻稱之爲「大食」）回教徒的船隻經東南亞到中國，而中國船隻受其影響似亦橫越印度洋到波斯灣。這個時期，造船的技術亦因交通貿易的需求而更進步。

唐德宗貞元十七年（西元八〇一年）賈耽寫了有名的地理書《古今郡國道縣四夷述》，可惜此書已散佚。然而《新唐書·地理志》中附載有七條通抵國外的交通路線，其中有一條是從廣州的海路經東南亞到錫蘭、印度再到波斯灣的航路，書中記載相當詳細。賈耽的地理記述或許有若干部份是聽自外國蕃客，雖然如此，此亦顯示了九世紀初，中國已有詳細而正確的海上路線的知識，而中國人已到達波斯灣。繼賈耽的地理記述五十年後，有一位不知名的回教徒編寫了《印度中國航海記》。根據其中的記述，中國的商船常停泊於西拉埠（Siráf）港口，並於此轉運西方的產物。西拉埠位於伊朗的設拉子（Shiraz）南方的波斯灣沿岸。約於西元九一六年，西拉埠人阿蒲・薩伊德（Abū Zayd）撰寫此書的補篇。此補篇中記有黃巢之亂與唐末中國紛亂的情形。根據此書，黃巢之亂（西元八七九年）廣東曾陷於叛軍手中，當時被殺的回教徒、基督徒、猶太人、祆教徒等，約計十二萬人；加以新來的外國商人皆受迫害，阿拉伯船隻亦飽受虐待，因此回教商人至廣東的貿易一時中斷。

十世紀的阿拉伯地理家馬斯提（Masudi）在其地理書《黃金之牧場》上記載，回教徒船隻從西拉埠或阿曼（Oman）等港，航至馬來半島的喀拉（Kalah），並於喀拉與中國商船會合。然而以前的商船並非如此，而是中國商船直接到阿曼、西拉埠港口，或巴斯拉（Basra）等地，而這些地方的商船應可直接通航到中國，這顯然表示了唐末因黃巢之亂，廣州的蕃坊受害很大，於是這些阿拉伯商人紛紛逃避至馬來半島，並於馬來半島與中國商船會合貿易。與此同時，西方拜占庭帝國正值內亂，北方又有土耳其民族的勃興，中國船隻亦未通抵波斯灣。由於唐與回教二帝國交通貿易的頻繁，居中的南洋諸國亦均霑其利益，尤其是蘇門答臘、爪哇正位此交通要衝，又是南海特產物資的集散地，因此獲得急速的發展。這就是蘇門答臘的室利佛逝國與爪哇的塞連陀羅王朝興盛之因。

宋代興盛的海外貿易

宋太祖趙匡胤統一中國，結束了五代十國的紛爭局面，卻未能有漢唐的開國氣象，這一方面因為唐末、五代近百年的紛擾使民力斲喪過甚，另一方面宋太祖強幹弱枝、重文輕武的政策，也使宋代較前朝為柔弱。

燕雲十六州為北方國防重鎮，在後晉石敬瑭手中失去後，北方門戶洞開。宋太宗曾親征二次試圖收回，結果一敗於高粱河，再敗於莫州。北方既無險可守，於是只有聚兵為阻。但在宋朝輕武人的傳統下，使得禁軍的素質大為低落，兵既不能戰，外復有強敵，於是只好在數量上大肆擴充，成為財政上的巨大包袱。在這種情形下，如何充實國庫以維持龐大的軍費，便成為財政設施及規劃的主要目的。海外貿易在唐代即為國庫的重要收入，到了宋朝，基於財政上的需要，政府更加鼓勵，於是發展的更為興盛。

當時，唐朝既滅，以唐為中心的東亞細亞世界亦發生變化。日本停止了遣唐使，朝鮮半島方面則新羅滅亡，高麗統一朝鮮；而契丹興起，討滅渤海國，並南進獲取燕雲十六州；雲南成立大理國，越南亦獨立稱王。宋的政治力量無法恢復唐時的盛大。但是，在社會、經濟上卻有很大的發展。如農業發達，作物多種變化，生產額加大，手工業亦發展起來；最值得注目的是，紡織與陶瓷有高度的發展，產業的發展更引起商品的交流，不但國內商業發展迅速，國外貿易亦相對地提高。宋代對外貿易主要的輸入品除了犀角、象牙、珊瑚、玳瑁、乳香、瑪瑙等奢侈品外，大都爲藥材之類。輸入品於北宋初年尚不到五十種，迄南宋時已增至十五倍之多。輸出品主要則是銅錢、各色絹帛、精、粗陶瓷等。因銅錢流出太多，因此後來禁止輸出。

南宋立國江南之後，海上貿易的收入，實爲宋室主要財源，因而更積極鼓勵海外貿易。唐代末年，由於中土紛亂，回教商人多逃至馬來半島的喀拉（Kalah）；宋代時，回教商人至中國通商又活躍起來，並於廣州和泉州又有一些外人的居留地。

另一方面，宋代由於工業技術進步，可以自製遠洋船隻，因此又更促進了宋人海外活動的活躍。唐朝的外國貿易船，起初多爲外國船，《唐國史補》卷下記載：「南海舶，外國船也。……師子國舶最大，梯而上下數丈。」唐朝玄應所撰的《一切經音義》亦載有：「船舶大者二十丈，可載乘六、七百人。」外國貿易船中以師子國商舶爲最大，其他尚有崑崙舶、波斯舶等船隻。中國因受了這些外國船隻的影響，自己也漸能製造遠洋船隻。唐末已有中國船隻航行至波斯灣，可載乘數百人。據吳自牧所作《夢粱錄》中所記：「海商之船，大小不等，大者五千料，可載五、六百人，中等二千料至一千料，可載二、三百人。」至宋、元時，中國不但自製船隻，而且許多阿拉伯商人亦改乘中國船。

其時也已開始使用羅盤，在航海中時時以鉤繫於長繩攝取海底的泥，以便由此泥質，推定位置，又下鉛錘以測水深。

宋代由於許多海外諸國通交於中國，隨著海外地理知識的增加，於是有地理書的出現。其中最重要的有周去非的《嶺外代答》及趙汝适的《諸番志》。這兩本書都有關於外國地理與產物的記載，包括中南半島、馬來半島、東印度群島、緬甸、印度、阿拉伯、波斯等國，這些國家又分為正南諸國、東南諸國、西南諸國。同時已有東洋、西洋的區分。由這些書上的地理知識可知，當時中國商人海外活動的範圍已相當廣闊。

宋代的市舶司

由於宋代重視海外貿易的收入，因此在開國之初便積極設置市舶司以統籌其事；首先設立的是廣州市舶司，為太祖開寶四年（西元九七一年）設，其後又於泉州、明州、溫州、杭州、秀州、密州等沿海各地設市舶司。

宋代市舶司各有其沿革，宋初市舶司的長官爲市舶使，由所在地的知州兼任，其下判官由州判官兼任。到了元豐三年（西元一〇八〇年）改爲提舉市舶，並改由轉運使兼任，又以中央派遣的朝官或內使管理市舶司。徽宗崇寧元年（西元一一〇二年）設專任的長官提舉市舶司，總管一路的市舶事務的稱爲市舶司，其所屬的支司亦稱爲「務」或「場」；市舶司的條例時有變動修改，而且日漸嚴密。市舶司的職掌主要有三：

一、對海舶的管理。海舶出發之前，必先赴市舶司登記，並領取公據或公憑引目，回航時仍需於發航處住泊。勘驗有無公憑，稽查有無夾帶禁物及姦細之人。

二、對於舶來品的統制，對於回來船舶所攜的貨品及數量加以臨檢、抽解（抽稅）和博買（官市）。每種貨品的稅率雖不盡同，但大致上爲十分之一。另外一些貴重物品如玳瑁、象牙、犀角、珊瑚、瑪瑙、乳香等，則訂爲禁榷物品（專賣品），悉數由官方收購，官用之餘，出售於商民。也有於抽解之餘，僅由政府收買其一部份，謂之抽買，餘准與民市易。

三、貢使的接待、番商的招徠，及番船出入港口的檢查。

南海貿易的盛行

南海諸國入貢　宋朝初年，安南內亂，宋太宗出兵想收復安南，卻爲黎桓所擊敗，宋軍的勢力撤退，促使了安南獨立。安南獨立後，年年入貢，並積極地吸收中國文化及文物典章制度。

室利佛逝在宋朝的文獻中稱爲三佛齊，其利用地理位置的優越，以轉販貿易而趨繁榮。自宋太祖於建隆元年（西元九六〇年）即位至太宗淳化元年（西元九九〇年），其間總計三十一年，三佛齊朝貢的記錄達十三次之多。由此可知三佛齊相當積極地與中國通交。根據周去非的《嶺外代答》及趙汝适的《諸番志》，三佛齊正處於諸外國水道的要衝，以東可達爪哇，以西可通阿拉伯諸國、印度南部等；各地往來船隻，沒有不經過三佛齊而達中國者。若有船隻通過三佛齊而未進入其港口，三佛齊必定遣派船隻攻擊。據說三佛齊有屬國十五，可知其勢力範圍已達到馬來半島南部、蘇門答臘、西部爪哇；並掌握麻六甲、巽他兩海峽的海上交通。但三佛齊的這種海上王國，於十世紀末開始動搖；當時正值整個世界對東南亞的香料需求增多，於是爪哇的各港口便因此而發達了。闍婆（Kediri）於淳化三年（西元九九二年）入貢。由於這個爪哇新勢力的對外發展，與三佛齊的獨佔體制互相衝突，於是兩國之間發生了幾次戰爭。

另外，印度南部的注輦國（Chola 王朝）於九世紀中葉以來，國勢逐漸伸展，該王朝的羅奢喇奢一世（Rājarāja Ⅰ）以及羅旃陀羅一世（Rājendra Ⅰ）父子二代不但統一印度南部，同時向海外發展，也與中國通交。根據宋史，眞宗大中祥符八年（西元一〇一五年），注輦開始入貢，其後有數次來朝朝貢。西元一〇二五年注輦遠征三佛齊，其後三佛齊雖國家再建，但承認注輦爲宗主國。

而闍婆亦趁三佛齊受注輦進攻時，恢復他們的勢力。三佛齊喪失了海峽的控制權之後，各國的船隻，如印度孟加拉、錫蘭、占城等各地的貿易船逐漸轉入爪哇。十一世紀後，三佛齊很少朝貢中國，這正反映了三佛齊海上王國衰頹的情勢。《嶺外代答》記載：「諸蕃國之富盛多寶貨者，莫如大食國，其次闍婆國，其次三佛齊國，其次乃諸國耳。」如此在十二世紀後半，海上通商的國家，爪哇的闍婆業已超越了三佛齊。

Champa 於中國文獻中自漢末至唐，稱作林邑，唐中葉以後稱爲環王，唐末文獻又改爲占城。占城自建隆元年（西元九六〇年），宋開國以來，即是東南亞各國中對宋朝入貢最多者，僅於建隆元年至乾道三年（西元九六〇—一一六七年）中就有近六十次的朝貢紀錄，這表示了占城利用其中南半島的地理位置，從事海上貿易的經營。同時也因受越南的南侵寇擾，占城與宋朝接觸，藉以防止越南的威脅。

宋人的南海活動　十二—十三世紀，中國人在東南亞海上的活動，已超越了阿拉伯人。這是因過去中西物資的交流中，印度、波斯方面的貨品很重要，這個時期，東南亞的香藥已逐漸增加其重要性。無論西方或東方商人，皆追求東南亞的香藥。而東方由於宋朝的鼓勵海上貿易，東南亞的國際貿易因而成爲中國貿易商活動的市場。這個時期，大食方面由於阿拔斯王朝失勢於西亞細亞，故其勢力僅侷限於現在的伊拉克一帶。埃及法蒂瑪（Fátima）王朝於十世紀末興起之後，紅海遂成爲亞洲貿易的終點，因此以埃及爲活動重心的阿拉伯人，多經紅海、印度與錫蘭接觸，而較少越過南亞至東南亞。所以十二—十三世紀，南海的國際貿易遂成爲宋商人的活躍舞臺，阿拉伯人在此地的角色相對地大爲衰退。

當時的航海大多利用季節風，故航行的期限皆受風期的限制。宋商船往來於南海，由於風期的限制，往往滯留於南海各地。《萍洲可談》一書所記述的是北宋末年廣州一帶的見聞，其中一節記載：「北人過海外，是歲不還者，謂之住蕃；諸國人至廣州，是歲不歸者謂住唐。廣人舉債總一倍，約舶過迴償，住蕃雖十年不歸，息亦不增。」又，《夷堅志》亦載有，泉州人王元懋幼時學習各種南方語言，並隨海船至占城國。占城王嘉許其兼通番漢書，於是延聘爲館客，並嫁女予他，元懋留學占城計十年而歸。如此，宋人常至海外，並滯留在各地，於是自然和各地發生關係。東南亞各地來宋朝貢者，多經由宋商人從中協助。如淳化三年（西元九九二年）闍婆初次遣使朝貢，其記述中，通譯謂「今主舶大商毛旭者，建溪人，數往來本國，因假其鄉導來朝貢。」又紹興二十五年（西元一一五五年）占城來朝，在記事中，朝貢使節謂有宋的綱首陳惟安年年至占城貿易，並精通兩國語言，因與國王熟知，故力勸國王前來朝貢。在表文中亦載明其朝貢係由陳惟安引進，而朝貢的貨品亦是隨同陳惟安前來。又乾道三年（西元一一六七年）十月一日福建路市舶司謂，有本土的綱首陳應等至占城，正值占城的國王欲朝貢大宋，故遣使乘陳應等船五艘一齊返宋，並入貢於宋。

開禧元年（西元一二〇五年）眞里富（約今泰國東部）來宋朝貢，也是與宋商人一齊來朝。如此，南方各國來宋朝貢，多有如上所述的商人與當地的王侯互相利用的情形。

宋代期間的海外發展，除商人往南海地區大肆活躍外，亦有沿海居民移居澎湖，不但於澎湖從事農作種植，政府亦將澎湖正式納入中國版圖。如南宋乾道七年（西元一一七一年）汪大猷知泉州時，有毘舍耶侵襲澎湖，汪曾遣派軍民屯駐澎湖。宋代對臺灣的地理知識，雖較前代進步，但由於臺灣並無國際商品的出產，商賈尚未通航於臺灣，因此，大陸與臺灣之間，仍未有密切的往來。

華僑的產生　宋商人前往南海各國，頗受各國的優遇，如《文獻通考》闍婆條記載：「中國賈人至者，待以賓館。」由於在各地長期的滯留，遂有華僑的產生。《宋會要．歷代朝貢》記載，乾道三年（西元一一六七年）十一月二十八日，福建路市舶司的報告中記載，有大食國的烏師點等欲前往大宋進貢，在占城國外洋暫駐候風。其餘占城的番首遣派土生唐人及番人招引大食船入國，並盡奪其乳香、象牙等朝貢物品，以便至中國朝貢。此段記事中的番人是占城人，而土生唐人即是當時占城的華僑。又佛囉安國位於現在的馬來亞半島，爲三佛齊國重要屬國之一，也是一個轉販貿易的港口。據史料文獻記載，佛囉安國中有二尊飛來佛，每年六月十五日爲佛生日，當地人與唐人皆於此時迎佛，並舉行爲時三天的大祭典。由此可知，中國人不但已於此港口從事海上貿易，並已有華人居住。

越南雖於宋時脫離中國而獨立，然而每年仍有相當多的中國人至越南從事活動。城開國君王李公蘊之祖先爲福建人，李朝之後爲陳朝，而陳氏亦爲福建人。宋朝時許多福建人曾搭船至越南，且於越南政府中擔任文書等類的工作。蒙古攻滅南宋時，南宋移民以海船三十艘搭載妻子和財物逃避至越南。凡此皆顯示了在此地區已有許多華僑的存在。

東亞各國的貿易情勢

由於宋代對南海各國海上貿易的昌盛，自然促成宋代與東亞的高麗與日本間的貿易關係。

高麗與宋的貿易　朝鮮半島的高麗王朝與宋之間的往來，由於陸上交通先後爲遼和金所阻隔，只得依靠海上的交通。航海路線在元豐年間以前大致由山東半島渡海至朝鮮；元豐以後則由東南自明州開航，經黃海再沿朝鮮半島抵達開城。北宋末期，有從泉州出發至高麗，亦有中國的大食（阿拉伯）商人前往高麗從事貿易。北宋仁宗、神宗年間，雖禁止民間至高麗貿易，但民間仍繼續地私自從事貿易。自元豐三年明令以明州爲宋與高麗的貿易口岸之後，北方山東的登州、密州便衰落了。此項措施可能與防止宋商與遼國間的私自貿易有關。

從宋輸至高麗的物品有衣帶、彩緞、瓷器、金銀器、香料、藥材、茶葉、玉器、書籍、書畫、銅錢等。自高麗輸入宋的物品則有銀子、人參，以及其他的藥材、虎皮等。由這些物品可知宋與高麗間除各自有土產交易外，亦有將南海的香料自明州或泉州輸往高麗。宋代前往高麗貿易者以福建、浙江人爲多，因而逐漸地也有閩人僑居於高麗。

日本與宋的貿易　在日本方面，由於日本政府的財政漸漸困難，因此派遣遣唐使的次數逐漸減少，文宗開成三年（西元八三八年）爲最後一次派遣遣唐使。五十五年後，亦即昭宗乾寧元年（西元八九四年），雖曾籌備派遣遣唐使，但遭廢止。在此段期間，新羅的海商卻相對地活躍於中日之間。至九世紀，唐的商船直接航至日本，於是日本官方的入貢轉而爲民間的貿易所代替。五代時，吳越的商人常前往日本貿易，據日本的記載，吳越商人到日本約有十餘次，其中有六次爲吳越王錢氏所派遣。到了宋朝，從太平興國三年（西元九七八年）以來即開始有宋的海商前往日本貿易。有宋一代，宋商到日本貿易，文獻上的記載有百十餘次。

北宋約當日本藤原時代的全盛期。由於當時日本政府對外採消極政策，非但未與宋建立正式的國交，且又禁止日本商船前來中國。然而另一方面，又因日本貴族渴望中國的文物，所以並未禁止宋船前往日本。

南宋時約爲日本武士興隆時期，採取比較積極的政策，如平清盛的獎勵海上貿易，所以這時期也有日本商船到南宋來。當時輸往日本的物品是香料、藥材、陶瓷、絲織等類。而自日本輸入中國的是扇子、刀劍、金、銀、水銀等類。

這段時期，也有許多日本僧侶搭乘宋船至中國求法，並來華參拜佛教聖地如五臺山、天臺山等地。宋至南渡之後，五臺山陷於金，日僧遂至明州參拜阿育王山。起初日本國外貿易由九州大宰府管理，後因日本的莊園制度發展，宮廷貴族渴望外來的物品，所以避免在大宰府內從事貿易，而開拓在各自莊園內的港口私自貿易。日本在平氏時代由於積極的貿易政策，加以南宋也積極鼓勵海外貿易，所以這時期中日的貿易極爲繁盛。當時對日貿易的主要港口爲明州，而來往於日本的宋商人以福建人居多，其次爲明州人。

世界港——泉州　福建由於受山勢的限制，平原極少，無法維持衆多人口，北宋時即已發生人、地失衡的現象，因而其經濟的發展只有求諸海外活動，泉州便因此而發展起來。北宋時，廣州爲最大的海外港口；至南宋時，泉州已可與廣州互相競爭。南宋末年，泉州的地位竟已超越了廣州，而成爲世界第一港口。福建商人前往南海各國貿易，將南海各國的香藥運回國內，再將這些南海輸入的多餘物資和中國物資轉運至朝鮮和日本。現今泉州西門外的九日山，存有當時祈風的石刻。相傳這是每年十一—十二月的東北季風期，商人於前往南海各國之前，市舶司的官吏於此與外國商人相會宴客，並祈風求福。又，泉州至今尚遺留有宋元兩代的外來宗教的寺院石刻，如基督教、伊斯蘭教、摩尼教、婆羅門教的石刻等。

泉州在此時亦是造船的中心，如元朝遠征日本時，船隻即是於此製造的。西元一九七三—七四年，泉州出土了一艘宋代的海船。船長二十四公尺，寬九公尺，船體隔成十三個船艙，其中並發現許多藥物、香料、銅錢、陶瓷等。由這些遺物的發現，更可清楚地瞭解福建人的海外活動情形。

元代海疆盛況

元初的海疆開拓

蒙古族所居住的蒙古高原是介於沙漠乾燥地帶和關內農耕地帶間的草原。居民以遊牧爲生，平時若想獲取其他生活必需品，便以其所飼養的馬、羊等與人交易。因所居地帶是駝運轉換貿易的中西交通要道，所以蒙古族本來就頗注重商業。蒙古西征西域諸國，軍力遠至歐洲，因此掌握了陸路的中西交通，也控制了中西的貿易。我國歷朝均爲農業國家，僅元朝是以商業國家爲其性格。元世祖銳意經略海外，自然具有獨佔貿易，開拓市場的用意。當元世祖討滅南宋時，江南的海港以及繁榮的南海貿易，必曾引起他的注意。

元朝自至元十四年（西元一二七七年）開始設市舶司於泉州等地，同年又任百加奴爲海外諸蕃宣慰使兼福建道市舶提舉。次年又命唆都、蒲壽庚招諭南海諸國來朝，這一連串的措施，顯示了世祖積極重整海外貿易的計畫。至元十六、七年（西元一二七九、八〇年），蒲壽庚、唆都等呈請招諭海外諸蕃，竟未獲允。這並非世祖的對外政策變爲消極，而是因對唆都、蒲壽庚等的壟斷市舶之利，深表不滿，而意圖改由中央獨攬之故。其實自至元十六年以來，曾有數次派楊庭璧等至印度的俱藍（Quilon）等國；十八年（西元一二八一年）設行中書省於占城；十九、二十年（西元一二八二、八三年）派唆都率兵討伐占城；二十四、二十五年征略安南；二十六年又有遠征爪哇之意；到了二十九年，派史弼、高興等遠征爪哇；至元十一年、十八年，兩次發大軍征討日本。由於元朝對於經略海外，開拓南海貿易非常積極，因此元朝的南海貿易極爲繁盛，而泉州更是當時的最大港口。

繁榮的港口及造船業

世祖時，馬可波羅來華，並在中國滯留了十七年。至元二十八年（西元一二九一年）由泉州出航返回歐洲。馮承鈞的《馬可波羅行記》譯本中對當時的泉州港有如下詳細記載：「印度一切船舶運載香料及其他一切貴重貨物咸蒞此港。是亦爲一切「蠻子」商人常至之港。由是商貨寶石珍珠輸入之多竟至不可思議，然後由此港轉販「蠻子」境內。我敢言亞歷山大或其他各港運載胡椒一船赴諸基督教國，乃至此刺桐城者，則有船舶百餘，所以大汗在此徵收課稅，爲數極巨。」

元順宗時，教皇使節馬黎紐利（Marignolli）抵達大都（今北平）之後，於西元一三四七年由泉州返回歐洲。他說：「泉州港的確是個值得驚嘆的好港口。都市之廣闊難以置信，市內有三所天主教的教堂，也有爲商人設置的商館。」大約在西元一三五五年前後，摩洛哥的伊本·巴圖塔（Ibn Battutah）也訪問過泉州，他說泉州港是世界最大的港口之一，稱爲世界唯一的最大港口亦無不可。他曾目睹有大帆船百艘輻輳於此港，至於其他小型船隻更是不可勝數。由此可知，泉州在元朝時是個國際大港口，各國的商人及船隻皆聚集於此。

航海技術自宋代以來，繼續不斷地發展，到元朝時，來往於中國印度間的船隻幾乎全是中國船。馬可波羅、奧德理克（Odoric）、伊本·巴圖塔等人所乘坐的船隻也都是中國船。《馬可波羅行記》中記載中國的船是以樅木製造，僅一甲板中，即各有船房五、六十，商人處在其中頗爲舒適。船隻具有四桅，偶亦別具二桅，可以隨意豎倒。船上至少有水手二百人，可載胡椒五、六千擔。根據伊本·巴圖塔所說，中國的船分大、中、小三級，大者可搭載一千人，即水手六百、衛兵四百，有三帆至十二帆，……往來於中印間。這種船乃是造於廣州或泉州等地。船底係三層板，以巨針接合，艙有四層。中國的船不但比阿拉伯三角帆船更大，並更能在逆風時搶風調整方向航行。如元朝遠征爪哇，雖只有一年的準備期間，即能動員一萬人的軍士，五百艘的艦隊，由此可知元朝海上運輸的技術，及力量的強大。

元與南海的交通貿易

元與爪哇　南宋以來，中國海上商人直接到爪哇海與孟加拉方面的海運已超越了回教商人。同時也開拓了直接到爪哇等地的航路，由於中國海商可以直接與各地貿易，因而促成了各地港口國家的發生和成長。

因此，原先控制中西交通的三佛齊受了很大的影響，其所支配的體制遂逐漸瓦解。由於爪哇各港口的經濟興隆，東爪哇的政治亦隨之發展。爪哇的新伽薩黎（Singhasari）王朝更爲強大，其勢力也進展到蘇門答臘及馬來半島。然而其勢力的進展卻影響了中國與印度間的航路。由於新伽薩黎王克達那伽羅（Kertanagara）的王妃是占城的王女，於是元朝便發兵征討占城，這對爪哇當然是個很大的衝擊。

元平定占城後，遣使招諭爪哇來貢，但克達那伽羅（Kertanagara）王不聽，反而黥元使孟祺之面，並將他放逐。元世祖大怒，於是於至元二十九年（西元一二九二年）發兩萬大軍征討爪哇。當時，爪哇正好有叛亂，克達那伽羅王爲篡奪者所弒。王的女婿羅甸·毘闍耶（Raden Vijaya）與反叛軍對抗，但正處於劣勢中。元軍不知要征伐的對象已死。羅甸·毘闍耶利用元軍打敗反叛軍之後，又擊退了元軍，並建立了新的王國——滿者伯夷（Majapahit）。元朝的海外遠征雖然失敗，但爲後世中國人在東南亞的活躍開拓了一條大道。

《眞臘風土記》中的華僑　成宗元貞元年（西元一二九五年），元遣使至眞臘。其時周達觀隨行前往。周氏返國之後，著有《眞臘風土記》。眞臘即是以現在的柬埔寨爲其中心，同時也領有越南南部。眞臘受了印度文化相當的影響，在當時頗爲繁榮。《眞臘風土記》中記載該國婦人長於貿易，所以唐人到此地之後，即先納一婦人，亦兼利其買賣。當地土人敬畏唐人，而當地中國的貨品，如金、銀、五色縑帛、溫州的漆盤、泉州的青瓷器、水銀等等，都頗受歡迎。書中又說：「唐人之爲水手者，利其國中，不著衣裳，米糧易求，婦女易得，居室易辦，器用易足，買賣易爲，往往皆逃逸於彼。」由此可見當時已有華僑在此與當地人雜居了。

《島夷誌略》中的華僑　汪大淵，江西南昌人，元末順帝時，曾二次出海至南海各國遊歷。回國後，著有《島夷誌略》。書中汪氏親自到過之處，共寫了九十八條。若與未去之處合計則共有二百二十餘條。《島夷誌略》重要之處，在於各地方的地理、人物及貿易的記述。這是中國人所寫的一本極爲重要的早期地理書。書中所記皆爲汪氏訪問所得的第一手資料。而他所收入的各地區，其中很多地名至今尙不能詳細考定。但所收錄地區之廣泛，由南海直至印度洋、波斯灣、阿拉伯，可知元朝的國人在海上活動的範圍極爲廣大。在此書中，我們可看到國人在海外各地貿易外，也有華僑的活動記錄，如〈龍牙門〉條中即可見到這裡有中國人的居住。龍牙門即是現在的新加坡。又

〈勾欄山〉條也說：「今唐人與番人叢雜而居。」勾欄山即爲婆羅州西南的交闌島（Gelam）。書中尙提及這些地區的唐人是元初征討爪哇時，由於船隻遭風損毀，在此修造船隻，而留下的一百多名病卒。這些華人出現的原因，究竟是不是遠征爪哇所遺留下來的人呢？根據《元史》的記載，元朝遠征爪哇的路線，確實曾滯留過此島。總之，元末在此島上已有華僑，並於此從事貿易活動。

陶瓷路　元朝疆域橫跨歐、亞，極爲廣闊，中西交通暢通無阻，除了陸路交通以外，海上交通頗爲頻繁。尤其是蒙古分裂爲欽察汗、察合臺汗、伊兒汗以及元室四個王國之後，其中的伊兒汗國據於現在的伊朗地方，與元室較爲密切，因此，經過印度洋，越過南海，抵達中國的海路相當繁榮。

元朝設立市舶司經營南海貿易，而市舶司的條例，大致是沿襲宋朝。貿易的內容中，進口貨物仍以南海的香藥爲主；出口的物品則仍是中國的絲、綢、陶瓷等類。現在東亞至東南亞各地、印度洋、波斯灣，直到非洲東北部及埃及各地方，皆有宋、元陶瓷的出土。這些陶瓷片出土數量之多，令人驚訝，而其出土範圍的廣大，也是非常驚人。這更顯示了宋、元兩代中國人在海上活動的盛況。這種海上交通的路線，是另一條絲路，有人稱之爲陶瓷路，也有稱爲香料路。

外人東來　元朝的南海貿易，大致承襲宋朝的路線。但有若干特色，一是元朝重用色目人，即是各種外國人。元朝在各種機構，除了蒙古人之外，很重用色目人，甚至貿易方面也是如此，其中多數爲回教徒。這個時期，回教文化也相當流行於中國，對於中國的飲食、建築、醫學、曆法等，都發生了影響。目前在廣州、泉州，仍可見到一些回教建築的遺址。另外一特色，即是這個時期，有些歐洲人，尤其是義大利的商人，或者天主教徒與中國直接往來。因爲其時正是歐洲中古期的商業革命時代。十二世紀後期以來義大利諸城市成爲商業中心，義大利商人向國外發展，於是元代有許多義大利商人來到中國，其中最著名的是馬可波羅，他所著的遊記，對於近代歐洲人的東方發展頗有影響。另外有義大利聖方濟修會的傳教士奧德理克（Odoric）。他於西元一三一四年（一說一三一六年）出發，經君士坦丁堡、巴格達，再由波斯灣的忽魯謨斯（Hormuz）搭船經印度馬拉巴（Malabar）沿岸到蘇門答臘、爪哇、婆羅洲、占城而至泉州，再經內陸到福州、杭州、南京，並經由運河抵達大都。他的旅行記中，有許多爲馬可波羅所沒有記載，這是研究元史的一本極重要的資料。

元與東亞的交通

降伏高麗　蒙古尚未討滅金、南宋之前，於西元一二三一年就已入侵高麗，高麗終於投降，並於西元一二五九年送高麗王太子至蒙古以爲人質，高麗從此成爲元的屬國。高麗忠烈王於一二七四年娶元世祖皇女爲王妃，以後高麗國王代代都娶元室皇女爲王妃。

遠征日本　高麗成為元的屬國之後，最大的負擔便是助元遠征日本。元朝渡海遠征日本，第一次在西元一二七四年，高麗動員工人三萬人，製造兵船九百艘，並以蒙古軍二萬人、高麗軍五千人遠征日本。第二次是西元一二八一年，這時元已討滅南宋，因此徵用了江南軍士十萬、東路軍四萬，另外有高麗兵船九百艘，並於湖南、江西、江淮、福建各地建造船隻三千五百艘，一行浩浩蕩蕩地遠征日本。但因遭遇大風暴，以致遠征失敗。但由元朝能動員這麼多的海軍，可知中國當時的造船能力。元世祖曾計畫第三次遠征日本，後來卻由於海都的叛亂，遂未實行。元朝於第二次遠征日本失敗後，於西元一二八三年及八四年兩次遣普陀山之僧愚溪如智等前往招諭日本，但皆無結果。

中日民間貿易的往來　中日間的交通，雖由於戰事而無官方的往來，但兩國間商船的往來仍絡繹不絕，經濟與文化的交流也未中斷。元代對日之貿易港，主要是慶元（宋代明州），也有到泉州等港。日本當時要營造寺院，需花費頗多經費，這些營造費皆是於日本幕府許可之下，派遣貿易船至中國貿易所獲取的。如西元一二九〇年在九州為了營造千如寺，便自貿易船徵收籌措；又因建造建長寺，而於西元一三二五年派船隻前來中國；西元一三二九年為鑄造關東大佛，又派船到中國；西元一三四一年為建造天龍寺，再派船隻至中國貿易。如此，由於中日間的貿易利益很大，日方便得以用這些利益來籌備經費龐大的建造寺院工程。如此說來，這種得到日本幕府公認和保護的貿易船，可說是一種日本官方的貿易船。這些爲寺院營造而至中國的船隻，同時也促進了元僧的抵達日本，以及日本僧侶前來中國，於是促進了佛教的交流。在這時期，日本的禪宗大爲興隆，係受中國影響。西元一三三四年，鎌倉幕府滅亡之後，因日本國內的南北朝戰亂，許多九州方面的饑民、流民，淪爲倭寇。倭寇首先侵擾朝鮮，後來活動範圍逐漸擴大至山東一帶。統觀日本與元朝的關係，其初有元朝的遠征，後來變爲互相的貿易，至元末，則變爲倭寇的寇擾。

元時的臺灣、澎湖　對於臺灣方面，據《元史》的記載，元世祖也於至元二十八年（西元一二九一年）十月命楊祥充宣撫使，次年（至元二十九年）三月二十九日自汀路尾澳往瑠求（即今之臺灣）招撫，結果未有成就。成宗元貞三年（西元一二九七年）又再興兵討伐瑠求，此次僅擒生口一百三十餘人，也毫無結果。如此，元代兩度企圖經營臺灣，由於其時臺灣土人尙處於原始部落社會的階段，沒有作爲國際貿易市場的價值，因此終毫無所成。但是民間商賈漁人在臺灣海峽的活動卻較前代有所進展。據汪大淵《島夷誌略》琉球條的記載，他曾親自來到琉球（即臺灣），而知道臺灣的土產有沙金、硫磺、鹿皮等貨，而國人已運來土珠、粗碗、處州瓷器等類貨品從事貿易。

澎湖的情況在《島夷誌略》中，也有記載，說其島分三十有六，島內已有相當人數的泉州人定居，風俗樸野，人多眉壽，煮海爲鹽、採魚蝦以佐食。地產有胡麻、綠豆，山羊之孳生數萬爲群，烙毛刻角爲記，晝夜不收，且已有工商興販，以樂其利。地隸晉江縣，設有巡檢司。

明的海外貿易

明太祖的消極政策

海禁　明朝接替元朝，明太祖起自民間，平天下後，頗致力於賑撫流民，墾復荒田。並鑑於倭寇海盜爲患，爲維持治安，鞏固政權起見，乃採取海禁政策，禁止一切私人的海外貿易，僅准朝貢的貿易，拒絕外國商賈來航。又顧慮一般國人民間的泛海通夷，可能因此勾引倭寇、激起海盜，因此對海防頗爲留意，禁止國人下海通番。整個對外貿易轉爲消極政策，對沿海外島採行遷民徙地之舉。在此時期，從南宋、元以來已內屬爲中國版圖的澎湖，也被拋棄。

朝貢貿易　由於海禁政策的施行，明初中國和海外諸國的關係，僅建立在朝貢制度的架構上，凡海外諸國欲與中國通商，必須先得到中國的冊封，建立宗主藩屬的關係，然後由明廷頒給憑信勘合，規定貢朝、人數、船數和停泊的港口，然後才准通貢互市。

明太祖即位不久，於洪武二、三年間（西元一三六九－七〇年）派使者至南海各國，告諭新王朝的成立，招諭入朝進貢。於是日本、占城、爪哇、越南、高麗、暹羅、三佛齊各國均前來朝貢。

另一方面，明廷施行一連串的造船、練軍、修築城寨，以加強海防措施，嚴格執行海禁，阻止國人興販活動。因此，明初洪武年間，朝貢為東南亞貨物供應上唯一的來源。洪武七年（西元一三七四年）廢止了寧波、泉州、廣州的三市舶司。洪武末年，又只准琉球、眞臘、暹羅三國入貢，貢舶貿易也轉趨消極，因此南海物資更為缺乏。洪武二十七年，更禁止使用番香番貨，以斷絕市場。三十年又再申禁人民不得出海與外國互市。

走私與海盜　洪武的這種種政策，不僅違反了有無相輔的自然要求，也忽略了濱海地區經濟環境，阻礙了從唐宋以來國人向海外發展的趨勢。由於朝貢貿易有各種限制，因此南海物資供不應求。而濱海人民因受地理環境的影響，迫於生活所需，不得不干冒禁令，私越巡防，下海通番。然而禁令苛嚴，終於迫使私通販海的商人鋌而走險，形成海盜；於是一方面走私與海盜猖獗，另一方面，僑居於南海各地的華人，面臨了這種新王朝政策的改變，過去原可自由來往於本國與僑居地，到此時期卻必須選擇永久回國或永久定居於僑居地。因此在明初，南海各地的口岸，便產生了原為季節性來往的華人定居而為華僑的新狀態。而這些華人或與本國的集團勾結走私，或與僑居地當局互相利用協助，化身為朝貢的通譯或使者。在十四世紀末年至十五世紀初年之交，明廷屢次申禁人民下海通番，但仍不能杜絕居民的向外發展。至永樂初年，已形成許多擁有私人武力的走私商團。而這些沿海的海寇，與海外的逃民互通聲氣，騷擾沿海。明成祖於是致力於剿撫海寇，招撫海外逃民。這些事實顯示明太祖的消極政策無法阻止國人對於南海香藥的需要。明成祖派鄭和下西洋，其動機有許多說法，不過想打開這種局面，則是其主要原因之一。

鄭和七次下西洋

明太祖統治三十年間，重農抑商，對外採取保守消極的政策，卻反而導致沿海不安。到了成祖即位，此現象即發生極大的轉變。成祖於建文四年（成祖仍稱之為洪武三十五年，是為西元一四〇二年）七月即位，九月即遣使以即位詔諭安南、暹羅、爪哇、琉球、日本、西洋、蘇門答臘、占城諸國。次年永樂元年（一四〇三年）即有各國遣使奉表、獻方物來賀即位。八月，即恢復太祖所廢的浙江、福建、廣東之市舶司。元年派出的使臣相繼回國後，成祖對當時南海各國的情形有大致上的瞭解，而於永樂三年開始命鄭和率領龐大的艦隊下西洋。

鄭和七次下西洋，其艦隊規模之大，次數之多，航程之遠，範圍之廣，時間之久，不但在國史上，即在世界史上亦是空前的海上經略。鄭和七次下西洋的年代，由於各種史書記述不一，亦有錯誤，所以過去有許多說法，但是從宣德六年鄭和建立的〈婁東劉家港天妃宮石刻通番事蹟記〉碑文的檢出，以及福建長樂南山寺〈天妃靈應記〉碑的發現，以配合各文獻，鄭和出使的年代即可明白。

第一次出使是永樂三年（西元一四〇五年）六月十五日受命，其年冬天利用東北季節風出海，於永樂五年九月初二回京覆命。這次出使，船隻有六十二艘，將士有二萬七千八百餘人，所到之地有占城、爪哇、舊港（Palembang）、蘇門答臘、滿剌加、錫蘭、印度西岸的古里（Calicut）。其間在東爪哇遭遇到滿者伯夷國王位繼承的內亂與舊港華僑間的對立紛爭，又在古里建立鎮國碑。

第二次爲永樂五年（一四〇七年）出發，永樂七年回京，到達古里、柯枝（Cochin），又在錫蘭建碑。

第三次是在永樂七年（一四〇九年）有四十八艘船隊，二萬七千餘人，冬天出海，於永樂九年夏回國。所到之處爲占城、爪哇、滿剌加、蘇門答臘、錫蘭、小唄喃（Quilon）、柯枝、古里，回途亦經錫蘭。此次航海，滿剌加受南侵的暹羅與爪哇的滿者伯夷王國之壓力，求助於明朝，鄭和加以保護，建鎮國碑。這次錫蘭國王欲害鄭和，明軍與之戰而獲勝利，並擒錫蘭國王回朝，於次年方赦之遣歸。

第四次是永樂十一年（一四一三年）冬出發，永樂十三年夏回國。此次到過占城、爪哇、舊港、滿剌加、蘇門答臘、錫蘭、柯枝、古里、忽魯謨斯（Hormuz）。此爲第一次越過古里，即自印度洋西岸而到忽魯謨斯。又有分䑸從蘇門答臘到印度洋溜山國（馬爾代夫群島 Maldive Is.）及非洲東岸木骨都束（Mogadoxo）、麻林（Malindi）各地，再北至阿丹（Aden）、祖法兒

（Djofar）、忽魯謨斯，於永樂十四年回國。此次遠征途中，在蘇門答臘捲入其內紛中，擒蘇幹利（Sēkandar）而還。

第五次受命於永樂十四年（一四一六年）十二月，出發於永樂十五年冬，永樂十七年七月回國。此次航海兼遣送滿剌加、古里等十九國國家的王后、使臣等的歸國，也到過忽魯謨斯。此次又有一分䑸經馬爾代夫群島到非洲東岸、阿拉伯、波斯灣各地；此分䑸較本隊晚一年回國。此次自波斯往阿拉伯及非洲東岸，帶回獅子、麒麟、斑馬、駝鳥等奇獸。

第六次爲永樂十九年（一四二一年）正月受命，秋天出航，永樂二十年夏回國。此次在蘇門答臘也有由李興、周滿率分䑸經馬爾代夫群島到過非洲東岸、波斯灣等地，也到阿丹。分䑸也晚一年於永樂二十一年回國。

第七次爲宣德六年（一四三一年）出海，宣德八年（一四三三年）回國。此次到達占城、爪哇、舊港、滿剌加，後來到印度南岸，到忽魯謨斯。另外有分䑸，自古里到阿丹、天方（麥加Mekka）等地，而在忽魯謨斯與本隊會合，一起回國。

在第六次與第七次之間，因舊港的華僑頭目施進卿死後，其子女之間有繼承的紛爭，鄭和曾受成祖之命，於永樂二十二年正月前往舊港去冊封，而於當年約七月後回國。此次到舊港，在舊的說法將它歸入鄭和的第六次出使。而由於鄭和碑文的出現，因此也有人將此次亦計入，謂鄭和下西洋共爲八次。然舊港之行，與七次下西洋之目的顯然不同，鄭和自己於宣德六年立碑時在碑文中亦未計在內。

鄭和下西洋及其影響

鄭和下西洋是世界史上一個空前的壯舉，然而一般對其實際的影響卻未加考察，僅是說，自鄭和下西洋後，民間貿易勃然興盛，促進了民間海外活動的發展；或者說，由於鄭和的下西洋，鼓勵了國人向海外拓殖發展，因此認爲他是華僑之母。這些都是沒有經過考察歷史事實，而遽下論斷。的確，鄭和下西洋對於歷史上來說是一個空前的豐功偉績，有助於發揚國威及推動官方的海外貿易，但是對於促進國人的海外活動、鼓勵國人海外拓殖成爲華僑的發展，卻不是事實。

明廷的海禁政策，自始都是嚴禁人民下海的。鄭和的下西洋只是純粹官方的性質，其任務是耀兵異域以誇示中國的富強，以及柔遠懷服，推動海外各國來朝進貢。所以對國內的意義而言，是阻害了民間的海外活動，而發展帝室獨佔性的官方貿易。譬如，鄭和第一次下西洋的時候，正當越南陳朝衰滅，西元一四〇〇年，王位爲黎季犛所篡奪，陳氏遂向明廷訴願，成祖於永樂四年派兵征越南，於永樂五年設置郡縣，收歸爲版圖。當時成祖在六月一日的詔諭中說，安南各處關隘有人民結聚，把守營寨及逃避海島者，詔書到日即便解散；又說，安南與占城、百夷等處接界，宜各守疆境，毋致侵越。亦不許軍民人等私通外境，私自下海，販鬻香貨，違者一律治罪。由此可知鄭和正在西洋的時候，成祖仍是嚴禁國人到海外活動。宣德以後，停止了下西洋的活動，而對於國人的海外活動仍愈禁愈嚴，所以鄭和下西洋，對國人的海外活動，只有負面的影響，並沒有推展國人的海外活動。

推動官方的海外貿易　鄭和下西洋的主要任務，除了柔遠懷服，詔諭各國前來朝貢外，亦兼負貿易奇貨珍寶的任務。其船隻都攜有織金文綺、絲、帛、瓷器等貨品，稱爲「寶船」。在《瀛涯勝覽》、《西洋番國志》等書中，均有在各地買賣交易之記載，而如《西洋朝貢典錄》所載：「由是明月之珠、雅姑之石、沈南龍速之香、麟獅孔翠之奇、梅瑙薇露之珍、珊瑚瑤琨之美，皆充舶而歸。」可知其主要目的顯然是經營海上貿易。而此海外貿易的性質是皇家的獨家貿易，也可以說是皇家的採購團。

成祖於建文四年七月即位的時候，其所做的第一件事即將惠帝所改的祖宗稱法再恢復舊制，當時成祖對海外貿易方面，亦申禁令曰：「沿海軍民人等，近年以來往往私自下番，交通外國，今後不許，所司一遵洪武事例禁治。」由此可知，成祖即位初，對於海運原是禁止的。究此原因，可能是因爲靖難之變，國內動亂，於是很多人乘機結聚下海，造成海盜的盛起。永樂元年、二年間成祖頗致力於追捕福建沿海的海寇；永樂二年正月十九日又禁民下海，並下令禁民間海船，原有海船者皆需改為平頭船，命所在有司防其出入。如此成祖即位以來都是致力於杜絕居民的向外發展。

然而，遣海外詔諭使臣歸國後，成祖於永樂元年五月五日命福建都司造海船，這次造船也許為征剿海寇而建，但於永樂二年正月十九日禁民間海船後，於二十日命京衛造海船五十艘，再於二十一日命福建造海船五艘，而且明言係為將遣使西洋諸國而命令造船。嗣後從永樂三年以來，年年都派鄭和等下西洋去從事海外貿易。因此，從成祖這一連串的措施，可顯示出在政策上雖然仍是嚴禁國人在海上的活動，但卻因對海外物資的需求，而派鄭和等去推動恢復自洪武晚年來朝日稀的貢舶貿易制度；同時，又由鄭和在海外各地從事直接貿易。因此鄭和下西洋的目的，主要是在推動朝貢的官方貿易，同時也做為皇家獨家貿易的採購團。

華僑的發展受阻　對於華僑的影響方面，一般人認為，鄭和下西洋對於華僑的發展推動是歷史上光榮的一頁。然而，其歷史事實又是如何呢？

前所述及的汪大淵在元末順帝時曾至南海各地，回國後，大約在順帝至正九年（西元一三四九年），寫了一本《島夷誌略》，所記載多為他親身的見聞。這本書的記載，我們可以知道國人曾經到過許多地方貿易，但是對於中國人移居的記述卻很少，只有如上面所介紹的龍牙門（現在的新加坡）、勾欄山等幾個地方而已。從這本書的記載可知，元代國人的來往很自由，活動的範圍也很廣，但是國人在南方各地定居下來的並不多。

在鄭和七次下西洋之中，馬歡曾經參加第一次、第四次、第七次的遠征；費信參加過第三次、第四次、第七次的遠征；鞏珍參加過第七次的航海，這些人回國之後，都各有《瀛涯勝覽》、《星槎勝覽》、《西洋番國志》等書的著作。這三本書所述之範圍，不如《島夷誌略》之廣，《星槎勝覽》中有許多地方便是抄襲《島夷誌略》的。但是有關在南海移居的許多華人活動的記載，卻比《島夷誌略》增加不少，也較具體。這顯示出明初的海禁政策之下，民間的海路交通不便，反而致使許多國人在南海各處就地定居下來。譬如，馬歡的《瀛涯勝覽》之爪哇條說，杜板（Tuban）當地差不多有一千多戶住家，由兩個頭目管理，其中多有中國的廣東及漳州人流居至此；又說從杜板向東行半天就可以到新村，土名爲革兒昔（Grissé），本是沙灘土地，而中國人開始到此居住以後就命名爲新村，至今其村主仍爲廣東人，從各地到此貿易者多，民甚殷富；而從新村向南行二十多里就可以到蘇魯馬益，土名蘇兒把牙（Surabaya），這裡也有村主，住家有一千多戶，而其中也有中國人。此外，書中亦提及爪哇有三種人：一種是回回人，是西方各國經商流落到此的；一種是唐人，都是廣東、漳泉等處人竄居此地，而多信奉回回教；另一種就是當地土著。爪哇人很喜歡中國青花瓷器、麝香、銷金紵絲、燒珠等類物品，也常用銅錢做交易，所以國王常差遣頭目到中國進貢。又，本書的舊港條說，舊港古名三佛齊，土名爲浡淋邦（Palembang），是屬於爪哇所轄，國人多是粵、漳、泉逃居此地者，民甚富饒；又說在洪武年間，有廣東人陳祖義全家逃到此地充當頭目，頗有威勢，凡有客船經過，皆劫奪其財物。永樂五年，鄭和到此地時，生擒陳祖義等回朝伏誅，而改以與鄭和合作的施進卿爲舊港大頭目。

如前所述，舊港在宋元時代稱三佛齊，當時頗爲興盛，但因爪哇的興起而失去其中西交通要衝的地位，而到了十四世紀末葉，三佛齊終於爲爪哇的滿者伯夷國所討滅。但是，由於滿者伯夷在十五世紀初發生內紛，又無法充分利用舊港優越的地理位置，而至此時再加上明初海禁政策的影響，遂使得舊港成了中國華僑的基地。

根據明實錄，永樂三年正月派遣行人譚勝受、千戶楊信等前往舊港招撫逃民梁道明等。梁道明是廣東人，攜眷竄居於舊港多年，廣東、福建的軍民跟從者數千人，推梁道明爲首。同年，譚勝受等回京時，梁道明、鄭伯可等亦前往朝貢方物。次年七月，舊港的頭目陳祖義遣子士良、梁道明遣姪觀政來朝，這顯示當時在舊港的華僑社會有陳祖義及梁道明兩個派系的勢力。永樂五年，鄭和到舊港時，陳祖義詐降，率衆來劫，所以鄭和出兵與戰，打敗陳祖義，而鄭和所以能知陳祖義密謀，則是得於施進卿的報告。鄭和生擒陳祖義等回朝伏誅以後，施進卿即被任爲舊港的宣慰使，而施進卿本來就是梁道明的部下（副頭目），這顯示舊港的兩派華僑勢力中，梁道明這一派當時是由施進卿領導。至於鄭和率寶船到舊港貿易一事，對於當地的華僑而言，陳祖義這一派認爲鄭和的貿易與他們的貿易利益衝突，所以想以詐降來搶劫鄭和的寶船；而和陳祖義對立的施進卿這一派即與鄭和合作來打敗他的對手，此後鄭和便讓施進卿管束舊港的華僑。至於其餘各地的華僑，由於鄭和的訪問，當然提高了他們在當地的地位。但是由於明朝的海禁政策，國人的出國被禁止，各地的華人地區無法注入新血，後繼無人，致使各地華人區域都逐漸土著化而消逝；以施氏一族爲中心的舊港華僑勢力也遂趨於衰滅。

綜合而言，早期南洋的華僑發生於宋代，發展於元末到洪武末年，而永樂時代由於依舊嚴禁國人出海，成祖授命由鄭和推動的朝貢貿易，使得華僑慢慢地消失，所以鄭和下西洋其結果並沒有促進華僑的發展。早期華僑消失以後，新華僑是在明代末期又再發展起來的。鄭和下西洋對華僑最大的影響是，明末清初直至清末爲止的華僑都是在沒有政府的保護之下，於南洋開拓自己的天地，而鄭和下西洋的豐功偉績是這些沒有官方後盾的華僑的精神寄託，使華僑的力量能凝集結合。所以在東南亞有許多附託於鄭和的傳說，也有許多奉祀鄭和的廟。這種後世華僑心理的、宗教的影響反卻是一項長遠持續的偉大影響。

對南海諸國的影響　爪哇的滿者伯夷國在十四世紀很強盛，到了十五世紀其勢力衰退。衰退的原因一爲內紛，一爲由於明朝的海禁政策而與中國的貿易不如前代。由於鄭和的下西洋，滿者伯夷國的幾個屬國都與滿者伯夷斷絕從屬關係，直接向明朝朝貢，而成爲與滿者伯夷國競爭的國家。譬如，滿剌加的第一代國王拜里迷蘇剌（Parameswara），其原來可能爲三佛齊的王子，流亡各地以後，於十五世紀初在滿剌加地方建設小國家。這可能是趁滿者伯夷的勢力衰頹而獨立。然元朝征討南詔後，泰族勢力得以南進，在十五世紀暹羅的阿猶泰雅（Ayuthay）王朝強盛稱霸於馬來半島，其勢力向南繼續擴張。滿剌加受其武力的壓迫，時常向明朝貢，獲取明朝的保護。滿剌加是於永樂三年（西元一四〇五年）首次應永樂元年的尹慶招撫而隨同來朝貢。其時，滿剌加的使者已經向明廷請求封山為鎮國，成祖並賜御製「鎮國山碑銘」，顯示滿剌加是要求明廷的承認和保護，以應付暹羅阿猶泰雅王朝與爪哇滿者伯夷王朝二大國的壓力，特別是對付暹羅的南進，以維持其獨立。明廷賜給滿剌加的印誥等，約於永樂四、五年間被暹羅所奪，成祖曾戒諭暹羅國王，所以鄭和第三次下西洋時曾經抵滿剌加封山，並建鎮國之碑。關於此事，在《瀛涯勝覽》也載：「鄭和等齎詔勅，賜頭目雙臺銀印、冠帶袍服，建碑封域，遂名滿剌加國，是後暹羅莫敢進擾。」由於此寶船的示威，對滿剌加的獨立是一個很大的保障。故永樂九年滿剌加王親自帶領其妻子、陪臣等五百四十餘人來朝謝恩，表示恭順。所以鄭和的下西洋對於阻止暹羅的南進、保證滿剌加的獨立，發生了很大的作用。

這種對國外的政治影響以外，當然由於鄭和下西洋揚國威，恩威相加，各國都前來朝貢，貢船的貿易遂因之繁盛。永樂年間，有三十國常來朝貢、貿易，解決了國內對南海香藥等物資的需要。

又，在元朝，印度以東的海面是中國船隻的天下。而明朝因行海禁，海上中國船隻遽減，鄭和下西洋時雖曾以龐大的明廷艦隊到印度洋揚威，但是停止下西洋以後，印度洋面、印度洋以東以及東南亞的海面，又成爲回教商人的海上天下。

明代亞洲諸國的國際貿易

朝貢貿易與華僑的參與　由於成祖積極的政策，派鄭和等下西洋去催動朝貢貿易，於是海外諸國來朝進貢日多，貢舶的貿易因此也日益繁盛。然而，由於明朝的海禁，不得不留居海外各地的華人，其原就是商業移民，而處於這種海禁政策下，若仍要在海外活動，就必須將他們的經濟活動與當地君王的官方的貢船貿易相互結合。對海外各國的君王方面來說，向明朝朝貢貿易是一項有利的商業行爲，但是明朝對朝貢訂有許多繁雜的禮節及瑣碎的規定，所以他們也很歡迎中國人能參與該國的朝貢使節團，以應付這些繁文縟節。因此在明朝的文獻上，各國的朝貢使節團裡常常可以看到華人參加的例子。

根據明實錄的記載，洪武六年暹羅遣來的使節中，其副使的名字爲陳舉成；洪武十四年二月暹羅國來朝進貢，此次的使節爲陳子仁；永樂三年暹羅國王派遣的使節爲曾壽賢。明實錄永樂九年正月初九，有對於暹羅使臣曾壽賢等人賜宴的記載，這顯然是八年來朝的使節團，而在八年的來貢紀事中卻沒有曾壽賢的名字。成化十三年暹羅又派坤祿群謝提與奈英必美亞二人來貢方物。美亞，原是福建汀州人，名謝文彬（或作杜文彬），因販鹽下海爲大風飄至暹羅，而後在該國服務，官至岳坤（Ockan），此岳坤是阿猶泰雅（Ayuthaya）王朝的四等官階。美亞後來被派作朝貢的使節來朝，在南京遇見其從子謝瓚，而托售蘇木、象牙等，又織造違禁紵絲，待事發才得知其原爲福建汀州人。又實錄弘治十年九月中載，暹羅國派遣來的通事奈羅，自陳其原爲福建清流縣人，因飄流至暹羅，而今隨使節團回來，擬申請順便去掃墓，然後回暹羅。他的申請後來獲得了許可。同一年也有另一位通事，是爲江西南城縣人，往海南島經商時，亦遭風飄至暹羅，而以通事身份回國。據云他以前進貢的時候原爲通事，回國後申請回復原籍。以上皆是暹羅地方華僑參與朝貢貿易的事例。

在爪哇方面，永樂三年九月，爪哇國西王也曾遣派八智陳惟達等奉表來貢方物。八智（Patih）是滿者伯夷王國的官位，爲中央或地方官名，此處可能是擔任財務的官員。永樂四年正月，又有爪哇西王遣使陳惟達來朝貢。從季節風來算，九月和正月二次來朝貢是不可能的，這可能是記載的錯誤，應是九月來朝，正月在京賜錢鈔綵幣。永樂八年十二月爪哇又遣使入貢，而此時亦一起遣送流移當地的華人返國。洪熙元年四月，爪哇國王又遣頭目亞烈黃扶信、八智惟速來朝貢。亞烈（Arya）也是滿者伯夷王朝的高官官爵，八智惟速也許是八智陳惟達之誤記。又，在正統元年（西元一四三六年）閏六月也載，爪哇國使臣財富八致（Patih）滿榮，自陳其原姓洪，名茂仔，爲福建龍溪縣人，捕魚爲業，後爲蕃倭擄去，脫走至爪哇，改今名，進貢方物來京，其亦申請回鄉。在正統三年（西元一四三八年）六月亦載，爪哇國使臣亞烈馬用良，通事良殷、南文旦奏言，他們原均爲福建漳州府龍溪縣人，因捕魚於海而飄流至爪哇，馬、南二人均要求先回鄉祭祖、造祠堂，而後再回爪哇，良殷也申請回鄉，他們皆得到了許可。其時馬用良也自稱以前曾任八諦（Patih）來朝，今爲亞烈，所以正統元年以前，馬用良也曾當過爪哇的使臣來朝。由此可知，馬用良在正統元年以前來朝貢時的官位爲八諦，而正統元年來時已晉升爲亞烈。此後在正統七年、十一年、十二年八月，及景泰四年十月，明實錄都有馬用良任爪哇的貢使來朝。這顯示出馬用良以爪哇爲中心、與爪哇的君王結合，年年到中國來做朝貢的貿易。值得注意的是，在正統十二年馬用良以爪哇使者來朝時，暹羅也派使臣來朝貢；而當此年九月，暹羅的使臣向禮部告發馬用良，說他們於九年來進貢時，暹羅的通事柰靄將暹羅國王的財本拐走不肯回國，而將其家屬附於爪哇國使臣馬用良的船隻逃去。而此次正統十二年的朝貢，此通事柰靄跟隨爪哇的使臣馬用良一起前來廣東。所以明廷命令廣東三司去拘捕馬用良和柰靄，審實後遂將柰靄交與暹羅使臣領回。實錄在正統十年沒有馬用良的朝貢，但據此可知馬用良當在正統十年也曾回中國。

由這些事實也可以表示，華僑用使臣的身份，自其居住的地方與中國來往以外，在南海各國之間華僑也彼此有來往，因此才會有暹羅的通事跑去投靠馬用良的事件。在明朝這種朝貢貿易的架構上，致使海外各國的當局與華僑有密切的結合。

華僑拓展東亞的貿易活動　明初在東南亞的華僑，由於明廷的海禁政策，爲適應新的勢態，也曾與僑居地的政權互相結合，將其貿易活動伸展到朝鮮。根據高麗史的記載，恭讓王三年（西元一三九一年）有暹羅的使者奈工等八人帶著他們的土產到高麗呈獻。這次使節團是在西元一三八八年自暹羅出發，途中在日本滯留一年。朝鮮李朝太祖二年（西元一三九三年），暹羅又派使者張思道與陳彥祥到朝鮮來，此次使節在回程時遭遇倭寇，次年又逃回朝鮮，是年冬回暹羅。西元一三九六年暹羅又派使節林得章等到朝鮮，亦遇到倭寇，於西元一三九七年才到達朝鮮。西元一三九三年暹羅派到朝鮮的使節團中，當副使的陳彥祥於李朝太宗六年（西元一四〇六年）卻從爪哇以滿者伯夷正使身份出使朝鮮。途中，他們也遇到日本海寇，所攜帶的許多南海物品也爲日本海寇所奪，共有六十人被擄，二十一人戰死，餘四十人抵達朝鮮。而此陳彥祥後來於西元一四一一年自爪哇來日本，滯留於博多，而自日本派遣其孫實崇於西元一四一二年至朝鮮。根據李朝實錄，張思道有乃（Nai，中國文獻多寫作柰或奈）的暹羅的官位，而陳彥祥從爪哇來的時候有亞列的官位，這表示他們和當地的政權有密切的合作，而前往朝鮮貿易。

這種華僑在中國以外東亞海域的活動，在明實錄亦載：永樂二年九月福建布政司奏有番船漂泊海岸，詢之，是暹國遣使與琉球通好，因風漂至，已籍記船中之物請命，而成祖命予以嘉恤。由此可知，暹羅亦與琉球通好。

依據日本的記錄，在應永十五年（西元一四〇八年，永樂六年）六月二十二日有一艘南番船到達若狹小濱，這艘船是御名爲亞列進卿的帝王之船，其贈送日本國王生象一隻、黑山馬一隻，孔雀二對，以及其他的物品；同年十一月十八日遇到大風，船破；十六年新造船，而於同年十月一日開航渡唐。亞列如上所述是爪哇的官位，進卿應當是舊港宣慰使施進卿，此船則顯然是舊港的施進卿所派出的，此艘也許本是要到明廷朝貢而漂流到日本，不過在日本應永十九年（西元一四一二年，永樂十年）六月二十一日又有南番船二艘到達。第二次的抵達可能是因有前一次的經驗，而直接前往日本拓展貿易。應永二十六年（西元一四一九年，永樂十七年）又有南蠻船來到日本，這艘船本來要到博多，但爲了逃避倭寇而到達薩摩的阿多氏領內。這艘也是舊港船，是施進卿的兒子施濟孫所派的。永樂十九年，日本九州澁川道鎮將施濟孫所派的鄧子昌等二十餘名送往琉球，委託琉球送返。這顯示了舊港華僑施進卿及其子都曾拓展其活動到日本。

由上面事實可知，原來南海的物資係運到中國，再由中國運載多餘的到朝鮮或日本，而由於明初政策的改變，中國已無多餘的南海物資可轉運至東亞，於是在南海的華僑開始直接從東南亞抵達東亞各國拓展其活動。

琉球的朝貢與國際貿易的性格　洪武五年（西元一三七二年）太祖派楊載到琉球詔諭，當時琉球有三大勢力，北部爲羽地按司，中部爲浦添按司，南部爲大里按司。當明廷來詔諭時，浦添按司察度隨即於秋天派其弟泰期入朝進貢，太祖封其爲琉球國中山王，此爲琉球首次向明廷朝貢。之後洪武十三年（西元一三八〇年）及洪武十六年（西元一三八三年），南北兩按司亦各自向明朝進貢，太祖封其爲山南王及山北王。此即所謂琉球三山分立的時代。

起初，琉球進貢的主要物品爲硫磺與其他的土產。朝貢貿易對於貧窮的島國琉球極爲有利，可是琉球並未出產任何國際性的商品，於是琉球向自東南亞前來東亞活動的華人購買南海物資與其物產一起向明朝貢。約在洪武二十五年，琉球王向明朝申請賜與福建的水夫以便操船進貢。之後，琉球王即派遣由華人或華裔水夫操作的船隻到暹羅等地去搜購南海物資，而運到中國朝貢，或到日本及朝鮮。如此一來，從十四世紀末年到十五世紀初年，琉球已經成爲國際貿易的轉運站而獲利不少。根據明實錄，洪武二十三年，琉球中山王入貢，貢獻的品目中有二十六匹馬、四千斤硫磺、五百斤胡椒、三百斤蘇木；另外有中山王子武寧貢二百斤胡椒、三百斤蘇木等；其時所遣通事也帶來了三百餘斤胡椒、十斤乳香，此爲明實錄上首次見到其貢品中有南海物資。以後，這些南海的物資即成爲琉球主要的貢品。在洪武二十二年（西元一三八九年），中山王察度亦派船至高麗辛昌王，送還被倭寇擄掠賣到琉球的高麗人，同時亦將三百斤的硫磺、六百斤蘇木、三百斤胡椒等物品送與高麗王。高麗由李朝取代以後，自西元一三九二年至西元一四〇〇年，琉球計有四次派使節到李朝。西元一四〇九年，琉球王送到李朝的各種禮品中，也有許多南海的物品。

嗣後，琉球的三個王國爲中山王所統一，琉球的南方貿易遂繁盛起來，琉球船到過暹羅、舊港、爪哇、滿剌加、佛大泥、蘇門答臘、安南等地。其中以到暹羅爲最多，在十五世紀至十六世紀，琉球到暹羅的船隻已超過一百艘。西元一四五一年，琉球將那霸港改修擴大爲港口，於是那霸港有許多中國、日本及南方各地的商人居住於此。琉球國的這種貿易是琉球國王直接管理的官方貿易，而從事海運貿易的有許多爲福建人或其子孫，這些華人都居住於久米村，也稱唐營。

如上所說，在十四世紀末年，東南亞的華人曾經擴展其活動到朝鮮、日本，但是當時由於倭寇搶劫，又有海難，所以他們後來停止到日本和朝鮮，而與琉球交通。朝鮮的倭寇在西元一四一九年李朝太宗征討對馬島後，朝鮮的倭寇衰退，一方面朝鮮亦懷柔倭寇，故日本與朝鮮之間變成和平的商業來往，許多九州的豪族到琉球購買南方的物資轉賣給朝鮮。朝鮮經由琉球、日本進口的南海物資相當多，因此甚至於十五世紀末年又自朝鮮轉販剩餘物資到中國。以前東亞細亞國際貿易的架構是中國人到南海購買南海物資回到中國，再將其多餘的轉運至朝鮮、日本。由於明朝的海禁政策，南海物資的消費，經由南海各國所朝貢的，已不足供其所需，更遑論將多餘的物資賣予朝鮮和日本了。在此期，琉球人利用歸化福建人進口南海物資，再將這些物品銷與中國、朝鮮和日本，而琉球從中國取得絲綢、陶瓷運到日本、南海各國。南海物資的流通架構，至此由於明朝的海禁政策而有所改變。

朝貢貿易的衰退與私通下海　由於成祖的招徠政策，所以朝貢貿易在永樂、宣德年間頗爲繁盛。這段時期在文獻上也很少有犯禁下海的紀錄，這是因爲官方的貿易繁盛，所以私商沒有活動的餘地。鄭和下西洋停止以後，明朝的政策轉爲消極，所以來貢的貢船亦隨之減少，反之，私通販海卻逐漸地增加。

宣德八年（西元一四三三年）嚴禁私通海外，正統以後這種下海通番的紀錄即顯著地增加。譬如，正統九年（西元一四四四年）有廣東潮州府濱海的人五十五人下海通貨到爪哇，其中二十二人留居於爪哇；在正統十年又有福建沿海的人民潛通到爪哇。正統十四年、景泰三年（西元一四五二年）明廷又重申海禁之令。所謂私通販海，有些是商人結黨下海，也有些是濱海的豪門巨室的官民勾結，尤其是由市舶太監包庇，聲勢更龐大。如成化二十一年番禺縣縣民王凱等召集各處客商，與廣東市舶太監韋眷勾結，私出海洋，通番交易；弘治六年三月，兩廣都御史閔珪奏，廣東沿海地方，多私通番舶，絡繹不絕。據禮部所見，自弘治元年以來至六年，從廣東入貢者僅占城、暹羅各一次，此爲私舶以禁弛而轉多，番舶以禁嚴而不至。如此朝貢貿易愈來愈少，而私通貿易愈來愈多，顯然自十五世紀末至十六世紀初，中國的朝貢貿易已轉變爲私商的貿易。

日本的朝貢與倭寇　明太祖於洪武二年派楊載前往日本詔諭，次年又派趙秩至日，日本方面於洪武四年南朝的懷良親王派僧祖來到明朝，兩國的外交關係遂重開。洪武五年，明太祖又派仲猷祖闈、無逸克勤二僧使日本，當時太祖希望日本前來朝貢，同時亦要日本鎮壓倭寇。其時，日本由於南北朝對立，無法禁止倭寇，兩國之間的外交關係一直都無法正常。後來由於胡惟庸謀反，曾求援兵於日本，事情被發覺後，胡惟庸遭太祖誅殺。經六年後，於洪武十九年，由於太祖對日本不予信任，遂與日斷絕國交，而強化海禁政策。

成祖即位後，遣使詔諭日本，足利義滿遣使入貢。西元一四〇八年義滿死後，日本與明的國交再度中斷。宣德八年（西元一四三三年）日本又恢復朝貢，直至嘉靖二十八年（西元一五四九年）為止，前後共遣使朝貢十二次。明朝規定日本十年一貢，船隻也限定三艘。日本派遣朝貢船的權力起初是由幕府主持，後由大內、細川二氏爭奪，大內以博多的商人為背景，細川則以堺的商人為背景，互相鬥爭，因此也影響到貿易的鬥爭，終於在寧波二氏的貿易船發生了武力的衝突。大內滅亡後，日本的朝貢貿易亦隨之廢絕。

明朝中葉，國內工商業發達，絲、綢、布、陶瓷等各種生產增加，因而更促進了中國物資的出口。因國人私自至南海貿易增多，又此期葡萄牙人東來，於是琉球的南海貿易遂告衰退。又，自十六世紀中期，日本國內的銀產增加，亦因而導致中日間私商來往的頻繁，遂發生所謂的倭寇與海寇。嘉靖二十六年（西元一五四七年），朱紈任浙江巡撫，嚴禁出海，鎮壓倭寇、海寇，因而引起沿海豪紳反擊。朱紈受言官彈劾，憤而自殺之後，倭寇、海寇的勢力大增，成為嘉靖的大倭寇時代。但後來為俞大猷、戚繼光等人所平定。

明代歐洲國家的東來

正當元朝的疆域橫跨歐亞大陸時，此期歐洲亦於十二世紀末發生商業革命。蒙古人的統治歐亞大陸，於國際商業方面打破了回教徒的商業獨佔。因此，在這一時期，印度洋也成為中國人活躍的天下，另一方面，亞洲的國際商業也開放給歐洲的商人。因此在此期，有馬可波羅等許多義大利商人至亞洲各地貿易。

明朝代元而興後，這種國際商業的情況大為轉變，回教商人的勢力因而恢復，中國人亦因海禁而不能出海，歐洲商人的活動也後退了。義大利商人在亞洲貿易的根據地君士坦丁堡（Constantinople）於西元一四五三年被土耳其佔領後，義大利商人對亞洲的商品，尤其是香料，只有向埃及的回教商人購買，再轉賣至歐洲各地。為打開這種局面，義大利熱那亞（Genova）人由非洲西海岸南下探險，想直接抵達印度，可惜並未成功。此航路一直要到西元一四九八年，葡萄牙人繞過好望角抵達印度時，方獲完成。

葡萄牙首先東來　伊比利亞半島，中古時是在回教勢力的統治之下，西班牙和葡萄牙經過數百年的長期鬥爭，慢慢地將回教人驅逐至對岸的非洲。葡萄牙和西班牙的海外活動，一方面有這種與回教徒對立的十字軍精神，而另一動機是尋找香料。葡萄牙在十五世紀中期以來，一直都沿著非洲大陸沿岸南下航海，至西元一四八八年始抵達好望角。西元一四九八年終於由達伽馬（Vasco da Cama）航抵印度。之後，葡萄牙年年派遣船隻航至東方，與回教徒爭奪印度洋的霸權。印度此時亦分裂爲許多小王國，彼此紛爭。西元一五一〇年葡萄牙輕而易舉地佔領卧亞，次年更進而佔領滿剌加。如上所述，滿剌加原受明成祖的保護，而自暹羅爭取獨立，鄭和下西洋時亦常至滿剌加，滿剌加因而成爲鄭和艦隊的基地。明廷停止鄭和下西洋之後，暹羅對滿剌加的壓力相對地增強。此期，中國的影響力衰退，回教商人的影響卻漸爲增強，滿剌加王因而改信回教，並獲回教徒的幫助，而擊退了暹羅的南進。滿剌加擊退暹羅之後，勢力擴張，由於其位置適中，各地可以在此等候風期，滿剌加因而成爲國際貿易的集散地。當時來到滿剌加的商人，可分爲四個集團：一是印度西北岸的古加拉特（Gujarat）；二是印度其他地區，即科羅曼德（Coromandel）、孟加拉，及緬甸的庇古，或蘇門答臘的帕塞（Paçee）；三爲東南亞諸島嶼，即爪哇、摩鹿加（Mollucas）、班達（Banda）、舊港、婆羅洲丹容布拉（Tamjompura）、菲律賓等地；四爲中國人、琉球人與占城人。其中最爲活躍的是古加拉特（Gujarat）及東方爪哇的商人。明中葉以後，中國人海上活動趨於繁盛，滿剌加亦成爲中國商人的活躍之地。

葡人佔領滿剌加後，次年即向香料群島拓展。同時因識得中國貿易的重要，西元一五一三年的阿爾華列士（Jorge Alvares）率船隊來華以後，年年有葡萄牙的船隻至廣東沿海私自貿易。他們攜帶胡椒以及其他的南海物資來貿易，而得到很大的利益。西元一五一七年菲南·皮萊士·安特拉德（Fernão Peres de Andrade）率九艘船隻，以比萊斯（Thome Pires）爲使節，於八月十五日抵達屯門，後來得到廣東當局的許可，到廣州貿易。安特拉德將比萊斯留在廣東，自己返回滿剌加，此次的貿易交涉有了一個好的開始。這是經通譯廣東當局以爲請封朝貢而來，即具本參奏，而比萊斯則於廣州等候晉京。

西元一五一九年八月菲南·皮萊士之弟西曼·安特拉德（Simãode Andrade），率四艘船隊來到廣州，然而卻因西曼的各種暴行而引起中國官民的反感。比萊斯於西元一五二〇年一月二十三日由廣州出發至北京，由於西曼的暴行，又因葡萄牙佔領滿剌加，而當時滿剌加王的使節也到北京，明廷因而不接見比萊斯。西元一五二五年武宗崩，世宗即位，命使節回廣州。西元一五二一年九月二十二日比萊斯回到廣州，被關到獄裡，後病死於中國。葡萄牙人在廣州貿易被禁以後，遂用各種方法想打開中國的貿易。其方法是利用來到滿剌加的中國商人提攜，但其利潤不好；第二個方法是搭乘暹羅等東南亞的船，和他們混在一起來到廣州，但其量與利益均無法擴大；第三種方式是北上至福建、浙江沿海，與沿海的私商走私貿易。西元一五四七年，因朱紈嚴厲執行禁海，葡萄牙人又從華中轉回華南，並於屯門上川島、浪白滘等地貿易。西元一五五四年，終於得到廣東當局的許可，在浪白滘正式通商。

葡萄牙因幫助廣東當局討伐海賊有功，西元一五五七年葡船泊港的基地遂移至濠鏡澳，亦即澳門。葡萄牙在浙、閩沿海貿易時，多少也與所謂倭寇有所接觸。約於西元一五四二年（一說為四三年）自暹羅要到寧波雙嶼（Liampo）的中國船，船中搭載有葡萄牙人，但因遇風船隻漂至日本的種子島。於偶然機會中來到日本的葡萄牙人，自然亦對日本的貿易有了興趣，但最初都是私人的行徑，也有很多是搭乘中國船前往日本，而並未如同與中國貿易般，從開始就想由官方來拓展貿易。由此可知當初葡萄牙人對日本與中國貿易重要性的認識，是有相當的差別。

嘉靖年間的倭寇活動與明政府的鎮壓，對葡萄牙來說是個很幸運的機會。由於戚繼光、俞大猷鎮壓倭寇的成功，東亞的中日走私貿易受到很大的影響，於是葡萄牙人便成為中日兩國商人之間的中間人。過去僅是微不足道的小配角的葡萄牙人，竟一躍而成為中日貿易的主角。十六世紀後半期，中日貿易幾乎全為葡萄牙人所獨佔。

葡萄牙人取得澳門為基地後，葡萄牙國王實施日本貿易的大船長（Capitão-mor，中文資料譯作甲必丹末）制度。日本的貿易由國王任命的大船長主持，這些大船長都是在東方經營多年有功的人，論功行賞之後而享有如此的特權，其貿易利潤的一半歸功於王室。在澳門的葡萄牙貿易則是由卧亞、滿剌加轉運南海物品與銀幣來到澳門，再從澳門運至廣州。在廣州每年有夏冬兩期的定期市。夏朝的定期市購買一些黃金、生絲、絲織品等類，運至日本販賣，並於日本換得日本白銀運回澳門。冬期的廣州定期市則以運回日本的白銀購買中國貨品，再運抵滿剌加、印度及歐洲本國各地。如此以澳門爲貿易根據地，葡萄牙因此得到很大的利益。

除了貿易之外，葡萄牙人也想對中國傳佈天主教。西元一五五二年沙勿略（Francisco Xavier）來到廣東意欲傳教，卻於上川島病逝。以後在澳門也開始有了傳教的活動。耶穌會亞洲佈教的巡察使范禮安（Alessandro Valignano）於西元一五七八年來到澳門，嗣後爲加強對中國的傳教，並派遣羅明堅（Michele Ruggieri）、巴範濟（Francesco Pasio）以及利瑪竇（Matteo Ricci）等人來中國傳教。同時，由於耶穌會士的來華，也將西洋的學術文化傳至中國。而透過這些耶穌會士，中國文化、學術和工藝也被引至歐洲，對於伏爾泰（Voltaire）等人的啓蒙運動發生甚深影響，也引發了歐洲人喜愛中國工藝品的風尚。對於其學術的影響可參考《科技中國》一書。

西班牙西向拓展至東亞　哥倫布受當時地理學者及馬可波羅的影響，認爲西向航海應比東向航海更快抵達中國。於是決定西向航行，並獲得西班牙伊薩伯拉女王幫助，西元一四九二年終於抵達西印度群島。之後，麥哲倫（Fernão de Magalhães）亦於西元一五一八年，與西班牙王卡洛斯（Carlos I）簽訂合約西航，到東方尋找香料群島。西元一五一九年九月二十日，他率領了五艘船從西班牙的塞維爾（Sevilla）出海，繞過南美洲，於次年十一月駛進太平洋，歷盡千辛萬苦，始於西元一五二一年三月抵關島，四月至菲律賓宿霧島（Cebú I.）。四月二十七日，卻在麥丹島（Mactan I.）與土人衝突而陣亡。麥哲倫死後，由艾卡諾（Elcano）率領剩餘的十八名部下，於西元一五二二年九月八日，乘著僅有的維多利亞號，回抵西班牙，達成了人類首次環繞世界一週之行。

麥哲倫此行的目的，是西航至香料群島，雖然他在菲律賓麥丹戰死，未能親至目的地，但其他生存者乘著所餘的二艘船，在艾卡諾的指揮下，仍於西元一五二一年十一月八日終於到達香料群島中的提多列島（Tidore I.）。二艘船之中由於三位一體號破損厲害恐遭浸水，所以於十二月三十一日僅以維多利亞號搭乘四十名出帆回國。當時適逢香料群島中的提多列島與丹拿低島（Ternate I.）對立，而葡萄牙於西元一五二三年曾與丹拿低島訂約，同時取得該地的貿易權。所以香料群島中此二島的對立，同時也是葡萄牙與西班牙的對立。西元一五二八年，丹拿低的葡萄牙長官梅尼塞斯（Jorge de Menezes）佔領了提多列；次年，西班牙王卡洛斯一世因財政困難，與葡萄牙訂立沙拉哥沙（Zaragoza）條約，獲取黃金三十五萬都卡得（Ducat），並退出香料群島。

在一五四二年十一月，韋拉蕊布（Ruy Lopez de Villalobos）從墨西哥出航，於次年二月到達民答那峨島（Mindanao I.），用當時西班牙太子的名字並將這些群島命名爲「Felipina」，亦即菲律賓群島。其後，韋拉蕊布抵達提多列，與葡萄牙人發生衝突，而投降於葡萄牙人。西班牙太子斐理伯（Felipe）繼位後，想以菲律賓爲基地，向中國、日本及香料群島發展。於是在一五六四年十一月，黎牙實備（Miguel Lopez de Legazpi）率四艘船艦和三百八十人從墨西哥出發，於一五六五年二月到宿霧島，開始經營菲律賓。同年，烏打尼達（Andrés de Urdaneta）亦發現從菲律賓回抵墨西哥的航路。一五七一年六月二十四日，黎牙實備建設馬尼拉爲基地。

西班牙建設馬尼拉以後，馬尼拉與墨西哥的亞加普科（Acapulco）港之間，年年都有大帆船（Galleon）的往來。馬尼拉與亞加普科之間大帆船的貿易往來，一直持續到一八六五年爲止，達二百五十年之久。此貿易船主要是從新大陸載運銀子至菲律賓，再由菲律賓運回當地所產的黃金，以及中國的生絲、絲織品及陶瓷等。因此，中、菲貿易得以開始大規模的發展；同時，馬尼拉也成爲西班牙天主教的傳教基地，並向福建及日本方面傳教。

荷蘭的跟進　荷蘭位於北海南岸的一角，正如其名稱低地國（Nederland），是一個國土很低，部份甚至在海平面以下的國家，許多土地根本就是築堤塡地而造成的。由於其地理條件的緣故，荷蘭人的生活自古就與海發生密切關係。他們一方面逆海築堤防止海水灌入，以維護其生活，另一方面，他們靠海捕魚，進行海上貿易以維繫其生活。於是，北海漁業及北歐、南歐間的轉口貿易便成了他們重要的經濟命脈。

但是，西元一五八一年西班牙的斐理伯二世兼併了葡萄牙王位以後，即禁止已脫離西班牙統治而獨立的荷蘭船隻進入里斯本，想予荷蘭以經濟上的打擊。荷蘭商人為求生存，必須自力開拓亞洲的貿易，因而紛紛組織公司，競相東來。到了西元一六〇二年，合組成立聯合東印度公司，一六二一年設立西印度公司，逐漸侵蝕著西、葡二國在世界各地的勢力圈。西元一五九三—一五九六年間，荷蘭曾三次想從北方航路前來東方，惟皆失敗。西元一五九五年四月，侯特曼（Cornelis de Houtman）率領四艘船自特克塞（Texel）出航，西元一五九六年六月五日首次到達爪哇的萬丹（Bantam 東西洋考作下港），最後於西元一五九七年八月回到荷蘭。由於此次的成功，荷蘭各地成立了許多公司，自一五九八年起，共有五個公司、二十二艘船隻出發，其中十三艘是繞過好望角，九艘是經過麥哲倫海峽。從十六世紀末年到十七世紀初年，在世界各地的荷蘭船隻與葡西的船隻，在各地互相對抗，爭取貿易。荷蘭出現於東亞海域後，除香料以外，當然中國的絲綢、砂糖、瓷器等貨，也是他們所企求的物品。因此，他們也頗想得到一處與中國互市交易的基地。

西元一六〇一年，凡·攝克（Jacob van Neck）曾派佛勒斯伯爾亨（Gaspar van Groesbergen）率二艘船出現於中國海域，謀求交易未獲成功。稍後於西元一六〇三年七月，二艘荷蘭船隻厄拉斯莫斯（Erasmus）號與拿騷（Nassau）號出現於澳門的海面，求市未果，卻擄獲了葡萄牙一艘往日本的大帆船，船上載有中國生絲等貨品達一四〇萬荷盾以上。西元一六〇四年六月，韋麻郎（Wybrandt van Waerwyck）率船隊於七月十五日到廣州海岸附近，遇風，於八月七日來到澎湖，停留此地，想與福建當局交涉貿易，而於十二月十五日爲都司沈有容所諭退，故仍一無所獲。

而另一方面，西元一六〇三年二月二十五日在馬來柔佛海，赫謨斯格克（Jacob van Heemskerk）掠奪了葡萄牙聖卡薩麗娜（St. Catharina）號，劫載貨豐富，尤其是其中的一千二百捆的中國生絲，在阿姆斯特丹拍賣的時候，獲得甚高的利益。這更引起荷蘭東印度公司對中國貿易的渴望。

西元一六〇七年，馬得利夫（Cornelis Mateliet de Jonge）又率船四艘到南澳謀開闢貿易，仍然爲明朝當局所拒絕。西元一六〇九年，荷蘭在日本的平戶設立商館，更深感有與中國通商之必要。西元一六一三年，平戶的荷蘭商館長布魯瓦（Hendrick Brouwer）曾建議佔據臺灣爲其基地，以與西、葡對抗。西元一六二〇年後，荷蘭與英國在平戶聯合組成防衛艦隊，巡邏於臺灣海峽，捕捉葡萄牙的船隻，以及前往馬尼拉的中國船。於是在菲律賓的西班牙當局爲保護貿易，並策劃馬尼拉的安全起見，於西元一六二一年也有佔領臺灣的建議。然而載述這項計畫的文書，卻爲荷人所截獲，於是巴達維亞的荷蘭當局遂先發制人。總督顧恩（Jan Pietersz. Coen）指令雷爾生（Cornelis Reyersen）率船八艘，先襲擊澳門，指示如不獲成功，便改道佔據澎湖及小琉球。於是荷英聯合組成艦隊十二艘，於六月下旬攻擊澳門，死傷頗多，未獲成功；七月十一日退到澎湖，以後即專心謀求開拓中國貿易。

但福建當局卻命令荷蘭從澎湖撤退，並力修戰備，實施海禁；天啓四年（西元一六二四年），更派軍圍攻澎湖島的荷蘭軍，荷蘭人於是於七月十三日毀澎湖城，轉移到大員（Tayouan，今之安平），臺灣遂爲荷蘭人所佔領。

荷蘭人佔領臺灣以後，馬尼拉的西班牙人深感威脅。西元一六二六年，馬尼拉的西班牙總督施爾瓦（Fernando de Silva）首先派遣卡黎尼奧（Antonio Carreño de Valdes）率船隊，於五月五日從卡迦揚（Cagayan）港出發，沿臺灣東海岸北上；十一日到三貂角（Santiago）；十二日進入鷄籠港，並在現在的和平島開始築城。西元一六二八年，西班牙人又佔領淡水，築聖多明哥（Santo Domingo）城，力謀鞏固其在北部臺灣的勢力。但在臺灣北部的西班牙人，因罹患風土病者相繼死亡；加以當時日本禁教，與菲律賓的西班牙人斷絕關係；而從大陸北部來臺貿易的船隻又不多，因此，北部臺灣的經濟價值，對西班牙來說並不高。而當時菲律賓的西班牙人又因政策轉變，改向南方經營，常常與摩洛（Moro）族發生戰爭。因此，西元一六三八年，首廢淡水城，並縮減鷄籠的守備。

西元一六四二年八月，鷄籠的西班牙人受了荷蘭的攻擊，向荷蘭投降，臺灣北部終爲荷蘭人所佔領。

英國東進的失敗　英國也企求到東方來，尤其是在十六世紀中葉，英國的毛織品工業發達，想要開拓其東亞市場，同時也想要獲得中國的商品與南海的香料。

十六世紀中葉以後，英國曾四次意圖從西北的航路到東方來，均未成功。但此時期的探險，卻引發他們後來對北美洲的經營。一五八〇年德雷克（Drancis Drake）周遊世界回英國後，更引起英國人對東方貿易的希望。一六〇〇年，英國成立了東印度公司，次年蘭卡斯特（James Lancaster）所指揮的四艘船隊自英國出發，前往東印度，到達蘇門答臘北岸的亞齊（Atjeh）；後來又到爪哇島的萬丹，得到通商的許可，並在萬丹設立商館；一六〇三年始回國。此後到一六一三年一月爲止，有十次的個別航海，來到東南亞。其中第八次的船隊於一六一三年前往日本平戶，也在平戶設立商館。

此後，英國在日本的商館長柯克斯（Richard Cocks）也想拓展與中國的貿易。於一六一九年向本國報告臺灣的情況，並委託僑居於平戶的華僑領袖李旦斡旋，謀與中國交涉貿易情事。但由於平戶商館的經營不善，負債頗重，加以摩鹿加群島的香料貿易，英國無法與荷蘭對抗，於是一六二三年，英國自摩鹿加群島撤退，同時也關閉在日本的商館，以後英國東印度公司的活動集中於印度方面。

明代歐人東來的性質　十五世紀末年，哥倫布到達美洲，伽馬繞過好望角到達印度，在世界歷史上開啓了一個新紀元。過去歐亞的關係，除了蒙古帝國短暫的時期以外，都是間接的接觸，至此以後，遂成爲直接的交通。其時，歐洲從文藝復興和宗教改革以後，近代國家興起，各國無不提倡海外發展，採取重商主義的經濟政策，以世界爲市場，求貿易的出超，以裕國庫，這就是十六、十七世紀西力東漸的第一波。

歐洲各國中以葡萄牙東來爲最早，所以十六世紀前半期是葡萄牙活躍的時代；十六世紀後半西班牙也從美洲出太平洋，佔據菲律賓，以馬尼拉爲根據地，與葡萄牙爭奪亞洲貿易之利。稍後，在十六、十七世紀之交，新興的荷蘭與英國也侵蝕著葡、西兩國的勢力圈而漸漸東進。最初，荷、英兩國合作以對抗西班牙。十七世紀是荷蘭海權最強盛的時期，獨霸世界各水域，而勢力較弱的英國無法與荷蘭對抗，遂從東亞和東南亞撤退，而致力於印度貿易。

歐洲各國都以大砲武裝的艦隊出現於各地，而佔領交通要衝爲其據點，想要壟斷獨佔貿易之利。如此在十六、十七世紀，在歐洲勢力擴張的第一波時，西歐各國只能奪取較未開化的美洲大陸與亞洲若干重點，及一些東南亞的島嶼，作爲殖民地以外，對於已經具有其本身的農業文明國家，如中國、日本、越南、暹羅、緬甸、印度、波斯等地，卻尚未給予很大的衝擊。由於在十九世紀西力東漸的第二波，改變了整個世界的局面，所以人們往往認爲十六、十七世紀西力的東漸改變了整個亞洲的局面。其實重商主義下的西歐勢力當時尚未強大到能壓迫亞洲的各文明農業國家。

在葡萄牙來到亞洲以前，亞洲各國之間已經有頻繁的交通往來，當時亞洲的城市、港口也有很多都是超越歐洲的。又，亞洲的海運已相當發達，當時商船的大小、構造、航海技術等較之歐洲毫無遜色。如當時的中國船隻能載運五、六百人，船身相當寬大，船底尖細，很適合於破浪。船舷用原木厚板釘起來，其縫口都用麻的纖維等塡起來，再塗桐油。船隻二桅或三桅，其帆可以利用順風，逆風時也可以迎風，調換方向。大的福船或廣船都已經有四百至一千噸，譬如根據荷蘭的〈巴達維亞城日記〉，西元一六二五年四月六日，從漳州到巴達維亞的中國船，重八百噸，載五百餘乘客及其他貨物。反觀當時的歐洲船隻，葡萄牙船當初到東方來是用卡拉克型（carrack）大帆船，重一千五百至二千噸，到十六世紀末則大致使用重約一千二百噸至一千六百噸者。到了十七世紀，由於荷蘭人前來，葡萄牙要逃避荷蘭的攻擊或拿捕，改用一百餘噸到三、四百噸的輕快船隻。西元一五九五年四月一日，第一次的荷蘭船隊出發，當時的船隊有二艘是四百八十噸，一艘是二百六十噸，第四艘比拿速（Pinas）船只有五十噸，一共的噸數為一千二百七十噸。荷蘭的凡・聶克（van Neck）所率的第二次艦隊一共有八艘，其中毛利斯（Mauritius）號四百噸，船員九十五人；阿姆斯特丹（Amsterdam）號五百噸，船員一〇六人；八艘船共重二千五百七十噸，船員共五百四十八人。從這個數字與中國船或其他亞洲的大商船比較起來，亞洲的船隻並未不如歐洲的船隻。

當時中國船從華南到滿剌加，大概費時二十—三十天。根據荷蘭的文獻，西元一六一五年從華南到爪哇的萬丹（Bantam，東西洋考作下港），約費時十六—二十天左右；西元一六二二年，當年第一艘的中國船到巴達維亞，費了四十三天，而在西元一六二五年四月六日，從漳州到巴達維亞的一艘中國船，僅費時二十七天。當時的航海，利用風爲動力，從華南到巴達維亞，若遇順風只需二十多天即可抵達；否則，即需時五十多天方能到達。在歐洲船隻航行方面，西元一六二四年十二月十三日，荷蘭的厄拉斯莫斯（Jachat Erasmus）號從臺灣出發，至西元一六二五年一月三日抵達巴達維亞，共費了二十二天；西元一六二五年富羅寧根（Groningen）號於三月三日從臺灣出發，四月七日抵達巴達維亞，費了三十六天。從此數目中，我們也可得知，當時歐洲和亞洲的船隻，同樣是以帆利用風力航行，這種航海技術與功能，東西雙方並沒有什麼差別。

當葡萄牙的船隻初至亞洲時，其槍礮對亞洲人而言，確是一大震撼。歐洲的火器槍礮確優於亞洲，但並不至於以此壓倒亞洲大國。而亞洲各地不久之後，亦都引進這些槍礮火力與之對抗，譬如土耳其艦隊後來也使用火礮對抗葡萄牙的艦隊。在澳門葡萄牙所鑄造的大礮曾經售至亞洲各地。葡萄牙來到東方，其所以能很快地通航至亞洲各地，是因當時西亞細亞方面，回教各國之間，有各種利害關係的對立，無法共同對付葡萄牙；而在東亞方面，明朝又施行海禁，導致葡萄牙得到良好的機會，以發展其海上交通。

所以，在十六、七世紀，亞洲與歐洲的相會，其實雙方文化之水準、經濟繁榮之程度、勢力之高低，並不像後來帝國主義時代東西方的物質文明、武力強弱，有那樣懸殊的差異。反而，當時的西方勢力尚且需要亞洲一般商人的合作，並僱請亞洲的舵手領航，或僱用、購買亞洲的船隻以補足原有船隻的不足。

此期，從西方的眼光來看，是屬於所謂「地理探險」或「地理發現」的時代。實際上，當時的美洲對歐洲人而言，屬於探險及發現新航路、新大陸的成份，當然是相當多。但是，就東方而言，歐洲人一到非洲東海岸，葡萄牙人便利用回教人的地理知識或領航人到達印度，以後再到東南亞或東亞，這些都僅是將原有亞洲的海上交通的幾個環節連接起來，成爲可以直接通航歐洲的航線，但實際上並非是新的地理發現。

從十六世紀時期歐洲所繪的古地圖中，更能顯示這個時期歐洲人地理知識因東方影響而起的轉變。當時所繪的地圖，都是取自希臘、羅馬、中古時代以來的地理學說與馬可波羅等人的見聞，以及歐洲人從到亞洲來的實際見聞中所得的地理知識，或從亞洲人士所聽聞的地理知識，將這些資料綜合起來再繪成地圖。如葡萄牙人十六世紀中葉，航海至日本，駛近臺灣西岸時，從海上見到臺灣的美麗，因有感而稱之爲美麗之島——福爾摩沙；同時，他們又從中國人口中聽到小琉球之名稱。因此葡萄牙人對於臺灣的繪圖，乃是根據東方從事貿易的商人的口述資料，將臺灣分繪成福爾摩沙、小琉球等三個小島。這些地圖所繪的臺灣，都是根據口述資料而來的，與實際形狀不符。又如當時的朝鮮，也有些被繪成一個島，或半島的。

如上所述，可知明代歐洲國家東來的時候，由於東、西雙方的差距有限，所以對東方並未如後代所認爲造成很大的影響與衝擊。反之，在明代東、西雙方交會時，歐洲人從東方受到了不少的影響。根據當時在各地佈教的天主教傳教士的報告中，顯示了他們對亞洲各地高度的文明、繁榮的社會及精巧的工藝，無不十分驚訝。所以，對於這一時期的西力東漸，有許多人認爲對中國造成很大的衝擊，其實不然。這是十九世紀以後，歐洲人所養成的優越感及亞洲人的自卑感所肇始的。

明末清初國人的海外活動

明中葉以後，由於工商業日益發達，亞洲各國之間貨物的交流更爲頻繁。加以西方東漸後，西歐的商戰舞臺也隨之轉移到東方來，於是亞洲各處皆展開了激烈的國際商戰。因此，當時海運隆盛無比，雖然海外各國來朝貢中國者日益減少，但國人的犯禁出海卻益加頻繁。

福建海商的活躍　福建由於其自然環境及社會經濟的條件，因此初期到海外活動者大多爲福建商人。他們在海外活躍的地方，初期是到琉球，後來也集中到暹羅、爪哇、滿刺加等地。

十六世紀時，日本對中國物資的需要量增加，另一方面，中國在租稅銀納普遍化後，銀的使用量激增，需要量亦隨之增加；而當時，正好日本白銀產量增加，而成爲世界上有數的銀產國。因此，中日兩國之間的貿易有鉅利可圖，走私貿易遂繁盛起來。日本海商常攜帶日本白銀至中國沿海，與中國海商互相勾結，私下從事貿易活動。當時，葡萄牙人也來到福建的月港、浯嶼或浙江的雙嶼等地從事走私貿易。在此種走私貿易中，雙方面難免有時會發生衝突。而明當局的嚴厲禁海，又導致倭寇和海盜的囂張、騷擾。雖然當時有戚繼光、俞大猷等人在沿海緝私、剿討海盜與倭寇，但是由於福建商品經濟的發展，以及海外貿易的需要，因此始終無法全面遏止。而福建的月港卻成爲國內對外走私貿易的中心。因此嘉靖四十四年時，遂經撫按奏請將月港設置爲海澄縣。

隆慶元年（西元一五六七年），福建巡撫塗澤民申請開放海禁，准許販東、西洋，徵收稅餉，只嚴禁通商日本。福建商人若要出洋，須至海澄縣的海防館申請文引，塡寫貨物、姓名、年齡、住址、器械、目的地、回銷限期，並受官盤驗，初期每次發出文引五十張，每個國家限定二、三張。萬曆三年（西元一五七五年）改爲一百張。到萬曆十七年（西元一五八九年），福建巡撫周寀改爲每年出販東、西兩洋的洋船歲限爲八十八艘船。萬曆二十一年（西元一五九三年），日本豐臣秀吉侵朝鮮時，中國曾一度再行海禁。當福建再開海禁時，由於文引數量有限，而願販者多增，因此增加至一百艘船。另外尚有航向雞籠、淡水的十艘船不計在內。萬曆二十五年（西元一五九七年）再增加二十張文引。由此可知萬曆年間國人向海外活動已更趨繁盛，而其活動範圍也遍佈了整個東南亞。

當時東、西兩洋八十八艘船隻的分配大致如下：

東洋共有四十四艘船，其中呂宋十六艘，屋同、沙瑤、玳瑁、宿霧、文萊、南旺、大港、吶嗶嘽各二艘，磨荖央、筆架山、密鴈、中邦、以寧、麻里呂、米六合、高藥、武運、福阿崙、岸塘、呂蓬各一艘。

西洋方面也計四十四艘，下港、暹羅、舊港、交趾各四艘；柬埔寨、丁機宜、順塔、占城各三艘；滿剌加、順化各二艘；大泥、烏丁礁林、新洲、啞齊、交留吧、思吉港、文林郎、彭亨、廣南、吧哪、彭西寧、陸坤等各一艘。兩洋總計共八十八艘。

海外國際貿易中心　由於萬曆年間對於國人的海外活動採取開放，故此時期海盜對沿海的寇擾遂減少。而國人活動的港口，由於海外各地的政治變遷，以及歐洲勢力的東來，因而時有變遷，最後逐漸集中在幾個國際貿易中心。譬如，滿剌加從受到明朝的保護以來，成爲東西交通的要衝。每年有一百多艘大船及其他小船的出入，中國人也常至滿剌加貿易。但是葡萄牙人佔領滿剌加後，其關稅較滿剌加王國爲重。因此，亞洲各國商人不再到此港，滿剌加的國際港口地位反而因此而衰退。當時，在蘇門答臘的啞齊由於課稅較公允，商人到此，得利倍於他國，港口因此急速發展了起來。其他爪哇的萬丹（Bantam）等地也於此時發達了。又如，菲律賓的馬尼拉，在西班牙人來到之前，僅有少數中國人前往貿易。後來由於新大陸的白銀由馬尼拉大帆船（Manila Galleon）帶至菲律賓，故漳州人至菲律賓貿易者急速地增加。在十六世紀末年，每年平均有四十—五十艘的中國船至馬尼拉。Cornelis de Houtman 所指揮的荷蘭人的首次航海，於西元一五九六年六月抵達爪哇的萬丹。其紀錄中記載當年曾有中國船七艘來到萬丹，並裝載胡椒返航。又說，約於一月有八、九艘中國大船裝載著陶瓷、絲、綢、鐵鍋、銅錢等物品前來萬丹。西元一六一四年，另有六艘中國船至此港。在巴達維亞的荷蘭總督顧恩（Jan Pietersz. Coen）於西元一六二二年三月二十九日所寫的信中，提及第一艘中國船從漳州抵達巴達維亞。根據船長所說，另有二艘欲駛往巴達維亞、八艘往馬尼拉、三艘往暹羅、一艘往柬埔寨、一艘往大泥（Patani）、二艘往吉力石（Grissé）、二艘往美馬（Bima）、十七艘小船往廣南及交趾等國。西元一六三一年三月二十八日巴達維亞城日記中亦載明，共約有一百艘的中國船，其中有五艘往巴達維亞、二艘往大泥、一艘往宋腒勝、五艘往柬埔寨、二艘往暹羅、五艘往交趾，另有七十—八十艘駛往馬尼拉。由這些記事得知，十六世紀時期國人在海外各地活躍，因此也於各地形成了華僑。張燮撰的《東西洋考》，刊於明萬曆四十五年（西元一六一七年），由此書可看到國人至各地貿易的活躍情形，同時亦因此而於各地形成了所謂的「唐人街」。

臺灣的開發

在宋元時代，澎湖已有漁民定居，臺灣、大陸之間自元末起也有若干貿易往來；但由於明初的海禁政策，將澎湖放棄，並把澎湖居民遷回內陸，內地與臺灣的關係遂告中斷。但是沿海居民的出海捕魚是無法禁絕的，明中葉以後，沿海省區的人口壓力升高，於是被明廷放棄的澎湖又成爲漁民聚匿的淵藪。其漁業不但不衰，反更興盛，甚至將漁場拓展至臺灣近海；到了嘉靖、萬曆年間，到臺灣近海捕魚的漁船更多，同時也和臺灣土著民族建立了友好的關係，產生了所謂「漢番貿易」。

由於當時福建的海外貿易頗爲興隆，因此明廷中又有部份開放海禁之議，如福建巡撫塗澤民議：准販東西兩洋，發船引五十張。萬曆十七年（西元一五八九年）依巡撫周寀之建議，定往兩洋的船隻爲八十八艘，並規定通商區域，與各區域的船隻數。除了這八十八艘船外，在周氏的奏文中又提到：「又有小番，名雞籠、淡水，地鄰北港捕魚之處，產無奇貨，水程最近，與廣東、福寧州、浙江、北港船引，一例原無限數，歲有四、五隻或七、八隻不等。」由此可知明當局雖未在臺灣設官治理，但對於雞籠、淡水、北港等港口卻與大陸沿海港口作同等的看待。也說明漢人前往臺灣捕魚、貿易相當頻繁。又，萬曆四十四年（西元一六一六年），福建巡撫黃承玄以日人村山等安遣船襲臺，上疏建議海防事宜，文中亦提到：「瀕海之民，以漁爲業，其採捕於澎湖、北港之間者，歲無慮數十百艘。」荷蘭據臺當初也有報告說：「年有一百艘的船從大陸來臺灣從事漁業。」

根據統計，一六三七年前後，從金門、烈嶼、廈門等地來臺的漁船，已有三、四百艘。一六五七年十二月—一六五八年二月的烏魚汛期間，共捕獲了三九八、三三五條魚，便可見當時前來的漁船數量必定甚多。

當時日本正處戰國時期，對於可製盔甲、刀鞘等武器的鹿皮需求甚殷，而在戰國時期結束後，鹿皮也成爲日人日常生活所用的皮革。由於日本國內所產鹿皮不敷使用，其來源多靠南洋輸入，臺灣亦成爲主要的供應地之一。由於鹿皮的大量需求，促進了臺灣「漢番貿易」的興盛，許多漢人進入土著部落，以鹿皮爲主要目標，從事貿易。一六三八年，荷蘭人從臺灣輸往日本的鹿皮竟達到一五一、四〇〇張，以後鹿皮漸少，但平均也有五萬至七、八萬張之多，成爲早期吸引漢人來臺的主要因素之一。

荷人於天啓四年（西元一六二四年）據臺之後，因爲他們需要勞力、生活必需品及貿易物品，這些都需要中國人供應，因此盡力鼓勵漢人移居來臺。於是在荷蘭人的獎勵之下，許多漢人也開始從事農耕，開墾工作有了相當進展，而米、砂糖成爲兩大農產品。臺灣砂糖的產量，在一六四〇年有四千—五千擔，一六四五年，增至一萬五千擔。這些砂糖主要輸往日本、波斯或歐洲各地。

鄭成功驅逐荷蘭人之後，爲了解決軍隊糧食問題，乃施行屯墾。屯墾以軍隊的鎭、營爲單位，而屯墾地區的名稱也冠以屯墾鎭營的名稱，有些莊名甚至沿襲至今。故從文獻以及至今仍留存的地名，可以大致瞭解鄭氏的開墾範圍。其區域南至恆春，北至雞籠、淡水，但是其重心仍然承襲著荷人的餘緒，以今之臺南爲中心，屯墾的營盤田分佈，主要集中於嘉南、鳳山一帶，就全臺面積而言，尙微不足道；但鄭氏的逐荷和墾政，卻使荷據時代逐漸形成的漢人社會眞正確立和生根。這是鄭成功對中華民族的偉大貢獻。

從鄭氏抗清，經康熙、雍正、乾隆太平盛世之後，臺灣人口大增。康熙末年，由於內地人口壓力增高，於是從內地流入臺灣的農村移民激增，墾闢日廣。康熙四十三年，流移開墾已過了斗六，康熙四十九年，開墾過了大肚溪以北；康熙四十八年，已從淡水往臺北盆地開墾；乾隆末年，西部肥沃的平原，開墾已盡。以後墾區漸及較貧瘠地區或山麓，再及交通不便之隔離地。嘉慶年間，移民初入宜蘭平原開拓；嘉慶末年到道光年間，開始進入埔里地方；西部已開發而進至東部。至此時，在臺灣的漢人社會終於生長成熟。因此甲午戰後，臺灣雖然割日，但由於漢人社會已經生長完成，所以雖淪於異族統治，人口仍繼續增長，漢人社會文化亦得以保存，並延續至光復以後。臺灣的開發是漢民族從大陸本土向外移墾成功的特例與成就。

明末鄭氏的海上勢力

明末東亞貿易架構　明自中葉以來，由於工商業發達，生產增加，各種物品爲各國所渴望。而中國本身雖然地大物博，卻仍需要南海的香藥。同時明朝中期以後，白銀的流通普遍，但國內的銀產不多，而新大陸和日本卻有豐富的銀產，因而更促進了彼此的物資交流。但明廷嚴厲禁止與日本通商，而日本方面，足利幕府勢力衰退，進入了戰國時代，於是中日之間的直接貿易因而中斷，反由葡萄牙商人當作中間人，獨占了中日兩國的貿易。另一方面，由於福建當局無法禁止福建海商的活動，遂於隆慶元年開海禁，設立文引制度，允許福建海商行販東西二洋。因此在十六世紀後半期，東亞的國際貿易形成了一個架構，也就是在廣東方面，葡萄牙以澳門爲基地，經營南海物資、中國物產以及日本白銀的轉販貿易；而福建方面，就由福建海商行販東西二洋，西班牙人則在馬尼拉與福建商人貿易，用新大陸的白銀換取中國物品。在這個架構上，彼此的物資相互交流，相安無事，沿海的倭寇、海盜亦因此平息。

但是一進入十七世紀，這種國際商業的架構即發生了變化。首先，在日本方面，由於豐臣秀吉統一日本，結束了戰國時代，繼而德川氏開設幕府，日本國內於是呈現和平，銀產量急增，對於中國絲綢及其他外國貨物的需求也隨之激增，因此日本乃在朱印船制度之下，再度開拓海上貿易，在東亞國際貿易上漸嶄露頭角。其次，明廷雖然仍嚴禁國人通往日本貿易，但是國人在這段期間私往日本從事直接貿易者卻增多。此外，英國、荷蘭等新興的歐洲競爭者，也開始出現於東亞的海域上，並在日本設商館，謀求拓展其貿易。加以日本德川幕府成立以後，由於不再只仰賴葡萄牙人獲得外國貨物，而開始推動其禁教政策，因此葡萄牙人壟斷對日貿易的局面已不復存在。

鄭芝龍與荷蘭　新近進入東南亞的荷蘭，排斥了歐洲的競爭者，而致力於東南亞香料貿易的獨佔。在東亞，雖然荷蘭於日本設立了商館，可是日本所需要的大宗物品是以生絲、絲織品爲主的中國商品，因此荷蘭迫切地想獲得一處與中國交易的基地。爲此，荷蘭人曾攻打澳門及馬尼拉，想以此處作爲基地，但沒有成功；在沿海另覓基地，也未成功；佔領澎湖，又爲福建當局所驅逐；最後，終於佔領了臺灣。

在荷蘭未佔領之前，臺灣早已成爲中日私商貿易的會合地點，許多日本人或是旅居日本的華人來到臺灣，與來自中國大陸的商人會合貿易。其中最大的海商就是李旦。李旦首先查明日本方面的需要，與廈門的許心素合作，由許心素在大陸收集中國貨物，再運至臺灣交與李旦，行販於日本。荷蘭經過李旦的斡旋，撤離澎湖轉而佔據臺灣以後，就曾與李旦訂立了生絲一萬五千斤的買賣契約。李旦後於西元一六二五年八月十二日病逝於平戶。李旦去世後，頓時形成群龍無首的局面，於是發生了海上霸權的爭奪。其中許心素由於早以廈門爲基地，通夷販海，加以與俞咨皐勾結，故處於較有利的地位；群雄中對他較具威脅的是漸露頭角的鄭芝龍。

鄭芝龍原爲李旦的餘黨，西元一六二四年一月二十一日在李旦的安排下，從日本來臺灣任雷爾生（Reyersen）的通譯，並任李旦的駐臺人員。西元一六二四—二五年春夏間，鄭芝龍離開了荷蘭的公司，糾衆行劫海上。初時，鄭芝龍僅有數十艘船；西元一六二六年已經增至一百二十艘，至西元一六二七年則擁有七百艘，在海上形成一股不可輕視的勢力。天啓七年（西元一六二七年）十二月，鄭芝龍侵襲廈門，俞咨皐越城而逃，許心素被殺，全閩震驚，於是招撫之議起。到了崇禎元年九月，鄭芝龍投降，並受命討伐其餘海寇。與鄭芝龍同時受撫的李魁奇不久再叛而去，鄭芝龍出兵伐之，戰敗。西元一六三〇年二月，荷蘭幫鄭芝龍和背叛李魁奇的鍾斌，聯合攻打李魁奇，李魁奇敗走；鍾斌和荷蘭的臺灣長官漢斯·普特曼斯（Hans Putmans）相連急追，李魁奇終於爲鍾斌所擒。李魁奇滅後，海上成爲鄭芝龍與鍾斌兩股勢力對峙的局面，鍾斌遂企圖聯合荷蘭人的勢力以滅鄭芝龍，然爲荷蘭人所拒，鍾斌於是被鄭氏擊敗。

荷蘭幫助福建當局打滅海寇，原指望可因此而取得自由貿易權；但當時因劉香崛起海上，沿海又不靖，明廷再度嚴海禁，禁止沿海人民與荷人交易，遂未能如願以償。普特曼斯因此覺得要自由貿易非訴諸武力不可，遂於西元一六三二年親自回巴達維亞報告。次年七月起，荷船開始巡弋於大陸沿海，襲擊所有的中國船，想以武力迫使明廷開海禁。而鄭芝龍以明廷再嚴海禁，不敢明目張膽違禁通夷，因此寫了封客氣的信，表示對普特曼斯的訴諸武力感到驚訝，並要求荷蘭人先返臺灣等候貿易。荷蘭人對鄭芝龍的和談建議不滿，於是普特曼斯與劉香、李旦的兒子李國助等聯合對付鄭芝龍。西元一六三三年十月二十二日（明崇禎六年九月二十日），荷蘭人與劉香的聯合艦隊在料羅灣爲鄭芝龍所敗，劉香南竄，普特曼斯逃回大員。鄭芝龍於是又寫信至臺灣，提議講和，並派中國商人到臺灣貿易；但普特曼斯在受損修復後，仍執意以更大的武力與海寇聯綜，並以武力叩開中國的門戶。

然而此期間為爭取自由貿易，商船漸有來臺灣貿易者，鄭荷之間因而有若干交涉進展。劉香也於此時勢力復振，西元一六三四年二、三月間，又來犯漳州，後更至澎湖向普特曼斯提議聯合對付鄭芝龍，但因普特曼斯正與鄭芝龍交涉中，所以決定暫緩聯合，等交涉失敗後，再議聯合之事。劉香因未能得到荷蘭人的支持，遂於西元一六三四年十月七日前往打鼓（高雄），八日夜襲熱蘭遮城，後來更襲擊停泊於澎湖的荷蘭船隻。普特曼斯因而漸覺悟與海盜提攜的不智，並瞭解堅守門戶是中國人一貫的原則，不會允許外國人來到其國門，如此的訴諸武力，是完全無效的。普特曼斯因而不得不放棄在大陸港口從事自由貿易的要求，而對允許商船至臺一事表示滿意、次年，鄭芝龍消滅劉香之後，福建沿海的紛擾方才平靜，於是鄭芝龍掌握閩海霸權的地位也因而確定了。鄭芝龍曾與普特曼斯訂立協定：對掛有鄭氏旗幟的船隻荷蘭要加以保護。由於此一協定，鄭芝龍能夠經營大規模的海外通商，並私自課徵進出口稅，控制了國際貿易，成為在臺荷蘭人中國貨品最大的供應者，荷蘭人在臺灣的貿易也因而好轉。

自西元一六三六年以來，大陸中國船運來臺灣的貨物增多。鄭芝龍處於大陸上的明廷官吏與臺灣的荷蘭人之間，利用其有利的地位盡力發展臺灣的貿易。西元一六三九年，日本禁絕葡萄牙船來航，而只准荷蘭與中國船隻前往通商。鄭芝龍利用此機會大力發展與日本、南海的直接貿易，因而成爲荷蘭人強力的商敵。

鄭成功的貿易與軍事活動　明清交替之際，鄭氏的貿易由營利性質轉而具有軍事的意義。經營國際貿易亦成爲鄭氏抗清的財政基礎。鄭芝龍投降滿清之後，鄭成功繼承其父的海上勢力，而成爲反清的主要力量，同時也在遠東海域經營龐大的國際貿易活動。鄭成功不但年年派遣許多船隻前往臺灣，並至日本長崎及東南亞各地從事貿易。如西元一六五六年二月一日，荷蘭東印度總督馬特塞喀（Maetsuyker）在他對本國的一般例行報告書中，即記載有關日本的貿易情形。文中說明了從西元一六五四年十一月三日至次年九月十六日爲止，由各地開來的中國戎克船有五十七艘，內地開出的安海船則有四十一艘，其中大部份皆隸屬國姓爺。另外，泉州船有四艘、大泥船三艘、福州船五艘、南京船一艘、漳州船一艘、廣南船二艘。這些戎克船總計裝載生絲十四萬一百斤，此外，尙有鉅量的織品及其他貨物，而這些則幾乎全屬國姓爺所有。又，臺灣的《熱蘭遮城日記》中，於西元一六五五年三月九日條亦記載，根據安海來臺灣的船隻的消息，有二十四艘國姓爺的船隻，由中國沿海各地開往貿易。其中開往巴達維亞的有七艘，往東京二艘，往暹羅十艘，往廣南四艘，往馬尼拉一艘。具體說來，鄭成功以其貿易活動所獲的利益來支付抗清的軍需及兵餉，而荷蘭人在臺灣的貿易則仰賴鄭成功所供應的中國貨物。

雖然如此，然而在日本及東南亞各地的貿易，鄭成功卻是荷蘭人最大的商敵，因此在暹羅、廣南等地引起了彼此間的摩擦。西元一六五六年鄭成功禁止大陸、臺灣間的貿易一年，荷蘭人在臺灣的貿易因之立即陷於困境。荷蘭駐守臺灣的長官揆一（Frederick Coyet）後來派遣何斌向鄭成功保證，以後不再於東南亞各地妨害鄭氏船隻貿易。因此，自西元一六五八年，荷蘭人在臺灣的貿易才又好轉。此時鄭成功的勢力正達到巔峰，次年，鄭成功北征，大軍進逼南京，但爲清軍所敗，而喪失了大部份的勢力，遂踢蹐於金廈等地。於是鄭成功於西元一六六一年四月三十日（永曆十五年四月二日）來臺驅逐荷蘭人，次年二月一日荷人終於投降，臺灣亦因此成爲鄭氏抗清的復興基地。綜觀以上可知，在貿易上鄭氏與荷蘭的關係，一方面是商業夥伴，一方面也是競爭者。

爲了對付鄭氏的海上活動，清廷於順治十三年（西元一六五六年），禁止內地商船出海貿易；順治十八年（西元一六六一年），更發佈遷海令，將東南沿海居民遷至內地，以禁止居民與鄭氏交通。由往來於長崎的中國船隻數目來看，清朝頒佈遷海令之後，船隻數量確實急減，當時到日本的中國船隻，除了廣州平南王及福州的靖南王所屬船隻以外，其他都是鄭氏所控制的船隻。鄭成功死後，其子鄭經繼承遺業，除積極開發臺灣以外，也派遣使者或商船前往日本、東南亞各國，並曾派遣使者至萬丹邀請在該地的英國人來臺貿易。英國人於西元一六七〇年來臺灣交涉訂約；一六七二年並在臺灣開設英國東印度公司的商館。在臺灣與鄭氏的交易中，英國人取得相當多的日本銅、黃金，並將之運至印度的科羅曼德沿岸，以及蘇拉特（Surat）和孟買等地。從鄭芝龍建立海上勢力以來，直至鄭克塽投降清朝爲止，中國人的海上貿易，差不多都是在鄭氏或其部屬所控制下。

清以來的海事

清代的海外貿易

開放海禁　清初由於要消滅抗清的鄭氏海上勢力，因此嚴禁人民出海。清順治十八年（明永曆十五年，西元一六六一年）發佈遷界令，以斷絕中國沿海地區以物資接濟鄭氏的抗清力量，致使鄭氏受到了鉅大的影響。但是對於清朝本身所受的影響而言，由於禁海使得商業停滯，尤其是華中的生絲、絲織品等類物資，不能出口換取國外的白銀、銅；白銀等類的進口因而斷絕。白銀的缺乏，使得國內的社會、經濟發生了動搖，加以三藩之亂後，民力疲弊，國家的財產亦匱乏。

康熙二十二年（西元一六八三年）八月，鄭成功的孫子鄭克塽剃髮降清後，清廷對於是否保留臺灣曾有議論。到了康熙二十三年（西元一六八四年）四月，才在臺灣設一府三縣。對於遷界令，則於康熙二十二年十月命令展界，康熙二十三年四月甚至下令浙江沿海地方，准許五百石以下的船隻往海上貿易。到了康熙二十四年，已全面開海禁、設海關，同時也准許外國船來航通商。當時施琅等曾經奏請限制出海貿易，而聖祖卻採取一連串的開放措施，最後終於全面性地開放海禁。聖祖這種開海禁的政策，顯然一方面是爲解決民困，讓國外白銀能夠進口，以解決當時財政經濟之困難；另一方面，由於嚴令禁海，反而使走私貿易釀成海上勢力，如鄭芝龍的勢力所以能拓張坐大，即爲海禁之故。此外，在遷界令下，廣東的平南王與福建的靖南王都經營海外貿易，鄭氏投降後，施琅亦利用其滅鄭的權威，派船到日本貿易，所以清廷若限制貿易反而會釀成施琅等地方勢力的強大。因此，全面性的開放民間貿易，可使中央集權預防這種地方勢力的釀成。

清聖祖明斷地解除海禁之後，中國船到海外的貿易急增。譬如到日本長崎貿易的中國船隻，在康熙二十三年，只有施琅等所派遣的九艘；次年（康熙二十四年），立即增加爲七十七艘；康熙二十五年增加爲八十七艘；康熙二十六年增加爲一百二十九艘；康熙二十七年增加爲一百七十四艘，這些中國船從日本帶回的大都是銅。在日本方面，由於中國船的急增，導致日本銅的流出量也過多，所以在康熙二十七年（西元一六八八年），限定中國的商船爲七十艘，到了康熙三十六年（西元一六九七年），增加十艘而定爲八十艘。根據荷蘭的記錄，中國船於康熙二十四年（西元一六八五年）載回銅有二、〇九一、四〇〇斤；康熙二十六年（西元一六八七年）運回銅三、三八五、三〇〇斤；康熙二十七年（西元一六八八年）運回二、七六六、〇〇〇斤；康熙二十八年（西元一六八九年）運回五、七三五、二〇〇斤。清初，鑄造銅錢的主要原料，都靠日本的洋銅與雲南的銅；

因此開放日本的貿易有助於清朝的財政。

到日本的海商，起初是以福建商人爲主，後來由於開海禁後，江浙的商人增加，並逐漸取代了福建的商人；而福建商人主要都是開航到南洋，但是後來寧波船也有到過巴達維亞、馬尼拉等地。因此聖祖的開放海禁，亦打破了福建海商獨佔海上貿易的局面。

康熙五十五、六年間，因爲當局懷疑國人往航南洋的船隻歸航太少，又恐國人偷運米糧，接濟盜匪，遂禁止國人船隻前往南洋貿易，而只准前往日本貿易，但是到了雍正五年（西元一七二七年），又恢復國人到南洋貿易。

對於外國船隻的來華貿易，大致上對於南洋國家如暹羅、琉球等國，仍與明代一樣，行朝貢貿易，但對於歐洲各國的來華貿易也予以允許。對於葡萄牙在澳門的貿易，以及從澳門陸路到廣州的貿易，在鄭氏降清後就再度恢復。荷蘭東印度公司於西元一六五五—五六年、一六六二—六四年、一六六六年共有三次派遣船隻到廣州或福州，要求貿易。西元一七二八—一七三五年間，荷蘭開始直接從阿姆斯特丹到廣東來貿易，在這期間共有十一艘的荷蘭船前來；其船隻所花的費用，以及貿易資金、貿易商品、艤裝費、運費、糧食等，各種費用共計一百六十三萬七千多荷盾，其中貿易資金的銀幣佔了百分之六七·一四，商品佔了百分之二一·三二。在西元一七三二年—一七三四年間，所用的費用共計一百八十七萬八千多荷盾，其中所帶來的資金銀幣佔有百分之七一·三，商品佔有百分之二八·九。由此可知，當時荷蘭人來華多是運銀幣來購買中國貨品。

茶葉的輸出　荷蘭人從中國運回的貨物中，以茶葉為大宗。在這期間運回歐洲的茶葉共有一百三十五萬磅，這是因為十八世紀初以來，茶葉在歐洲的需要量增加，因而成為中國貿易最有利的貨品。十八世紀初期，中國船到巴達維亞的船隻每年平均有十二—十六艘，這些船主要也是運載中國茶，當時在歐洲茶葉最大的消費國是英國。英國在西元一六九七—九九年的三年當中，平均每年進口茶葉二萬磅，到了西元一七〇〇年則增為六萬磅，西元一七一〇年以後已突破了十萬磅，之後一直不斷地增加。顯然從十八世紀初，這種茶葉的貿易在國際上成為了重要的貨品。除了荷蘭東印度公司以外，其他歐洲各國如法國、丹麥、瑞典等也均成立公司來華貿易，運回茶葉、陶瓷等類。這些茶葉多從歐洲各公司再轉販給英國；因為當時英國茶葉的進口稅過重，因此歐洲大陸各國向英國轉販茶葉，而促使歐洲各國之間中國貿易的繁榮。

英國東印度公司早在鄭經佔領廈門的時候，便曾在廈門開商館，鄭氏投降以後，英國也設法保護廈門的商館以發展中國的貿易，後來商館移至廣州。起初，歐洲各國從歐洲或南洋各地到中國，皆停留在廣州、廈門、寧波等地，後來由於地理位置的方便都集中於廣州。到了西元一七五七年（乾隆二十二年），外國貿易限定廣州一港。

英國在十八世紀初年，從中國運回的物資，最初仍以生絲、絲織品佔多數，約佔了百分之六〇—八〇，而茶葉約佔百分之十。到了西元一七二〇年，茶葉的比例增加，而生絲、絲織品的份量減少。如西元一七二三年，英國的四艘船貨中，從中國運出的茶葉佔了百分之六七，生絲、絲織品只佔百分之十一；西元一七三〇年，英國的五艘船貨中，運載了價值四十六萬兩的貨品出口，其中茶葉佔了百分之七九，生絲、絲織品佔了百分之十九。西元一七七六年，美國獨立，英國喪失了最大的殖民地之後，遂致力於強化印度的經營，同時加強海外貿易。西元一七八五年，實施減稅法以阻止歐洲大陸諸國的茶葉轉販，而將茶葉貿易改由英國直接經營。因此，從西元一七八五年以後，法國、瑞典、丹麥等國的中國貿易逐漸衰退；而廣州的歐洲各國貿易遂成爲英國東印度公司的天下。

但是，英國東印度公司的貿易增加，亦引起英國的一個問題，即毛織品的輸出問題。英國從十六世紀以來，毛織品工業迅速發展，成爲英國最大的輸出品。英國將毛織品輸往美洲大陸，換取大量的白銀。但英國在中國的貿易，毛織品銷路並不順利，雖然英國的毛織品在中國的進口量漸增，但仍不能平衡中國茶葉進口至英國。因此東印度公司主要是以白銀來購買茶葉，譬如西元一七八六年英國購買中國貨共達四、九六二、一四八兩，其中茶葉佔了三、八一一、〇〇〇兩，英國商品賣給中國只有九六七、六一〇兩，因此結算共用銀二、〇六二、〇八〇兩，如此中、英的貿易使得大量的白銀流入中國，而對英國來說卻造成了嚴重的入超問題。

西元一七九二年，英國派馬戛爾尼（Earl George Macartney）來華擴展英國及印度貨品在中國的市場。西元一七九三年，馬戛爾尼到達中國，九月十四日在熱河避暑山莊晉見了乾隆皇帝。馬戛爾尼的來華，清廷僅視之爲進貢，及來祝賀乾隆的八十大壽。因爲中西對外的關係採取不同的方式，觀念又不同，所以馬戛爾尼的遣使失敗。

鴉片的輸入　馬戛爾尼出使中國雖然失敗，但中英之間的貿易性質在此時卻又發生了變化。原因之一是中國本身棉產不足，因此印度棉花之輸入量增加；另外一個原因即爲鴉片的輸入。

鴉片從明末便已從東南亞傳入中國，吸鴉片的風氣慢慢從沿海地區擴大到整個中國。雍正以來，清廷亦時常頒令禁止吸鴉片，但並不能禁絕。起初這些鴉片的輸入都是公司船員的私人貿易，與公司本身的貿易無關。但英國於西元一七五七年在布拉西（Plassey）的戰爭獲勝，鴉片主要的產地孟加拉落入英國手中。因此，西元一七七三年以後，鴉片遂一躍而爲英國東印度公司的專賣品。西元一七八二年，東印度公司因缺少白銀做資本來中國買茶葉，遂運了一千六百箱鴉片到廣州求售，結果只售出二百箱。其餘只好再運到東京、馬尼拉等地。這是因爲在東印度公司輸入以前，廣州已有一千兩百箱鴉片，再運一千六百箱上來，造成供應過剩，因此只能銷售二百箱。由此可看出，當時中國鴉片的消耗量大約是一千四百箱。這是東印度公司第一次從事鴉片貿易，損失大約在百分十八·七八左右。但是，以後鴉片的輸入急速增加，同時鴉片的價格亦騰貴。至西元一八〇〇年時，鴉片的入口為四千箱，至一八二〇年則已超過了一萬箱；一八三二年更達到了二萬箱。鴉片成為中國最大量的輸入品。至十九世紀初時，英國對中國貿易已不再需要用白銀。以後更進而造成中國白銀的流出。西元一八二七年以後，每年約有三百萬兩的白銀流出，因此引起了中國國內的銀價騰貴，物價下跌，經濟活動不景氣，國民生活受到壓迫，同時更影響到國家的財政。如此，鴉片貿易便演變為嚴重的社會、經濟、政治問題。

英國東印度公司的亞洲貿易獨佔權廢止後，印度、中國便成為英國投機商人活躍的舞臺。英國商人直接到東方來活躍，是與英國政府的產業資本擴大政策相結合的，因此，清朝若要禁止鴉片、驅逐鴉片商人，自然會與其背後的英國政府衝突，此為鴉片戰爭的起因。

鴉片戰爭中國戰敗，訂立南京條約，清廷海權盡失，而開啓了不平等條約的時代。

清代的華僑

菲律賓華僑　從明末以來，由於國人的海外活動旺盛，於是明末東南亞各地常有華僑的活動。尤其是呂宋島，因其地理位置的接近，又有大量從新大陸來的白銀，因此大量的福建商人到馬尼拉活動。初時，因華人至菲律賓活動，對於西班牙發展其在菲律賓的殖民地經濟大有裨益，所以西班牙人對華僑深表歡迎。後來，由於菲律賓華人人數的急速增加，引起了人數較少的西班牙人產生警戒之心。因此，當華僑的人數增加到威脅及西班牙人時，就會發生華僑慘案。

華僑慘案第一次是張嶷採金事件所引起的，發生於西元一六〇三年；第二次是在加南巴（Calamba）墾荒的華工抗暴起事，發生於西元一六三九年。這兩次慘案中，華僑死難人數都超過兩萬人。西元一六六二年，由於鄭成功招諭呂宋，引起在菲律賓的西班牙人恐懼，因此也曾發生殺華僑的慘案。西元一七五五年六月，西班牙當局又下令華僑需改信天主教，否則即予以放逐；至於來菲律賓貿易的華人，則在貿易期間准許居留，但訂有停留期限，若超過期限則命令其全部歸國。

西元一七六二年九月，英國由於歐洲七年戰爭的影響，出兵攻擊馬尼拉，占領馬尼拉共十八個月，此時期中，華僑支持英國人，而菲律賓人則支持西班牙人。當西班牙的副總督安達（Simon de Anda y Salazar）遷移到邦板牙省的描戈諾（Bacolor）時，華僑起事，與西班牙人對抗失敗；西班牙人搜查各地華僑，被殺者約有六千人。這次事件發生於西元一七六二年十二月二十四－二十五日，故華僑稱之爲「紅色的聖誕」，以紀念死難的華僑，此爲第五次的菲律賓華僑慘案。

西元一七八九年西班牙商船首次到廣州，之後，廣州與馬尼拉間開始有西船航行，雖然人數不多，但已開始有廣州的華人移居到菲律賓。同時，從廈門到馬尼拉的中國商船，過去年約有二十五艘大船。自馬尼拉開放爲國際商港，西班牙人又航行到廣州後，廈門與馬尼拉間的航船因而減少，而福建商人至菲律賓的活動亦隨之減少。後來，由於西班牙政府貿易衰退，遂開始對華僑徵收稅收以增加國庫收入，華僑成為西班牙政府的財源之一，西班牙轉變為需要華僑。因此，至西元一八四三年時，華僑所開的店舖已與其他外國人的店舖受到了同等待遇，其後華僑所受的壓迫日益減輕，華僑也因此散居於菲律賓各地。

爪哇的華僑　當荷蘭人首次到爪哇的萬丹時，在萬丹已有華人的居留地，即所謂的「唐人街」。這些華人，其中有許多都是到內地收購胡椒。西元一六三五年以來，在萬丹的華人也開始耕種甘蔗。一六一九年，荷人占領了雅加達（Jakatra），而改稱為巴達維亞，在總督顧恩（Jan Pietersz. Coen）的鼓勵之下，許多華人至此定居。因此，在巴達維亞的華人，除商人之外，亦有一些工人及其他勞動者，農民也逐漸聚居在巴達維亞。其時，由於萬丹受荷蘭人封鎖，米價騰貴，因此有許多人自萬丹移居至巴達維亞。顧恩當初對於華僑頗為優待。西元一六一九年，華人居住於巴達維亞的約有三百—九百人，以後逐漸增加。有些華僑同時也開始在巴達維亞市郊栽培稻米與甘蔗。西元一六一九年，荷蘭任命華人蘇鳴崗為華僑的「甲必丹」（Captain）。一六四八年，為了鼓勵華人至巴達維亞耕作，將人頭稅由每個月一又二分之一里爾（real van achten）減低為二分之一里爾。因此，巴達維亞砂糖的產量逐漸增加，西元一六四八年，巴達維亞砂糖生產量有二四五、〇〇〇磅；一六四九年增為五九八、〇〇〇多磅；至一六六二年，更增為九六九、八〇〇磅。當時，臺灣的砂糖產量實比爪哇多，但是從荷蘭自臺灣撤退後，便轉而獎勵爪哇砂糖的生產。

西元一七一〇年時，巴達維亞的糖廠有一百三十家以上，其經營者八十四名之中，歐洲人四名，爪哇人一名，其餘皆為中國人所經營。可知爪哇糖業的突飛猛進，實與鄭成功自臺灣驅逐荷蘭商人有密切的關係，而爪哇的糖業又是靠華僑的勢力與資本所支持的。

臺灣鄭氏投降之後，聖祖康熙即開放海禁，因此從廈門等地年年均有船運中國貨來巴達維亞，同時每次也有許多的移民徙居巴達維亞，因此巴達維亞的華人數目一直在增加，也因此產生了一些無業的遊民，例如在種蔗製糖繁忙期之外的時間，從業的華人便有空閒遊蕩、賭博。於是華人社會的成份也比以前複雜起來。巴達維亞的華人甲必丹為了維持治安起見，向東印度公司請願，限制華人移民。於是在西元一六九〇年，東印度公司發佈命令：在西元一六八三年以前所居住的華人才認為是合法的居民；西元一六八三年以後新來的華人，必需向公司當局申請移民許可證，若公司認為不合適就拒絕發給。但是這個規定並不十分有效，經賄賂而取得許可證或者是潛入的華人數目仍然很多。

康熙五十六年（西元一七一七年），清朝禁止國人到南洋貿易。當時在巴達維亞方面，也由於茶葉貿易的不景氣，而大幅度減低收買的茶價，因此在一段時期內至巴達維亞的中國船也相對地減少，於是華人的流入遂減少。但不久之後，華船又紛紛來到巴達維亞，華人的流入又再增加。因此總督府又發佈新的禁令：不僅嚴禁華僑到處流浪，更禁止到內陸設商店，並限制每艘船一次移民不得超過一百人。在這種種的限制令下，使得一些荷蘭人對華人加以壓制或勒索，而構成華人與荷蘭人之間的摩擦。但華人的人數仍一直在增加，到西元一七三三年已經增至八萬人。

由於華僑人數的增加，以及華僑社會份子的複雜騷擾，對於荷蘭人的統治構成一項威脅，因此在西元一七四〇年，荷蘭總督府規定：凡無法證明爲安份守己的華人流民，則將送往錫蘭或是南非的殖民地。這種將華人送至錫蘭或南非的處罰，以前即已實施過。當時，巴達維亞的總督對華人的態度較友好，但因總督府參議員伴熊木（G. W. van Imhoff）是來自錫蘭，所以極力主張將大批華人遷至錫蘭以從事開墾，最後參議會通過了此議案：凡貧苦的華人均鼓勵他們移居錫蘭，其費用先由公司墊付，直到在錫蘭能自立謀生後再扣還。議案決定後，遂命令甲必丹連福光打鑼通知華人，然而華人卻無人自願移居錫蘭。最後，伴熊木欲強制執行，命令甲必丹連福光逮捕華人貧民，但卻遭連福光拒絕。同時，在華人之間也傳有流言，認爲華人並不是被移至錫蘭開墾而是將投入海中，於是造成許多華僑逃至郊外避難，與郊外的甘蔗農園的華僑合流起事。總督府爲防止巴達維亞城內的華僑與之呼應蜂起，遂至唐人街搜查武器。當時恰遇一民家失火，荷人誤爲華僑所作，遂與爪哇人聯合殺害所有遇見之華人。從十月十日至十二日，被屠殺的華人約有九千至一萬人；由於所流的血染紅了河水，因此華僑稱此慘案爲「紅河事件」或「紅溪慘案」，至今荷人仍留有繪此事件的銅版畫。

事變之後，在巴達維亞剩餘的華僑中，男人有三千四百三十一人，其中一千四百四十二人是商人；農夫及燒石灰、釀酒者，共有八百三十五人；製糖或樵夫有七百二十八人，其他的工人則有三百二十六人。在此之前，由於康熙末年以來直到乾隆年間，國內人口一直在增加，造成許多貧民流至南洋各地。事發之後，經過一段時期，又有華人繼續移民南洋，人數也逐漸增加。西元一七五四年，華僑領袖又向總督府主張制定嚴厲規定，顯然是私自移居進來的移民增多。西元一七五四年，移居的華人共有四千六百人，其中正式登記的只有一千九百二十八人。

巴達維亞的荷蘭當局，對於各行業的課稅，自十七世紀以來，皆採取包稅的制度，如市場、釀酒、售酒、製鹽、販賣、煙草，及漁業等各種課稅都是採取包稅制，而承包者大多是華人。華人除了經商以外，在荷蘭東印度公司與土著的居民之間，承包各項行業的包稅，華人即因此而發展起來。十八世紀以來，荷蘭的國際貿易漸衰，遂轉而致力於其內部的開發，租稅漸爲主要的收入來源。對荷蘭人而言，中國人的合作與活躍，實爲不可缺少的；而隨著荷蘭殖民地的擴展，華僑對於當地內部商業的範圍也逐漸擴大，其地位因而隨之確立。

華人勞工　十九世紀以後，由於西歐列國資本主義的蓬勃發展，各國競相開拓殖民地。殖民地的開拓需要勞動力，中國的勞工甚爲各國所歡迎，再加以中國國內的人口壓力，導致了這段時期內許多華人流向南洋，甚至世界各地，華僑的發展遍及東南亞、澳洲、南北美洲、非洲等地。十九世紀末至二十世紀之間，中華民族流向海外而蔚爲華僑的發展，實爲當代一顯著的現象。

十九世紀中葉以後，英國的政治勢力逐漸進入馬來半島內部，而其經濟勢力則全仰賴華僑。當時正值開掘錫礦，而馬來半島的錫產極多，可供應全世界所需用錫的半數。這些錫礦的開採，都是依靠華僑的勞力。另外，其他的建設，如採伐森林、開闢道路、修鐵道、築橋樑，也都是由華工所包辦。其他南洋各地所有礦山的開闢、農田的墾植，大都以中國人爲多。

在西元一八三三—一八六三年之間，歐美各國由於過去所役使的黑奴已被解放，因此各地都缺乏勞工，尤以各地甘蔗的栽培、金礦的採掘，更感到勞工的不足。因此，歐美各國乃以契約移民的方式，大量地自中國大陸運送勞工到海外各地，此即所謂的苦力貿易，或豬仔販賣。在西元一八四四年，英國首次將中國的苦力運往英國的圭亞那（Guiana）；次年，法國的船隻運載中國的勞工到非洲東岸；西元一八四七年，西班牙船運載八百勞工前往古巴；西元一八五〇年，又運載七百四十名苦力到秘魯；西元一九〇四年，更有九千六百餘勞工被送往南非。此外，第一次世界大戰時，約當西元一九一六年左右，運往歐洲的勞工竟多達二十餘萬人。清朝初期鴉片戰爭以前，中國人前往海外，多是自願到東南亞各地活動；而在十九世紀中期以後，許多華僑則是以契約移民而形成。此一時期的華人勞工所受的苦難，確是歷史上所罕見的。

在歐美各國，由於華人的工資低廉，因此頗爲僱主所樂用，遂大量運送勞工至各地。然而華人勞工的增加，卻引起各地的白種工人所嫉視，工資低廉而又勤儉的華工更成爲歐美工人之敵，各地排華的浪潮遂四處烽起。

華僑的對策　由於清朝於康熙五十六年至雍正五年，曾禁止人民航海至南洋，所以在海外的華人在當時被清廷認爲是天朝棄民。譬如爪哇的紅溪慘案，當此事傳至清廷時，荷蘭人頗爲擔心清廷興師問罪，而於次年遣使奉書赦罪，而乾隆帝竟對此諭曰：天朝棄民，不惜背祖廬墓，出洋謀利，朝廷概不聞問。由此可知，前期的華僑並未得到政府的保護。在此情形下，華僑只得在海外自謀生存，凝集力量，以構成華僑社會，南洋各地有許多自衛的結社組織，即是因此而形成的。鴉片戰爭後，清廷雖然被迫開放港口，但對海外華人的態度並未改變。以後由於華工放洋，清廷對世界潮流與僑胞的實況漸有了認識，同時也由於事實的需要，遂漸有保僑之議。光緒三年（西元一八七七年），清廷在新加坡設立總領事館，任命當地的僑領胡璇澤爲南洋總領事，這是清朝政府對僑民態度的一個轉變。又如，光緒十二年，兩廣總督張之洞派人至南洋各地視察華僑情況；光緒三十年，又派農工商部侍郎楊士琦慰問英法荷屬的華僑，以後更有時常宣慰華僑之舉。直至　國父孫中山先生領導革命，推翻滿清，創建民國以後，我國始有眞正的僑務政策。

清末以來的海政

近代中國海軍的創建　第二次的西力衝擊，引起了鴉片戰爭，中國戰敗，簽訂南京條約，此爲中外不平等條約的開端。此後又連續簽訂各種條約，使各列強獲得無數的特權。其中包括外國軍艦行駛停泊權、沿海貿易權、內河航行權等，於是我國海權盡爲喪失。但是，當時清廷守舊的剿夷派得勢，仍不肯適應情勢，終於釀成了英法聯軍之役。清廷在此戰役竟屢遭敗績，京師被攻佔，清帝逃至熱河，終於在咸豐十年（西元一八六〇年）在北京簽訂城下之盟。此次戰役促使一部份如恭親王奕訢與文祥等清廷有識人士，認識了不得不面對現實的狀況。此時，曾國藩、李鴻章、左宗棠等因平定太平天國而與外人發生關係，他們也得到同樣的教訓，認爲應迅起救亡，效法西洋，自強圖存，於是興起了所謂的自強運動。自強運動，雖有各種論議，而主要的是學習西人之長，製砲造船，力圖自強，以期救亡圖存。

咸豐十一年，恭親王和文祥委託總稅務司赫德購買砲艦，並聘請英國海軍人員來華，創設新水師。同治四年，曾國藩於上海創設江南機器製造局，備造船砲。同治五年，左宗棠設造船廠於福州，並附設船政學校。江南製造總局於同治六年（西元一八六七年）開始造船。次年第一艘輪船竣工，船殼汽鍋自製，機器則係購自外洋。此後三年連續製造三艘船隻。同治十一年（西元一八七二年）又造海安輪，長三十丈，馬力四百匹，砲三十六尊，為中國第一大船。光緒元年（西元一八七五年）又完成一艘同級的馭遠號，而實際仍不及外國兵船的堅利，且成本又高，遂停止製造，總計成船六艘。同治五年（西元一八六六年）左宗棠奏請設造船廠於福州，經核准。但不久左宗棠調任陝甘總督，於是福州馬尾的船政改由沈葆楨治理，法人日意格（Prosper de Vaïisseau Giquel）、德克碑（Neveue de Aiguebelle）為正副監督，並獲得法國海軍的支持，著手購辦機器，招募工匠，於同治七年正式開工於馬尾。同治八年，第一號輪船下水，船名「萬年青」，此為福州船政製造輪船的第一艘。光緒元年（西元一八七五年）沈葆楨調任兩江總督，由丁日昌繼任。光緒二年，派船政學生赴英法學習造船和駕駛，事後歸中國自辦。光緒十年中法戰爭，福州的船政局受法國艦隊的攻擊，工廠與艦隊不幸皆遭打擊。自光緒十一年開始建造大型軍艦，但因船政大臣廢止，且經費不足，工廠規模因而縮小。甲午戰後，有感造船的必要，再聘請法人來監督，但因資金困難，終於終止造船，而只作修理工作。

清朝當局除了自己造艦以外，也購買外國兵輪，以加強海防。早在咸豐六年（西元一八五六年）與太平軍作戰時，總稅務司李泰國（H. N. Lay）曾建議購買輪船，以供對付太平軍作戰之用。咸豐十一年，赫德（Robert Hart）向恭親王建議，從鴉片的稅收購買砲艇，僱用英國人來司砲，華人從而學習。恭親王即委託李泰國，但因李泰國當時請假返回英國，李泰國遂委託英國海軍上校阿思本（S. Osborn）承辦，購置砲艦七艘，募弁兵六百餘人，原欲用來平定太平天國，建立新式海軍，以爲自強的張本。但不幸因李泰國的野心太大，擅自與他所僱用、統帶兵輪的英國海軍上校阿思本訂立有損中國主權的合同條款，致使淸廷當局萬不得已將這批兵艦於剛抵華時，尙未驗收，即忍痛全部退回英國。當時由於中央與地方不相協調，外人別有居心，列強之間又有矛盾，因此建立新海軍的初次嘗試結果完全失敗。

對於海軍的建立，左宗棠主張自造輪船，此即福州船廠的中心使命；而李鴻章鑑於當時的形勢，卻熱心於購船。光緒元年，赫德建議集中購船，統一指揮，先向英國訂購砲船四艘，五月沈葆楨任兩江總督、南洋大臣，與李鴻章分別督辦南北洋海防，此爲中國新制新海軍的開始。光緒五年沈葆楨死，於是海軍全局的規劃專屬於李鴻章，並設水師營務處於天津。光緒七年派丁汝昌爲北洋海軍統領，此期也改向德國購買魚雷艇、巡洋艦等。李鴻章雖負有海軍總責，但因福州船政學堂不在其控制之下，光緒六年李鴻章遂於天津別立水師學堂。至光緒十年，統計北洋有兵船十四艘，其中八艘爲購置，其餘爲自造；南洋有十七艘，六艘爲購置，十一艘自製；福建有十一艘，二艘爲購置，餘爲自製；廣東僅有雷艇，全爲購置。然而這四支艦隊都不相統轄，而且速率不一，槍砲不一，編制也不一。福建艦隊於中法戰爭時覆沒，戰後痛定思痛，決定大治水師，續購鐵甲快船，由李鴻章負責先訓練北洋艦隊，同時在大沽、旅順、大連、威海衛建軍港。北洋艦隊其時共有大小兵船二十二艘，其中十二艘購自英國，五艘購自德國，其餘爲自造。另外尚有練兵魚雷艇各若干，其中以定遠、鎭遠二船爲最大，各有七千餘噸。李鴻章又呈請續購船艦，但不爲淸廷所採納。戶部以籌款困難，主張停購船艦，李鴻章又不敢違抗慈禧皇太后之意，於是北洋海軍發展遂告停頓。

海軍籌款困難，原因不一，但慈禧移用此款於園庭修建關係至大。由於海軍經費爲慈禧皇太后挪用以營造頤和園，因此以後北洋新到各艦的維持費皆需依賴借款，而南洋艦隊更勿庸置言。中日甲午戰爭之役，十六年苦心經營的北洋艦隊，非沉沒即投降。自強洋務運動失敗，所建立的新海軍，雖意圖恢復海權，但又接連受挫。日本甲午戰爭獲勝後，於俄、日戰爭中，再度打敗俄國艦隊，日本海權因而獨霸於東亞海域。我國辛亥革命後，雖有海軍規模的創建，但因民初軍閥割據，北伐成功後又適逢內憂外患，海軍力量始終無法伸展。第二次世界大戰，日本戰敗，我國又再度從事軍事改制整編，海軍建設方才進入新的階段。

淸末招商局的設立　水上的交通，過去以帆船爲主要交通工具時，中國帆船未遜於歐洲的船隻，自歐美輪船發明後其新式機械的力量，使整個亞洲航運改觀。在五口通商之後，中國帆船不但在海外，即使在沿海內河的航運亦均受到外國勢力的極大壓迫。隨著外國輪船的增多，外國輪船航運的地區亦隨之擴大。這些外國輪船過去以英國怡和洋行（Jardine, Matheson & Co.）的輪船爲主。怡和洋行的航運以香港爲中心，而往來於上海、廣州。天津條約成立後，不但沿海的口岸，即使鎭江、九江、漢口等沿江商埠，亦處處可見暢行無阻的外國輪船。同治元年（一八六二年），有美國的旗昌洋行（Russell & Co.）來華；同治四年，英人設立省港澳輪船公司（Hongkong, Canton and Macao Stanboat Co.）；同治六年，太古洋行又設中國航業公司（China Navigation Co.），其他如寶順洋行（Dent & Co.）、瓊記洋行（Augustine Heard & Co.）等亦皆經營輪船業務。於是沿海及長江各口岸，竟成爲外國輪船的勢力，昔日舊式依賴風帆及柁槳的船隻，已無法與之抗衡了。

咸豐年間，河船有三千艘，至同治年間竟僅存四百艘。爲謀求對抗外國輪船的日益增多，及保護國內的航權，同治元年中國商人吳南昌等即有購買輪船四艘，以載運糟米的建議，同治七年（西元一八六八年），江蘇省的道員許道身及同知容閎，亦建議督撫製造輪船，以運送糟米並兼而攬運客貨。但此二次的擬議皆未付諸實行。當時因南北運河不通，江南糟米運至北京的航路發生困難，於是李鴻章從經濟及國防方面著想，終於在同治十一年（西元一八七二年）於上海設立「輪船招商局」。該局總辦爲曾任怡和洋行總買辦十多年並負責輪運業務的唐廷樞，會辦爲曾任寶順洋行總買辦十多年的徐潤，另一會辦，即是李鴻章之親信盛宣懷。李鴻章由戶部借練餉二十萬串，作爲資本開辦公司，並分年以糟米等貨物的運價抵還借款。招商局初僅有輪船三艘，開辦後的營業因以糟運爲主，故掌握了確實而大量的貨源，又因兼攬客貨，所以營業頗爲興隆。至光緒二年（西元一八七六年），已增至十二艘，亦因此而引起洋商的嫉妒，故減低運價藉以排擠招商局。時因招商局獨佔漕運有固定的收入，尙可與之周旋，而當時美商旗昌洋行的輪船多往來於天津、煙臺等地，亦無法與招商局競爭。光緒二年冬，旗昌洋行將所有的輪船、碼頭、棧房均售予招商局。因旗昌洋行十六艘輪船的加入，招商局因此更爲壯大了。招商局接收旗昌洋行後，太古洋行嫉妒更深，因而極力跌價藉以打擊招商局。當時怡和洋行的印度中國航業公司又派輪來華航行，參加競爭，招商局因而面臨困境。李鴻章爲保護招商局，於光緒三年奏請將各省官物統歸由招商局承運。光緒四年與太古、怡和二洋行訂立「齊價合同」，即所謂費率的協定，以劃一運費，分配貨源的噸數，招商局的營業因此轉爲安定。光緒十六年（西元一八九〇年）「齊價合同」期滿，怡和、太古不肯續訂，雙方又再度展開競爭續達三年之久。招商局雖於清廷協助之下，仍有盈餘，然而船數與噸位的發展，已落於怡和、太古兩公司之後。

民國以來航運狀況　招商局在宣統以前，是隸屬北洋大臣，並受其節制。其中因李鴻章極力保護，方能度過多次難關。當時居中主持人員歷來都是由北洋大臣委派。至宣統元年（西元一九〇九年）三月，清廷設立郵傳部（即今之交通部）之後，招商局改歸郵傳部管轄。當時郵傳部尙書爲盛宣懷，因此對招商局業務有很大的控制力量。民國後，招商局由於經營困難，財政面臨危機，因而自滙豐銀行借款，以資備用，並整治內部組織。第一次世界大戰時，由於外商輪船皆被徵調回國，造成招商局發展的大好機會，因此獲利頗豐。後因爲少數人把持，股東間常起紛爭；大戰後外人又捲土重來，招商局的營業遂一落千丈，種種腐敗現象亦隨之暴露無遺。民國十六年，北伐成功，國民政府定都南京，因招商局爲我國最大的航業機構，決定加以整頓，故設立招商局淸查整理委員會，在交通部監督下整頓營業，並於民國二十一年，收歸爲國營。民國二十六年抗戰開始，因我國海軍力量薄弱無法保護沿海船隻，招商局海輪因而損失慘重。抗戰勝利後，招商局接收日本船隻，並籌劃重建。大陸淪陷，招商局亦隨政府遷臺，現仍爲我國最大航運公司。目前，招商局以中美定期航線爲業務經營中心，配合政府穩定物價政策，優先承運進口民生必需品物資。同時，也以租進的與自有的大油輪分別承運由波斯灣至臺灣的原油。

招商局以外，有省營的臺灣航業公司，以維持對外及環島的水上交通。除招商局與臺航公司爲公營外，其他尙有頗多民營輪船航業公司。這些輪船公司的船舶數、噸數，歷年來均有增加。大陸淪陷前，我國海運爲沿海及南洋的航運；政府遷臺後，航運急速發展，無論噸位、船數及性能等各方面，均有長足的進步。目前航線方面，已有中澳、中日、東南亞、臺港、中美、中東等，不但已有近海與沿海的航運，我國商船隊亦相當活躍於世界各海上。由於臺灣進出口貿易的迅速擴展，海運量亦隨之大幅增加，但海運量的增加無法配合對外貿易的增加，實爲一大缺憾。今後航運界應不斷擴充，汰舊更新，並大量培植優秀船員，以配合經濟發展，加強推展我國航運。

附表：東南亞各國入貢唐朝表

皇帝名	在位年數	入貢次數
高　祖	9	5
太　宗	23	34
高　宗	34	31
中　宗	26	17
睿　宗	2	3
玄　宗	44	23
肅　宗	6	0
代　宗	18	4
德　宗	25	1
順　宗	1	0
憲　宗	15	5
穆　宗	4	0
敬　宗	2	0
文　宗	14	2
武　宗	6	0
宣　宗	13	1
懿　宗	14	1
僖　宗	15	0
昭　宗	15	0
哀　宗	4	0
(合　計)	290	127

參考書目

王益崖著　中國地理　正中書局
中國海洋與島嶼　海外文庫出版社
朱祖佑著　海洋學講話　中華文化出版事業委員會

靳叔彥著　海洋礦產資源　中國石油學會出版
臺灣石油地質　中國石油公司出版
陳汝勤譯　海洋學　環球書局
國立臺灣大學海洋研究所研究報告　國立臺灣大學海洋研究所出版
科學與技術　科學與技術雜誌出版社
王洸著　中國海港誌　中華文化出版事業委員會
張寶樹著　中國漁業生物資源之研究　商務印書館
劉鴻喜著　中國的地理　中華文化復興委員會
張慶泗著　東北鹽業生產　東北論文集第二輯
朱祖佑著　中國海洋　中華文化出版事業委員會
中國沿海圖　國防部
白壽彝著　中國交通史　臺北　商務印書館　民國五四年
木宮泰彥著　中日交通史　陳捷譯　臺北　三人行出版社　民國六三年　影印
馮承鈞著　中國南洋交通史　臺北　商務印書館　民國五二年
高去尋著　殷禮的含貝握貝　民國四三年　（中央研究院院刊第一輯）

周去非著　嶺外代答　北平　民國二六年
趙汝适著　諸蕃志校注　馮承鈞校注　臺北　商務印書館　民國五一年
桑原騭藏著　唐宋貿易港研究　楊鍊譯　臺北　商務印書館　民國五八年
桑原騭藏著　中國阿剌伯海上交通史　馮攸譯　臺北　商務印書館　民國六〇年
石文濟著　宋代市舶司的設置與職權　民國五七年八月（史學彙刊創刊號）
汪大淵著　島夷誌略校注　藤田豐八校注　北平　民國二四年
周達觀著　真臘風土記
馮承鈞譯　馬可波羅行紀　臺北　商務印書館　民國五一年
包遵彭編　明代國際貿易　臺北　學生書局　民國五七年
包遵彭編　明代國際關係　臺北　學生書局　民國五七年
陳文石著　明洪武嘉靖間的海禁政策　臺北　民國五五年（國立臺灣大學文史叢刊之二十）
馬歡著　瀛涯勝覽校注　馮承鈞校注　臺北　商務印書館　民國五一年
費信著　星槎勝覽校注　馮承鈞校注　臺北　商務印書館　民國五一年
伯希和著　鄭和下西洋考　馮承鈞譯　臺北　商務印書館　民國五一年
鄭鶴聲著　鄭和遺事彙編　上海　中華書局　民國三七年

徐玉虎著　明鄭和之研究　高雄　民國六九年
張燮著　東西洋考　臺北　商務印書館　民國六十年
全漢昇著　明代中葉後澳門的海外貿易　西元一九七二年　（香港中文大學中國文化研究所學報五（一））
全漢昇著　明清間美洲白銀的輸入中國　西元一九六九年　（香港中文大學中國文化研究所學報二（一））
全漢昇著　自明季至清中葉西屬美洲的中國絲貨貿易　西元一九七一年　（香港中文大學中國文化研究所學報四（二））
全漢昇著　明季中國與菲律賓間的貿易　西元一九六八年　（香港中文大學中國文化研究所學報第一卷）
陳烈甫著　菲律賓的歷史與中菲關係的過去與現在　臺北　正中書局　民國五七年
劉芝田著　中菲關係史　臺北　正中書局　民國五三年
曹永和著　臺灣早期歷史研究　臺北　聯經出版社　民國六八年
李長傅著　中國殖民史　臺北　商務印書館　民國五五年
劉繼宣、東世澂著　中華民族拓殖南洋史　臺北　商務印書館　民國六十年

華僑志總志　臺北　華僑志編纂委員會　民國五三年
巴素（*Victor Purcell*）著　東南亞之華僑　郭湘章譯　臺北　正中書局　民國五五年　（二冊）
余煒著　一六〇三年菲律賓華僑慘案始末　西元一九七〇年九月　（新亞學報九〔二〕）
包遵彭著　中國海軍史　臺北　民國五九年　（二冊）
郭廷以著　近代中國史綱（一八三〇—一九二四）　臺北　民國六九年
榎一雄等編　東西文明の交流（一　六冊）　東京　平凡社　（六冊）
榎一雄等編著　東西文明の交流　東京　講談社　西元一九七七年　（圖說中國の歷史11）
藤田豐八著　東西交涉史の研究：南海篇　東京　昭和七年
石田幹之助著　南海に關する支那史料　東京　生活社　昭和二十年
江上波夫著　東亞における子安貝の流傳　東京　西元一九六七年　（收於アジア文化史研究論考篇）
足立喜六著　考證法顯傳　東京　昭和一一年
義淨著　大唐西域求法高僧傳　足立喜六譯註　東京　昭和一七年
安藤更生著　鑒真大和上傳之研究　東京　平凡社　昭和三五年
佐久間重男著　明代海外私貿易の歷史的背景——福建を中心として昭和二八年一月　（史學雜誌

六二（一一）

佐久間重男著　明朝の海禁政策　昭和二八年六月（東方學第六號）

山本達郎著　鄭和の西征　昭和九年四—九月（東洋學報二一（三）、（四））

藤原利一郎著　明、滿剌加關係の成立と發展　西元一九六九年三月（東南アジア研究六（四））

馬歡著　瀛涯勝覽　小川博譯注　東京　昭和四四年

和田久德著　東南アジア諸國家の成立　西元一九七〇年（岩波講座世界歷史3）

和田久德著　東南アジアの社會と國家の變貌　東京　西元一九七一年（岩波講座世界歷史13）

和田久德著　十五世紀のジヤワにおける中國人の通商活動　西元一九八一年七月（收於論集近代中國研究）

永積昭著　東南アジアの歷史　東京　講談社　昭和五三年

岡本良知著　十六世紀中歐交通史の研究　改訂增補版　東京　昭和一七年

永積昭著　オランダ東インド會社　東京　西元一九七一年

岩生成一監修　海外交涉史の視點　東京　昭和五〇—五一年（三冊）

森克己著　中宋貿易の研究　東京　昭和二三年

小葉田淳著　中世南島通交貿易史の研究　東京　昭和一四年

小葉田淳著　史說中本と南支那　臺北　野田書房　昭和一七年

田中健夫著　中世海外交涉史の研究　東京　西元一九五九年　（東京大學人文科學研究叢書）

田中健夫著　中世對外關係史　東京　西元一九七五年　（東京大學人文科學研究叢書）

岩生成一著　朱印船貿易史の研究　東京　昭和三三年

岩生成一著　近世中支貿易に關する數量的考察　昭和二八年十一月　（史學雜誌六二（一一））

山脇悌二郎著　長崎の唐人貿易　東京　昭和三九年

成田節男著　華僑史　東京昭和一六年

須山卓著　華僑經濟史　東京　西元一九七二年

和田久德著　東南アジアにおける華僑社會の成立　東京　西元一九六一年　（收於筑摩書房「世界の歷史」13）

和田久德著　東南アジアにおける初期華僑社會　（九六〇—一二七九）　昭和三四年六月　（東洋學報四二（一））

和田久德著　十五世紀初期のスマトラにおける華僑社會　昭和四二年三月　（お茶の水女子大學人文科學紀要第二〇卷）

內田晶子著　一六三九年のマニラにおける中國人暴動　西元一九七四年　（お茶の水史學第一八號）

Yule, Sir Henry & Cordier, H. *Cathay and the Way Thither.* New ed. rev. by Henri Cordier. Vols. I-IV. London, 1913-1916.

Simkin, C.G.F. *The Traditional Trade of Asia.* London, 1968.

Schoff, Wilfred H. *The Periplus of the Erythrean Sea.* New York, 1912.

Vlekke, Bernhard H.M. *Nusantara :a History of Indonesia.* The Hague, 1959.

Leur, J.C. van. *Indonesian Trade and Society.* The Hague, 1955.

Meilink-Roelofsz. *Asian Trade and European Influence in the Indonesian Archipelago between 1500 and about 1630.* The Hague, 1962.

Lach, Donald F. *Asia in the Making of Europe.* Vol. 1, *The Century of Discovery in Two Parts.* Chicago, 1965.

Boxer, C. R. *Fidalgos in the Far East, 1550-1770.* The Hague, 1948.

Boxer, C. R. *The Great Ship from Amacon ;Annals of the Macao and the Old Japan Trade, 1555-1640.* Lisboa, 1959.

Boxer, C.R. The Portuguese Seaborne Empire, 1415-1825. London, Hutchinson, 1969.

Glamann, Kristof. *Dutch-Asian Trade, 1620-1740.* The Hague, 1958.

Iwao Seiichi Li Tan, *Chief of the Chinese Residents at Hirado, Japan in the Last Days of the Ming Dynasty.* (Memoirs of Research Department of the Toyo Bunko, No. 17) 1958

Ts'ao Yung-ho *Chinese Overseas Trade in the Late Ming period.* (International Associations of Historians of Asia. 2nd Biennial Conference, Taipei, Oct. 6-9, 1962. Procedings. pp429-458)

Ts'ao Yung-ho *Pepper Trade in East Asia* (Paper, International Conference on Asian History, University of Hong Kong. Aug. 30-Sept. 5, 1964.)

Ts'ao Yung-ho *Taiwan as an Enterpôt in East Asia in the Seventeenth Century.* (Paper, Conference on "Taiwan in Chinese History", Asilomar, California, Sept. 24-29, 1972.)

Chen Ta *Chinese Migrations, with Special Reference to Labor Condition*. Taipei, 1967. repr. ed.

Rawhinson, John h. China's Struggle for Naval Development, 1839-1895. Camb., Mass., 1967. (Harvard East Asian Ser. 25)

試論明太祖的海洋交通政策

一、前言

明太祖起自民間，勵精圖治，遂開創一新王朝。他的海洋交通政策對於國人厲行海禁，對於外商即以朝貢貿易制度管束，是採取閉關主義的消極政策。這種政策過了成宣的盛世以後，由於明室承平，政府制度僵化，官吏觀念迂腐，遂成爲「寸板不許下海」，必謹恪遵的祖法。因之，自唐中葉以來一直繼續繁盛起來的中國海洋發展，遂遭遇了巨大阻礙，也產生了深遠影響。明太祖的推行海禁政策，其理由是多方面的。對此已有許多中外學者的論著。

太祖的海禁政策之由來，大致說不外是政權新立，國基尙未穩固，而鑑於倭寇、海盜猖獗，爲維持治安，鞏固政權起見，乃採取閉關禁海的政策。但是過去所說這些理由雖然沒錯，我想仍需從太祖整體的開創塑造一個新王朝的複雜的困難過程中，對於其時內外情勢，各項因素等有再加以深入探索的必要。基於這種觀點，茲聊抒明初海洋交通政策的我見，就教諸賢達，寡聞疏漏，難免錯誤，所述或已有先達著論，甚希大雅君子之糾謬匡正。

二、從明律規定探索太祖的海洋交通政策

從《明太祖實錄》中，我們可以檢索到數則太祖頒布海禁的記載。其中最早一則見於洪武四年十二月丙戌（初七日）〔一三七二年一月十三日〕條，謂：

「詔吳王左相靖海侯吳禎，籍方國珍所部溫臺慶元三府軍士及蘭秀山無田糧之民，嘗充船戶者，凡十一萬二千七百三十人，隸各衛爲軍。仍禁瀕海民不得私出海。」①

這一則前段是說明太祖把方國珍的溫臺慶元等浙東沿海一帶的舊部和昌國州蘭秀山無田糧又曾充船戶的居民，籍編爲軍士，分隸於各衛。方國珍軍力是以海軍爲主，吳禎其時又是太祖諸將領中

---

①《明太祖實錄》卷七〇（中央研究院史語所影印本）三：一三〇〇。

主要統領水軍，這一段記述說明太祖的擴張海軍，增強海防的措施。後段說「仍禁瀕海民不得私出海」，由「仍禁」二字，可知禁海令是在此以前已經頒布過，這次並非首次頒布禁令。又從「不得私出海」其字來看，其時的海禁政策並沒有像後世所強調「寸板不許出海」那樣峻厲苛禁，可以解釋瀕海居民不得私出海，但如領有「文引」或「公憑」之類，經官方許可是得以出海的。這一則並沒有提起禁海的理由。然《明太祖實錄》同卷，在這重申海禁之几天後的洪武四年十二月乙未（十六日）（一三七二年一月二十二日）條，另有一則：

「上諭大都督府臣曰：朕以海道可通外邦，故嘗禁其往來，近聞福建興化衛指揮李興、李春私遣人出海行賈，則濱海軍衛豈無知彼所爲者乎？苟不禁戒，則人皆惑利，而陷于刑憲矣。爾其遣人諭之。有犯者論如律。」②

這就是說海禁的理由是爲禁絕人民與外邦往來。這裡也說「嘗禁」，可知洪武四年十二月的海禁並不是首頒禁海，在此以前既實施過海禁。對於違反者諭令「論如律」，據是可知其時通行的明律，對違禁下海既有所規定。

---

② 《明太祖實錄》卷七〇三：一三〇七—一三〇八。

按明律早在明太祖稱帝前一年，即吳元年（一三六七年）十月甲寅（十一日）就已命令中書省制定律令③。同年十二月甲辰（初二日）（一三六七年十二月二十三日）修成④，於洪武元年（一三六八年）一月十八日頒行⑤。這是明律的首次制訂。其後，洪武六、七年間，九年、十六年、二十二年以至三十年，有數次訂定增刪⑥。洪武三十年修是最後更訂的明律。因此，於洪武四年十二月對於私出海的違反者論刑所依據的明律，顯然是吳元年十至十二月間所修，洪武元年正月頒行的初修大明律。這就是說，吳元年十月至十二月修律，明太祖準備開國立朝當初，對於私出海就已有律的明文規定了。

現在留存有關明律註釋各書，國立北平圖書館藏何廣撰《律解辯疑》一書有洪武丙寅（十九年）春正月望日自序，雖是太祖死後的重刊本，所載明律多係洪武十八、九年間所行用的。朝鮮金

---

③《明太祖實錄》卷二六；二：〇三八八—〇三八九明太祖制律經過請參看黃彰健：〈明洪武永樂朝的榜文峻令〉（《中央研究院歷史語言研究所集刊》第四十六本第四冊，民六十四年十月）。後此文收錄於黃彰健，《明清史研究叢稿》。（臺北：商務，民六十六年）。

④《明太祖實錄》卷二八上；二：〇四二二—〇四二三。

⑤黃彰健：同上書頁二三七。

⑥黃彰健：同上書頁二三七—二四〇。

祇等人所撰《大明律直解》，書末有洪武乙亥（二十八年）二月的題識，《直解》所載明律條文應係洪武二十二年所更訂明律。其他一般流布的明律刊本所收條文都是洪武三十年修訂的。洪武初年所訂明律條文就不得知了。

然《明太祖實錄》吳元年十二月甲辰（初二日）條：

「律令成，命頒行之。初命李善長等詳訂律命。……律準唐之舊而增損之。計二百八十五條，吏律十八，戶律六十三，禮律十四，兵律三十二，刑律一百五十，工律八，命有司刊布中外。」

就是說明律是根據唐律增損。洪武六年所詳訂大明律合六〇六條，洪武十六年、二十二年、三十年所定條文均爲四六〇條。惟律條文各有異同⑦。

朝鮮本《大明律直解》卷十五與萬曆本《大明律集解》附例卷一五兵律關津的律條文均有私越冒渡關津、詐冒給路引、關津留難、遞送逃軍妻女出城，盤詰奸細、私出外境及違禁下海，私役弓兵計七條，對於稽察關津，管理水陸交通有所規定。唐律的關津禁律是在衛禁律，係宮衛與關禁二篇合爲一。其關禁有私度關、越度關、冒渡關等九條的規定。唐律和明律雖其條文不同，但對於稽

⑦ 黃彰健，〈律解辯疑，大明律直解及明律集解附例三書所載明律之比較研究〉（《中央研究院歷史語言研究所集刊》第三十九本第一冊，民五十八年正月）；又黃彰健，同上書，頁二〇八—二三六。

察關律的基本法仍很相似。惟明律的私出外境及違禁下海與私役弓兵的禁文，唐時國人海洋交通尙未發達，海路大都依靠波斯、阿拉伯等外舶，唐時又沒有弓兵名目，故唐律無此二條禁文。

洪武三十年律的大《明律集解附例》所載「私出外境及遠禁下海」的律條文是：

「凡將馬牛、軍需鐵貨、銅錢、段疋、紬絹、絲綿，私出外境貨賣及下海者，杖一百。挑擔馱載之人，減一等。物貨、船車並入官，於內以十分爲率，三分付告人充賞。若將人口軍器出境及下海者，絞。因而走泄事情者，斬。其拘該官司，及守把之人，通同夾帶，或知而故縱者，與犯人同罪。失覺察者，減三等，罪止杖一百。軍兵又減一等。」

洪武三十年的這一條律文，與《大明律直解》的二十二年條文比對，文字相同，僅「紬絹」作「紬絹」而已。這條文前段是把中國有用之物貨，不可有資於外國，是對於違禁貨物走私貿易的禁令。對於其處罰是杖一百。後段是興販人口與應禁軍器出境及下海貨賣者，因向敵之心可惡，故坐以絞，因而走泄中國事情於外夷者，與奸細之情不殊，故坐於斬。可知對於私出外境違禁下海者，對於單純的走私貿易與資敵走漏消息，其處罰有輕重之區別。文中軍需鐵貨作一句讀，因軍需之鐵貨，尙未成軍器，故其私自出口是單純的走私，比軍器出境處罰較輕。唐律無違禁下海一層，明律之私出外境即唐律之越度緣邊關塞。唐律的規定對於私度關者徒一年，越度關者加一等，諸越度緣邊關塞者徒二年，私與禁兵器者絞。明律規定私度關者杖八十，越度關者杖九十，越度緣邊關塞者，杖一百，徒三年，關於越度緣邊關塞，因明代尚受北元威脅，科罰較重以外，反明律規定比唐律較輕，如將馬牛以及違禁貨物私出外境貨賣者，僅擬杖罪而已。明律的制訂，其基本精神大致以唐律爲準則，而法律的適用一般比唐律較重。然對於私出外境及違禁下海，在洪武末年海禁政策既很嚴厲時，如上述洪武二十二年或三十年通行的明律明文規定卻不比前代律文嚴峻⑧。至於洪武初年所制訂行用的律文雖不得其詳，當不比後代所渲染那麼嚴厲。

又《大明律》卷八，戶律五，課程有舶商匿貨律，云：

「凡泛舟客商，舶船到岸，即將貨物盡實報告抽分，若停塌沿港土商牙儈之家，不報者，杖一百。雖供報而不盡者，罪亦如之。貨物並入官。停藏之人同罪。告獲者，官給賞銀二十兩。」

這條律文顯然是根據宋元時代有關市舶條例或市舶則法所制訂的下海興販番貨，報官抽分的規定。下海興販，應報告抽分，而匿貨者依此律罪罰。如私自違禁下海即依上述兵律處罰。據萬曆三十八年浙江官刊本《大明律集解附例》一書，此舶商匿貨律條文的註釋引纂註，曰：

「此條專爲舶商匿貨者而設。蓋舶商之利大，故其匿貨之罪浮於匿稅。若餘商之匿貨則當從匿

---

⑧ 薛允升，《唐明律合編》卷八下（國學基本叢書本）頁一一五—一二四。

稅之條耳。然今將船下海通番者，有例禁之。又愼重海防之意也。」⑨

日本內閣文庫藏有一部萬曆二十二年刊鄭汝璧纂註《大明律解附例》三十卷附一卷。據是此條《大明律集解附例》所引當是鄭汝璧之纂註。鄭汝璧是隆萬年間人士，從其註解我們可知對於下海通番，如上述兵律關津的明文規定是不禁止的。明律文以外，因爲愼重海防計，另以條例制禁之。按這一條舶商匿貨律前面匿稅律一條，其規定是：

「凡客商匿稅，及賣酒醋之家，不納課程者，笞五十。物貨酒醋，一半入官。於入官物內，以十分爲率，三分付告人充賞。務官攢攔自獲者不賞。入門不弔引，同匿稅法。其造酒醋自用者，不在此限。」

即同樣匿稅，泛海客商匿稅杖一百，罪罰比其餘一般客商笞五十，加重一倍。明律這條有關下海興販的舶商匿貨律，在洪武二十二年和洪武三十年所定條文是相同，而其以前的律條文不詳。如此，無論從兵律或戶律的規定來看，明太祖自開創立朝，對於海洋交通，如請給文引，回舶後盡實報官抽分，依律是不禁下海興販。明律首次制訂於吳元年十二月初二日，而是月又曾設置市舶提舉

⑨《大明律集解附例》，浙江巡撫高舉發刻，明萬曆三十八年浙江官刊本。臺北，學生書局，民五十九年影印本，第三冊頁八七二。

司，更可證實明初下海興販是不被禁止，所禁是私自出海而已。

《明太祖實錄》卷二三六，洪武二十八年二月戊子（二十四日）條，謂：

「刑部臣奏：律條與律例不同者，宜更定，俾所司遵守。上曰：法令者防民之具，輔治之術耳。律者常經也。條例者一時之權宜也。朕御天下將三十年，命有司定律久矣。何用更定。」⑩

如此明初法律是以明律正文爲基本的常法以外，因時制宜有條例議刑。皇帝因時權宜諭告禁條例文，或曾板刻榜諭天下，這種榜文禁例，很少流傳。據黃彰健先生的研究，在洪武永樂二朝法律的科斷論刑是以榜文爲主，律爲輔⑪。所以僅就明律的明文規定，我們是不能完全瞭解明太祖海禁政策的來由了。

國內外現存明代律例各刊本，明律條文以外所附刻條例是以弘治十三年的問刑條例最早，以後至崇禎，各朝均有所更定。關津律條正文只有上述一條，而各律註解書所附卻有許多明中葉以後新訂的條例。因此，如我們沒有甄別這些條例制訂的年代，不能冒然以關津律的後世所增定條例，來

⑩《明太祖實錄》卷二三六；八：三四五六。

⑪ 黃彰健：〈明洪武永樂朝的榜文峻令〉。

討論明太祖時代的有關海禁規定⑫。

三、從國初經濟政策探索太祖的海洋交通政策

明太祖所以能逐漸消滅割據各地群雄，吸收各地自衛鄉曲的組織，鞏固其地盤，擴大其勢力，終於開國立朝，自有其成功的原因⑬。從其經濟政策來說，明太祖起初也是與其他群雄一樣，曾靠徵糧養軍。《明太祖實錄》卷八，庚子（元至正二十年，一三六〇年）閏五月甲申（二十九日）條，記載：

「命罷各郡縣寨糧。初招安郡縣，將士皆徵糧於民，名之曰寨糧。民甚病焉。至是僉院胡大海以聞。上亟命罷之。」⑭

然明太祖與其他紅巾軍諸將不同，嚴軍紀，禁剽掠，以安堵民心。又獎勵開墾，實施屯田，致

---

⑫ 現在黃彰健先生已把明代各朝所增訂條例，予以輯錄，編爲《明代律例彙編》，於民國六十八年，以中央研究院歷史語言研究所專刊出版。據這本書我們可以知道各條例制訂的年代。

⑬ 山根幸夫：「元末の反亂」と明朝の確立（岩波講座世界歷史十二，東京，一九七一年，一七—五六。

⑭ 《明太祖實錄》卷八；一：〇一〇七按劉辰撰國初事蹟作向太祖奏塞糧害民係常遇春。

力農村的復興，減輕農民負擔，以安定社會秩序。於是能鞏固其疆域，羅致士人，對太祖後來的事業極有影響。

太祖於至正十五年渡江後，次年攻克集慶，改名爲應天府，作爲其根據地，是年七月置江南行中書省，走向自立，開府設治。其時就已設置營田司⑮。至正十八年二月乙亥（初七日）太祖任命康茂才爲營田使時，太祖對康茂才說：

「上諭茂才曰：此因兵亂，隄防頹圮，民廢耕稼，故設營田司以修築隄防，專掌水利。今軍務實殷，用度爲急，理財之道莫先於農。春作方興，慮旱潦不時，有妨農事。故命爾此職，分巡各處，俾無患乾，卑不病潦，務在蓄洩得宜。大抵設官爲民，非以病民。若但使有司增飾館舍，近送奔走，所至紛擾，無益於民，而反害之，非付任之意。」⑯

如此營田司是專門負責修築河堤，興建水利工程的機構，以恢復農田生產，供給軍需。是日也命令吳良、吳禎兄弟駐守江陰。其地與張士誠接境。吳良兄弟即訓練士卒，嚴爲警備，實施屯田，

---

⑮《明太祖實錄》卷四；一：〇〇四六。

⑯《明太祖實錄》卷六；一：〇〇六二。

以給軍餉⑰。是年十一月初七日又立管領民兵萬戶府，簡拔編輯民間壯丁爲民兵，農時則耕，閒時練習戰鬥，有事調出作戰，如此把作戰力量和生產力量結合爲一⑱。至正二十三年二月初一日更申明將士屯田之令，分派諸將在各處屯墾，足食足兵，人民負擔也能減輕⑲。嗣後對於新克州縣，仍命令安輯人民，吸收其軍力，亦令其實施屯墾。至正二十六年正月初九日又命令有司勸民農事⑳，至吳元年（至正二十七年，一三六七）七月二十七日，置司農司，計民授田㉑。洪武元年八月初九日，定六部爲革去司農司㉒，同月十一日，大赦天下，同時並獎勵墾荒，對其墾耕成熟者，聽爲己業。若還鄉復業者，有司於旁近荒田，如數給與耕種，其餘荒田亦許民墾闢爲己業，免徭役三年。其時中原由於許多年來的兵亂，田多荒蕪，於洪武三年五月初六日又命省臣議計民授田，復設司農

⑰《明太祖實錄》卷六；一：〇〇六三。
⑱《明太祖實錄》卷六，戊戌年十一月辛丑條，一：〇〇六九。
⑲《明太祖實錄》卷一二，癸卯年二月壬申朔條：一：〇一四八。
⑳《明太祖實錄》卷十九；丙午年正月辛卯條；一：〇二五九／六〇。
㉑《明太祖實錄》卷二四；一：〇三五三。
㉒《明太祖實錄》卷三四；二：〇六一〇。

司，設治所於河南㉓。所以「計民授田」，其實一面獎勵墾荒，另一方面也含有限制兼併之意味。又自洪武三年以來，將狹鄉之民，遷之寬鄉，務使土地與人口分布疏密予以調整。後又編製魚鱗冊與黃冊，整理賦役。如此從明太祖的農業政策，可以看出他對軍實施屯田政策，對民採取獎勵墾荒，確立其財經基礎，走向農本主義的恢復安定的傳統農業社會，以強化其中央集權，君主獨裁的統治。

明太祖自攻克集慶爲其根本之地後，次第戡亂摧強，消滅群雄，以農爲本，走向開創新王朝的過程中，對於新附疆域的農業生產以外之地利也盡收爲己用，以擴大其成帝業的財政基礎。如至正十八年十二月，太祖親率十萬大軍，攻克婺州時，就置中書分省，改婺州路爲寧越府。是月即置寧越稅課司及雜造、織染二局㉔。同月，明太祖下令禁酒，但於至正二十年十二月初十日卻開始榷酒醋㉕。至正二十一年二月，立鹽法和茶法，並設置寶源局鑄錢以利民間交易。《明太祖實錄》辛丑（至正二十一年，一三六一）二月甲申（初二日）條，謂：

㉓《明太祖實錄》卷五二；三：一〇一二。
㉔《明太祖實錄》卷六；一：〇〇七五。
㉕《明太祖實錄》卷六；一：〇〇七四；《明太祖實錄》卷八，庚子十二月癸巳條，一：〇一一〇。

「始議立鹽法。置局，設官以掌之。令商人取鬻每二十分而取其一，以資軍餉。」㉖。

同書是月丙午（二十四日）條，記載：

「丙午，議立茶法。時中書省議，以為榷茶之法，歷代資之，以充國用。今疆宇日廣，民物滋盛，商賈懋遷者衆，而茶法未行。惟興安等處舊有課額，其他產茶郡縣並宜立法征之。……令府州縣委官一員，掌其事。從之。」㉗

這些例子即表示太祖的勢力伸展到產鹽或產茶地區時，即立鹽法和茶法，擴大其政權的經濟基礎。

至正二十四年二月陳友諒子陳理降，陳友諒的大漢國亡，太祖於是年四月即開湖廣鐵冶以資軍用㉘。陳友諒出身漁夫，曾依元朝制度，在其境內設河泊所徵魚課。湖廣新入太祖掌中後，太祖也在江右、湖廣等地開始徵收魚課。劉辰撰《國初事蹟》有一則記事：

「太祖謂李善長曰：陳友諒用普顏不花提調湖池魚課。今既得湖廣，仍用普顏不花為應天府知

㉖《明太祖實錄》卷九；一：〇一一一。

㉗《明太祖實錄》卷九；一：〇一一二—〇一一三。

㉘《明太祖實錄》卷一四；一：〇一九三。

府兼提調魚課。其原有湖官三百餘人仍舊與職名辦課。……」嗣後，各地次第收歸，隨即增置河泊所，至洪武十五年十二月二十四日始確立了河泊所的官制㉙。

明太祖把西境強敵陳友諒的大漢國討滅後，其次即集中軍力對付十年來的宿敵東吳張士誠。自至正二十五年冬太祖派徐達等諸將，次第蠶食張士誠的疆土，後攻圍十個月，遂於吳元年九月攻下平江，俘執張士誠，張士誠的吳國滅亡。隨後，於十月明太祖命令湯和等討方國珍。十二月方國珍降，至是蘇浙瀕海之區盡爲太祖所有。

元末羣雄中，張士誠和方國珍與其他紅巾軍系統的不同，出身均以販運私鹽爲業，元朝曾靠他們通海運，以官爵羈縻。張士誠所佔地方是蘇浙富饒之地，爲東南產米之區，兼有魚鹽之利，兩淮浙之鹽地俱其所掌握。加以自前代以來，蠶絲業、棉織業、瓷業以及其他工商業發達，人口衆多，最爲富庶。明太祖是一位雄猜之主，他指向中央集權，君主獨裁專制的傳統農業社會國家之重建確立，是以其統治嚴峻。而張士誠則不同，其人好士，其統治較鬆弛，採取自由的重商政策，於是頗

㉙ 中村治兵衛：《明代の河伯所と漁民》（中央大學文學部紀要，史學科第二九號，昭和五九年三月）一—三四。

多東南人士流寓避亂，依附張士誠，經商貿易㉚。方國珍所據爲浙東的慶臺溫沿海地方，偏處海隅，靠著豐富的漁鹽資源和控制海路交通，割據浙東稱雄。張士誠握有豐富農業資源以外，張士誠和方國珍，其國力相當依靠境內商業資本的形成和其支持。經商販海之利卻是他們主要的財政基礎。明太祖討滅張士誠，收服方國珍後，當然要摧滅張士誠、方國珍的勢力，接收其富源，並預防其反對勢力的重新結合形成。

據《明太祖實錄》卷一九，丙午年（至正二十六年，一三六六）二月己巳（十七日），明太祖取泰州、高郵等地後，即設置兩淮都轉運鹽使司，凡廿九場㉛。是年四月，徐達等攻下宿州等地時，也次第克平淮東郡鹽場三十三所㉜。這顯示明太祖接收張士誠的鹽利。《明太祖實錄》吳元年九月辛巳（初八日）條，又曰：

「辛巳，大將軍徐達克姑蘇，執張士誠。……凡獲其官屬平章李行素、徐義，左丞饒介，參政

㉚　愛宕松男：《朱吳國と張吳國——初期明王朝の性格に關する一考察》（文化第十七卷第六號，昭和二八年十一月）。

㉛　《明太祖實錄》卷一九；一：一〇二六二。

㉜　《明太祖實錄》卷二〇，丙午年四月任戌條，一：〇二七八。

馬玉麟、謝節、王原恭、董綬、陳恭，同僉高禮，內史陳基，右丞潘元紹等所部將校，杭、湖、嘉興、松江等府官吏家屬，及外郡流寓之人，凡二十餘萬，並元宗室神保大王黑漢等，皆送建康。」㉝

張士誠的文武官員及其家屬是形成張士誠政權的豪族，擁有許多吳地田產。外郡流寓之人是避難蘇州，依附張士誠政權的富人，當然其中許多富人置田產，成爲大地主，但必定也有許多是販海的富賈巨商。太祖把這些人共二十餘萬人強迫遷徙，而從遷徙人口之多，可知這是芟除張士誠在吳的勢力，籍沒其田產以及接收其商業資本㉞。

明太祖還未討滅張士誠，未收服方國珍之前，對他們的魚鹽和販海之利當然很清楚的。並曾積極與他們交易。劉辰撰《國初事蹟》，有一則資料值得留意，謂：

㉝《明太祖實錄》卷二五；一：〇三六四。

㉞被強迫遷徙張士誠的官員和富民所遺留田產，自然被明太祖籍沒爲沒官田。《明史》卷七八，食貨志賦役項曰：「初，太祖定天下官民田賦。凡官田，畝税五升三合。民田，減二升。……沒官田一斗二升。惟蘇、松、嘉、湖，怒其爲張士誠守，乃籍諸豪族及富民田以爲官田，按私租簿爲税額。而司農卿楊憲又以浙西地膏腴，增其賦，畝加二倍。故浙西官民田視他方倍蓰，畝税有二三石者。」張士誠政權被籍沒官田税負比民田和一般官田特重。

「兩淮浙鹽場俱係張士誠地面，太祖以軍民食鹽難得，令樞密院經歷司給批，與將官家人，駕船往高駄沙界首，以貨易鹽，到京貨賣，軍民食用。後得諸暨，於唐關立抽分所。得處州，於吳渡立抽分所，許令外境客商，就兩界首買賣。於是紹興、溫州客人用船載鹽於唐口、吳渡交易，抽到鹽貨，變作銀兩及買白藤、琉黃等物，以資國用。」

文中「高駄沙」係馬駄沙之誤，位於明太祖和張士誠敵對勢力的境界。這一則資料顯示明太祖勢力尚局限於金陵周圍一帶，食鹽難得時，曾在其接境處，以貨易鹽，而從事此交易是其將官家人，是支持形成他的政權的人，而由樞密院經歷司給批。後隨其疆域擴大，即在接境之處，設關口，置抽分所，抽分征商稅，以資國用。據《明太祖實錄》的記載，太祖設關市是在壬寅（至正二十二年，一三六二）十月，使外境商旅通物貨，鹽貨十分征其一，其他物貨十五分，征其一分㉟。次年閏三月，處州翼總制胡深建言鹽貨抽分，依舊例減爲二十取一，明太祖從之㊱。對於一般商稅也於甲辰年（至正二十四年，一三六四）四月己酉（十六日）減爲三十取其一㊲。對於胡深的建

㉟《明太祖實錄》卷一一；壬寅冬十月辛卯（二十日）條；一：〇一四三。
㊱《明太祖實錄》卷一二癸卯閏三月丁丑條；一：〇一五〇。
㊲《明太祖實錄》卷一四；一：〇一九三。

言，《明太祖實錄》的記載，謂：

「丁丑，處州翼總制胡深言：近設關市，征鹽貨，十取其一。切詳溫臺二郡產鹽，浙東江西皆資其用，而臺州道里險遠，負販者少。惟溫州吳渡通潮，而處婺商人每至黃渡與海商貿鹽，舟行九十餘里，還至靑田批驗，又有五十里方至處州，可謂勞矣。舊例二十取一，而每月所收，多者百餘引，少者亦七八十引，今處州軍餉全資鹽稅兼支。若遽改法，恐商人以征稅太重，不復販鬻，則鹽貨壅滯，軍需闕乏。且使江西、浙東之民艱于食用。又如硫黃、白藤、蘇木、棕毛諸物，皆資于彼。今稅額太重，亦恐不能流通。臣請仍從二十取一之例，鬻賣之處亦依例納稅，聽商興販，如此則懋遷之利，流轉不窮，軍用給足。上從其言，人以為便。」

值得注意是貿鹽之利以外，文中所提其他貨品，琉黃是軍需品，白藤、蘇木、棕櫚毛等均產於占城、暹羅等熱帶地，白藤爲手工藝品原料，蘇木爲紅色染料，棕毛可編織東西。其時雖是元末紛亂，群雄割據時期，仍海上和江河的運輸路彼此連結，使南海等地物產流通，而從這種懋遷之利，明太祖抽分征稅，田糧以外也是明太祖政權的形成過程中的重要財源。

《高麗史世家》卷三九至四十，在恭愍王六年（丁酉，至正十七年，一三五七）至恭愍王十四年（乙巳，至正二十五年，一三六五）間記有張士誠、方國珍等江浙沿海諸雄，自海上交通高麗的事實。茲摘錄如下：

(1)六年秋七月乙亥。江浙省丞相遣理問實剌不花，來獻土物。

(2)七年五月庚子，臺州方國珍遣人來獻方物。

(3)七年七月甲辰。江浙行省丞相張士誠遣理問實剌不花，來獻沉香、山水精山畫木屏、玉帶、鐵杖、彩段。寄書略曰：……時士誠據杭州，稱太尉。又江浙海島防禦萬戶丁文彬通書曰：文彬眇處海邑，欽仰大邦，久欲一拜殿下，以覲耿光。惜乎微役所縈不果。茲因大邦治下黃贇至此，故得聞安吉。今車書如舊，儻商賈往來，以通興販，亦惠民之一事也。黃贇迴，令親郁文政進拜，聊獻土宜。王答士誠書曰：……茲因使回，謹奉此，所有薄禮具如內目。又命右副承宣翰林學士李穡答文彬書曰：……。

(4)八年夏四月辛巳。江浙張士誠、丁文彬遣使獻方物。

(5)八年秋七月甲寅。張士誠遣范漢傑、路本來獻彩段、金帶、美酒。丁文彬亦獻方物。文彬書曰：……太尉張公鎮綏浙右，向風不忘，特遣使，祇奉禮儀，仰徹殿下文軌。不異祈望弘仁，僑寓中，不及備，聊以微儀，少罄葵心。……王引見士誠使者，使李穡答文彬書曰：……。

(6)八年八月戊辰。方國珍遣使獻方物。

(7)九年三月丙辰。張士誠遣使來聘。

(8)九年四月壬申。遣金伯環、權仲和報聘于張士誠。

(9)九年秋七月丙子。浙江省李右丞遣張國珍，來獻沉香、匹段、玉帶、弓劍。復遣少尹金伯環報聘。

(10)十年三月丁巳。張士誠遣人來獻綵段、玉斝、沉香、弓矢。

(11)十年三月丁巳。淮南省右丞王晟遣使來獻綵帛、沉香。

(12)十年秋七月壬子。張士誠遣千戶傅德來聘。戊午又遣趙伯淵不花來聘。

(13)十一年秋七月庚戌。張士誠遣使來獻沉香佛、玉香爐、玉香合、綵段、書軸等物。

(14)十二年夏四月壬子。張士誠遣使賀平紅賊，獻彩段及羊、孔雀。王以孔雀賜前侍中李嵒。

(15)十三年夏四月甲辰。張士誠遣萬戶袁世雄來聘。

(16)十三年五月癸酉。遣大護軍李成林、典校副令李韌報聘于張士誠。

(17)十三年夏四月甲寅。淮南朱平省遣萬戶許成來獻鎧矟。

(18)十三年六月乙卯。明州司徒方國珍遣照磨胡若海，偕田祿生，來獻沉香、弓矢及玉海、通志等書。

(19)十三年秋七月丁亥。吳王張士誠遣周仲瞻，來獻玉纓、玉頂子、綵段四十匹。

(20)十四年夏四月辛卯。吳王張士誠遣使來獻方物。

(21)十四年八月庚寅。明州司徒方國珍遣使來聘。

(22)十四年冬十月癸巳。方國珍遣使來聘。」

從上引諸例，可以看出元末元廷無法統治江浙沿海地帶時，張士誠、方國珍等地方群雄交通高麗頻繁。對此高麗王廷也曾遣使報聘。在恭愍王六年至十四年八年間，張士誠遣使十三次，方國珍遣使五次，其他尚有江浙海島防禦萬戶丁文彬、江浙省李右丞、淮南省右丞王晟、淮南朱平章等人的遣使。從其職稱的地名，可推知是張士誠政權的官宦。尤其是丁文彬書中說「僑寓中」，可知他是流寓依附張士誠而受職據江浙海島。他所以交通高麗，係因先有高麗人黃贇來江南所引起的。又張士誠等諸雄所獻方物，除彩段、玉帶等物以外，尚有南海產沉香也是值得留意。如上，形成張士誠、方國珍政權的集團不但從海賈舶商的販海抽分收稅以外，也曾直接經營海外貿易。

張士誠滅亡，方國珍投降後，明太祖對於他的宿敵的利源當然也要接收爲己用。明太祖於吳元年九月滅張士誠，十二月征服方國珍，克陳有定所據福州，此時明太祖保有的瀕海疆土伸延到江蘇、浙江、閩北等地。是月設市舶提舉司，以浙東按察使陳寧爲提舉㊳。此時太祖尚未開國立朝稱帝，也未遣使詔諭外國，所謂朝貢制度尚未建立，所以此時所設立市舶提舉司，應是循前朝舊例，

㊳《明太祖實錄》卷二八下；二：〇四七四。

為管理中國海賈舶商，下海興販，或外舶來航，抽分征稅而設立的。或者是張士誠割據東吳時，已經循舊例曾設置市舶提舉司，而明太祖滅東吳後，直接倣法張士誠而設置也未可知。其時明太祖保有疆土雖已包括湖北、湖南、江西、安徽、江蘇、浙江等全中國最富庶區域，但因多年來到處戰亂，雖明太祖採取勸農政策，獎勵開荒復業，以供軍需，但連年征戰，農產恢復有限，究竟其財用頗資於鹽利和商稅。所以明太祖在此時對於海外貿易是採取解放政策。如明律規定，人民領有文引，得下海興販，泛海舶商回航到岸，即須盡實報官抽分，而守把關津之人，不得無故阻當留難的。

《明太祖實錄》癸卯年（至正二十三年，一三六三）二月丁酉（二十六日）條謂明太祖命王時以白金三〇〇〇兩，令方國珍市馬㊴。對此劉辰撰《國初事蹟》一書裡面有較清楚的記述，說：

「太祖遣千戶王時等，齎銀三千兩，往方國珍，附搭海船到大都，體探元朝及李察罕帖木兒、李思齊等軍馬事情。國珍差吳都事同去，既回，帶到馬五十匹。」㊵

這則記述說明太祖充分諒解並且利用方國珍的海上運輸事業，派王時到元大都偵探元朝及其諸

㊴《明太祖實錄》卷一二；一：〇一四九。

㊵ 劉辰撰《國初事蹟》（借月山房彙鈔所收本）f10.

將事情，並市馬以增強其軍力。《國初事蹟》又有一則記初設市舶提舉司時首任提舉的陳寧事，謂：

「太祖以陳寧爲浙東按察使，無行。皁隸小毛赴京訟之。太祖提取自問，伏罪。太祖曰：這是禽獸之行，豈是你讀書人爲。下應天府獄一年，歲盡押至聚寶山聽決。太祖坐於山上，令百官地坐，數其罪而且宥之，除太倉市舶提舉。太祖曰：若盜我船貨，那時處死。後至御史大夫，與胡惟庸爲黨，死於極刑。」㊶

這一則記事中，太祖所說「我船貨」三字，其所含意義也許僅指太祖從市舶提舉司抽分所得船貨，或者明太祖當時也許如張士誠、方國珍一樣，有意直接投資參與於海外貿易，而由市舶提舉管理也未可知。

總之，明太祖戡定元末的紛亂，開國立朝，重建傳統農業社會爲其財政基礎。然在其消滅群雄，塑造新王朝的過程中，各地荒田未墾復，財用尚未能完全依靠田賦時，太祖就把群雄所掌握各種財源，如茶、鹽、礦冶、魚課等收入均接收爲己用。吳元年十二月，太祖設置市舶提舉司於太倉

㊶ 同上書f16v.

黃渡。此時太祖尚未即位皇帝，也尚未遣使詔諭外國，與諸外國尚未建立朝貢關係。所以這顯然是太祖將張士誠、方國珍等的江浙沿海疆域據爲己有之後，循前例設置市舶司，以收前代以來的海上貿易之利。因之，此時明太祖的海洋交通政策，並未採取如後世所傳十分嚴厲的海禁政策，但顯然是指向官方控制的貿易體制。

四、從蘭秀山居民的叛明試論明太祖的海禁

如上文所述，從《明太祖實錄》中，我們可以檢索到數則太祖頒布海禁的記載。其中最早一則是洪武四年十二月丙戌（初七日）明太祖命令靖海侯吳禎，籍方國珍舊部和昌國州蘭秀山之曾充任船戶的居民，編隸於各衛爲軍，並仍禁瀕海居民不得私出海。明太祖對於曾引起海氛的濱海「莠民」籍編爲水軍，使得衣食於官，可加以控制，並且也可增強海防。方國珍的餘部以外，這些被編的蘭秀山居民的事情卻值得探考一下。

據《明太祖實錄》洪武元年五月庚午朔條，有如下記載：

「昌國州蘭秀山盜入象山縣作亂。縣民蔣公直等集鄉兵擊破之。初，方國珍遁入海島，亡其所受行樞密院印。蘭秀山民得之，因聚衆爲盜。至是入象山縣，執縣官，劫掠居民。公直與王剛甫率縣民數百人欲擊之。適知縣孔立自府事還，公直等走告立，遂駐兵東禪山，盜來攻，公直乃先伏兵

兩山間，自領數十人迎戰，佯敗走，盜追之，伏發盡禽殺之。事聞，遣大理卿周楨至縣賞功，賜公直、剛甫白金人百二十兩。」㊷

這一則記事是在《明太祖實錄》中可以找到的洪武年間沿海地區居民稱兵搆亂的最早紀錄㊸。從這一則實錄的記載，我們可以知道：昌國州蘭秀山居民是得到方國珍所失故元的「行樞密院」印，利用這個元朝官印聚衆起事，自昌國州過海，攻陷象山縣，執縣官，看起來似不排拒舊朝代，而不支持新政權的起事。這次起事由蔣公直、王剛甫率鄉兵埋伏盡擒殺之。明太祖即遣大理卿周楨錄其功，賜銀賞蔣公直、王剛甫等人㊹。如果，昌國州蘭秀山居民的滋事，當時眞的已盡擒殺戡定的話，於洪武四年十二月初七日當不會有籍民爲軍的措施。其時方國珍餘部以及蘭秀山居民被籍編爲軍，人數達一一一、七三〇人，雖然不知其中蘭秀山居民佔有多少人，是一項規模相當大的籍民之舉。總之，蘭秀山居民自起事至平定，並沒有《明太祖實錄》洪武元年五月初一日所記載那麼單

㊷《明太祖實錄》卷三二；二：〇五五九；又見於談遷撰《國榷》卷三，民六十七年臺北鼎文書局影印本，一：三六二。

㊸陳文石：明洪武嘉靖間的海禁政策，臺北，民五十五，頁一（國立臺灣大學文史叢刊之二〇）。

㊹關於王剛甫事蹟，參看宋濂撰《宋學士文集》卷六五《芝園續集》卷五〈象山王君墓銘〉（四部叢刊初編）；方孝孺撰《遜志齋集》卷二一〈象山王府君行狀〉（四部叢刊初編）。

純。

據《明太祖實錄》，洪武二年十二月二十八日明太祖曾大賞平定中原及征南將士之功。其時，對於湯和的論功行賞，即云：

「御史大夫湯和，總兵征南，先有浙江參政朱亮祖克取溫臺諸郡。方國珍已聞風膽落，比師抵明州，國珍逃遁。及再調取福建，姑息太過，放散陳友定山寨餘黨，致八郡復叛，重勞師旅。及班師又不申明號令，以致蘭秀山賊窺伺而叛，失陷指揮徐珍、張俊等官軍，功過相折，量與白金二百五十兩，文幣十五表裡。」㊺

湯和是於洪武元年正月平定福建後，二月初二日奉命還明州，造海舟。從事漕運北征運餉㊻。在其班師時，卻遭蘭秀山居民襲擊，喪失其二指揮。民國十三年陳訓正等修《定海縣志‧故實志》第一五，對此事有較詳細記載，謂：

㊺《明太祖實錄》卷四七，洪武二年十二月己丑條，三：〇九四〇；又參看《明史》卷一二六列傳第一四〈湯和傳〉。

㊻《明太祖實錄》洪武元年二月癸卯條、己酉條，又洪武元年四月癸未條；二：〇五一四，〇五二三，〇六二〇。

「洪武元年二月，征閩師還，次昌國，島民葉陳二姓聚劫蘭秀山，湯和爲所襲，失二指揮。初，蘭秀山賊葉希戴、王子賢等相忿鬥，既而合力拒官軍。三月希戴等駕船二百餘艘，突入府港攻城。駙馬都尉王恭戰獲其巨魁，賊潰走昌國，副吏吳禎剿平之。」㊼

可知蘭秀山葉、王二姓原來不和，互相忿鬥，卻能合力拒官軍，二月襲擊湯和軍，三月以二百餘艘攻明州不果，後爲吳禎所剿平。

《高麗史》卷四二恭愍王五，十九年（明洪武三年）六月辛巳（二十四日）條。有如下記載。

「中書省遣百戶丁志、孫昌甫等，來究蘭秀山叛賊陳君祥等。咨曰：君祥等積年在海作耗。大軍克平浙東之後，本賊既降，復叛，劫殺將官。已嘗調兵征討，其賊畏罪逋逃。今有明州人鮑進保自高麗來告，君祥等挈同黨，見於王京古阜，匿罪潛居王國，必所未知，撫以爲民。其賊詭計偷生，姦心實在，若使久居王國，將見染惑善良，爲患匪輕，忽然復歸其穴，則往來既無少阻。請將賊徒解來，明正其罪，庶絕姦惡。王命並其妻子及貲產以

㊼ 中國方志叢書華中地方第七十五，臺北，成文出版社，民五十九；又光緒十年刊史致馴重修《定海廳志》卷二八大事志也有同樣記事。又參看《明史》卷一三一，列傳第十九《吳禎傳》。

送，凡百餘人。」㊽

從這一則記載可知蘭秀山居民叛明起事被吳禎打敗後，一部分逋民匿居於高麗，而爲明州人鮑進保自高麗回來後所告發。明廷即由中書省派遣百戶丁志、孫昌甫等究辦。高麗恭愍王即引渡陳君祥等及其妻子和貲產以送歸明廷。然陳君祥等人於明太祖未攻克浙東前就既在海上活動。對於蘭秀山逋民，高麗方面尚留有一則寶貴資料。則明廷把自高麗引渡回來蘭秀山叛黨審決後，於洪武三年十月初九日，中書省再移咨高麗國王，遣送窩藏蘭秀山居民的高麗人高伯一。其咨文，云：

「中書省據刑部呈：見欽奉聖旨，爲分揀審決蘭秀山逆賊事。除欽依審決外，爲是林寶一等所供情未盡實，再行問責，得林寶一狀供：係昌國縣富七保住民，洪武元年正月二十四日，本保里長盧子中租賃莽張百戶艚船一隻，雇募寶一等充梢水，裝運官鹽赴京，於斜浦修船完備，忽有莽張百戶到來，對說：蘭山葉演三、長塗王元帥、秀山陳元帥等船都下海了。教我快趕船來，同打明州。令伊男張子安與寶一等，行船趕到招寶山，接見陳元帥。莽張百戶船敗陣前來，就撥寶一等船隻，

㊽《高麗史》上册，延禧大學校東方學研究所影印本，頁八三二—八三三；又日本明治四十一年東京，國書刊行會排印本，第一册頁六三七。又參看《高麗史》節要卷二九，漢城亞細亞文化社一九七二年影印本頁七三下。

於定海港守把。至三月初七日有首賊陳魁四，提船等候，攔截大軍。至四月十八日到於崎頭，迎見吳都督軍船。對敵敗退，夏山躲避。後於六月初八日開洋，至十二日到於耽羅。寶一收買海菜，自趁本處洪萬戶船，到高麗，遇見陳魁五等。將布五匹雇倩，肩駝綿布，到於古阜，就留伊家使喚。洪武三年五月二十四日，有朝廷差丁百戶等官到來，先將陳魁五捉獲。各賊家小俱各逃避。陳魁八與寶一前去蒸山，藏避於鄰人高伯一家，做飰喫食。將蘇木等物與訖本人。至二十八日，寶一思忖得，陳魁八必是逃走。又見本賊身畔，藏帶金銀等物，貪圖取要，窺伺陳八睡著，用大石塊於本人堂上，打訖二下身死。將伊身畔金銀物件，盡行收要入己是實。及責得高伯一供：係高麗人氏，見於全羅道住座。洪武二年五月二十八日，有陳魁八、林寶一到家，將鍋做飰，與訖蘇木、白礬，並衣帶八條。後見林寶一，不見陳魁八。問得林寶一，說稱陳魁八往鎭浦去了。後又與訖玉色紗裙一條、白苧布衣二件。除外別不知謀逆事情是實。得此，洪武三年九月二十八日奏，奉聖旨：林寶一既從逆，拒敵官軍，教處重了。高伯一發回高麗去。欽此。除欽依，將林寶一移付都官部處重外，據發回高麗一名高伯一，具呈，照驗施行。得此，除將高伯一，就令高麗國差來左使姜師贊等收領前去外，都省合行移咨，請照驗施行。須至咨者，右咨高麗國王。洪武三年十月初九日」⑲

從這一件中書省的致高麗國王的咨文中所錄林寶一的口供，我們可以知道林寶一等於洪武元年春參加蘭秀山居民的起事，失敗後逃亡到高麗，到了洪武三年被明廷逮回，究辦審決的經過。

然如上所述，明太祖於吳元年九月攻滅張士誠，是年十二月方國珍和元昌國州達魯花赤闊里吉思相繼投降，於是江浙沿海全域落到明太祖的掌握，而是月尙未登基開國，也尙未遣使招諭外國，未重建各國朝貢關係時，立即承襲前代制度，設置市舶司。從這事實我們不難可以看出明太祖當時對海外交通貿易所抱持的態度，仍循舊制，由市舶司加以管制，一方面可以吸收其利益，以增強其財源，另一方面也可以防堵這利源再落到張士誠、方國珍等的餘黨，死灰復燃，蓄積資本，凝集結合敵對勢力，因而影響到其政權的鞏固。

按海外貿易通常是由投資的海商，附搭的客商以及操船從事運輸的船戶、水手以及其他各種職種船員等構成。明太祖以強制遷徙和籍沒的手段，來消滅張士誠、方國珍所割據地方的勢力以及依附他們的商業資本。但是沿海及諸島嶼仍有留下來的，屬於較小的商業資本和一般居民的大部分人

---

⑲ 前間恭作遺稿，末松保和編；《訓讀吏文》卷二，昭和十七年，頁三—六。按高麗朝末年至朝鮮李朝初期所收到明朝公文，以文言文書寫以外，尚有語體文的文書。這種語體文的文書稱爲吏文。

口。然明太祖在吳元年十二月設置市舶司，如上述一方面要發展海外貿易，以收其利，另一方面也更要加強管制下海通番，以防敵性勢力勾結外力，積蓄資本及凝集結合。所以公憑、文引並不是每個船商都可以隨便申請得到的。儘管明律的規定上並沒有反對一般中國海商的出海貿易，而事實上對於元來依附明太祖，而受明太祖控制利用的特權商人與過去依附張士誠、方國珍集團的商人或其他一般舶商。其所受管制當有差別的，所受種種限制和挑難當可料想的。江浙的豪族巨賈雖被迫遷徙他鄉，但仍有留下來屬於中小企業的商業資本和一般居民的大部分人口。這些瀕海居民在明太祖嚴峻的統治下。受種種差別和限制下營生。在此時明太祖的財政基礎與張士誠相比，不很充裕，其統治料比張士誠等較爲苛重。因此沿海或近海諸島嶼居民當會思念統治較鬆弛自由的張士誠、方國珍，甚至沒有拘束的元末時代，而釀成反明的情感。

昌國州是現在的浙江省定海縣，島嶼羅列，統稱舟山群島。元吳萊云：

「昌國，古會稽海東洲也。東控三韓、日本，北抵登萊海泗，南抵慶元，四面環海，中多大山。人居篁竹蘆葦之間，或散在沙頭，習於舟航，風帆便利。雖田種差少，而附近大山，如秀、

岱、蘭、劍、金塘五山，每歲墾之，可得數十萬石，蓋亦形勝之地矣。」㊿

自古以來為海上交通要衝。尤其是唐宋以後，明州（慶元）成為日本、高麗的海港後，舟山群島常為船舶寄椗之地。昌國州蘭山和秀山的居民，由於地理環境本就多從事舟航，而在元末紛亂時期，這些居民之海上活動當不受官方的拘束管制。

昌國州居民得了方國珍所失「行樞密院」印，藉此印章聚衆起事，距方國珍和昌國州元朝達魯花赤投降，設置市舶司僅相隔一兩個月。可料這些居民是不順服明朝的管束，而在上述反明情趣下起事。從上則幾則引文，可知已有百戶、元帥等職稱，曾以二百餘艘攻明州。襲擊湯和軍時，湯和喪失了二指揮，可料具有相當規模的反明起事。一隊過海，於洪武元年五月攻陷象山縣，但為鄉兵所滅；另外也攻明州而失敗，於洪武元年四月十八日被吳禎打敗，六月逃竄到耽羅，其中陳君祥等再潛到高麗王京古阜，洪武三年遂被引渡遣回，究辦審決。值得注意是據高麗方面資料，這些蘭秀山居民所攜帶有綿布、蘇木、白礬等貨品。如上文，張士誠、方國珍等江浙地方政權曾頻繁交通高麗，蘭秀山居民起事失敗後，潛逃到高麗耽羅，告發他們也是往販高麗的明州人鮑進保，他料是領

㊿ 據顧祖禹撰《讀史方輿紀要》卷九二所引。國學基本叢書本頁三八六五。

有文引的合法商人。因此可知其時高麗是江浙沿海居民交通活躍之地界。

昌國州蘭秀山居民的反明起事，可以說是明太祖設置市舶提舉司以規劃管制海外交通後，首次規模相當大的犯禁出海事例。洪武三年究辦自高麗引渡回來蘭秀山滋事人犯後，於洪武四年十二月初七日，命令吳禎將方國珍舊部和蘭秀山無田糧而曾充船戶的居民凡十一萬一千七百三十人，分隸各衛爲軍，可以羈束，也可以增強明廷的海軍力量。這顯示洪武初年方國珍餘黨及蘭秀山「莠民」多違禁下海，是以有籍民編軍的措施。然《明太祖實錄》的這段記事又說：「仍禁瀕海民不得私出海」，可見洪武四年十二月所頒禁海之前，明太祖曾實行過海禁政策。然從蘭秀山居民起事經過加以推測，在洪武元年二月至四月間，對於蘭秀山居民的海上活動，除由吳禎所率水軍加以鎭壓以外，料亦已實行了禁海的措施。

又《高麗史》卷四三，恭愍王六，有如下記事，云：「〔壬子（洪武五年）廿一年，五月〕，甲戌（廿八日），……政堂文學韓仲禮，買蘭秀山賊船。帝聞之，曰：宰相不當買賊船，宜速推還。船已壞。六月丁丑（初二日）下仲禮于巡軍獄，督令修之。」[51]

---

[51] 《高麗史》，第一册，頁六四八下。

可知明太祖不但曾要求高麗王引渡蘭秀山逋逃之民究辦，甚至也要求推還蘭秀山民賣給高麗廷臣韓仲禮的船隻。高麗王即貶降韓仲禮，令督修船隻以便推還明廷。

《明太祖實錄》洪武五年七月庚午（二十五日）條又謂

「高麗王王顓遣其禮部尚書吳季南、民部尚書張子溫等奉表貢馬及方物。表言：耽羅國恃其險遠，不奉朝貢，及多有蒙古人留居其國，宜徙之。蘭秀山逋逃所聚，亦恐為寇患，乞發兵討之。」52

這是高麗恭愍王為清除在耽羅的元朝殘餘勢力，想請明朝發兵討伐。然除有許多蒙古人盤據該島以外，由於「蘭秀山逋逃所聚，亦恐為寇患」，也是請發兵助勦的理由。

按耽羅即今日濟州島，位於朝鮮半島之南海島嶼，自古為中日韓三國海上交通要衝。元征服高麗時，三別抄抗元反亂，曾佔領此島。高麗王廷不能戡定，於元宗十四年（元至元十年，一二七三年）四月，獲元軍援助始戡定。元世祖以耽羅為經略南宋、日本要衝，至元五年（一二六八年）以來頗注意，於是耽羅平定後是年六月派失里伯為耽羅國招討使，置耽羅於元朝直轄地，至元十二年

52 《明太祖實錄》卷七五；四：一三八五。

改爲耽羅達魯花赤，並設有元廷牧馬場。高麗忠烈王二十年（元至元三十一年，一二九四年），忠烈王向剛即位的元成宗請歸還高麗。後耽羅時屬高麗或直屬元廷，但一直有元牧馬場。至恭愍王時，趁元朝衰滅，被逐出大都，高麗與明朝建立國交後，即於恭愍王十九年（明洪武三年）七月甲辰（十八日）遣姜師贊使明謝冊命，並請求明廷承認耽羅隸屬高麗[53]。是年六月二十四日即明廷曾派百戶丁志等來要求引渡究辦蘭秀山逋逃。姜師贊使明計稟耽羅一事，對於明廷的反應雖不得其詳，他卻遇到明廷審決高麗所引渡的蘭秀山居民，並帶回牽涉此案的高麗人高伯一。

至洪武五年高麗王又遣吳季南、張子溫使明貢馬及方物，並乞發兵討耽羅，其直接原因是恭愍王要遣吳季南使明獻馬，是年三月以秘書監劉景元爲兼揀選御馬使，偕季南往耽羅。耽羅人殺劉景元及牧使兼萬戶李用藏以叛，吳季南不克入而還京。於是於四月遣張子溫和吳季南往明廷請討耽羅[54]。對恭愍王的乞討耽羅，明太祖謂：

「夫耽羅居海之東，密邇高麗。朕即位之初，遣使止通王國，未達耽羅。且耽羅已屬高麗，其

---

[53]《高麗史》卷四二，第一冊頁六三八下—六三九上。又參看末松保和：〈麗末鮮初に於ける對明關係〉（《青丘史草》第一，昭和四〇，頁三一七—三二八）。

[54]《高麗史》卷四二，第一冊，頁六四七—六四八。

中生殺王已專之。今王以耽羅蕞爾之衆，蘭秀山逋逃之徒，用朕之詔示，以威福一呼即至。削去孳生之利，移胡人於異方，恐其不可。蓋人皆樂土積有年矣。元運既終，耽羅雖有胡人部落，已聽命於高麗，又別無相誘之國，何疑忌之深也。若傳紙上之言，或致激變，深爲邊民患。人情無大小，急則事生，況衆多乎。朕若效前代帝王併吞邊夷，務行勢術，則耽羅之變起於朝夕，豈非因小隙而搆大禍者乎。王宜熟慮烹鮮之道，審而行之。不但靖安王之境土，而耽羅亦蒙其德矣。如其不然，王尙與文武議之，遣使再來，行之未晚，王其察焉。茲因使還，賫此以示。」⑤⑤

據此，明太祖已承認耽羅隸屬高麗，要高麗先自行解決，「如其不然，王尙與文武議之，遣使再來，行之未晚。」然是年耽羅居民殺叛賊來降，次年高麗恭愍王又派崔瑩率兵征討耽羅，遂解決了耽羅的殘元勢力。

對於蘭秀山逋逃，如前述，於洪武三年高麗王廷曾把潛居於王京古阜之徒，引渡給明廷以外，至於聚居於耽羅的逋逃，是否同於洪武元年反明起事時逃往的，或洪武元年以後，仍有違禁下海，潛聚耽羅，不知其究竟。又洪武五年以後如何處理這些潛匿於耽羅的蘭秀山逋逃，從文獻上卻不知

⑤⑤《明太祖實錄》卷七五，洪武五年七月庚午條，四：一三八六。

其下文。但《明太祖實錄》洪武五年九月己未（十五日）條云：

「上諭戶部臣曰：石隴、定海舊設宣課司，以有漁舟出海故也。今既有禁，宜罷之，無爲民患。」56

可知此時甚至浙江沿海漁舟出海也被禁止。如前述，於洪武四年十二月籍方國珍餘黨和蘭秀山居民編爲水軍，擔心沿海居民私通外邦，重申海禁。次年洪武五年四月末高麗王遣使請討耽羅，七月明太祖諭高麗王自行處理，而此時對浙江沿海進一步有禁漁舟出海之舉，故此事可以料想與高麗乞討耽羅有關聯，而明太祖感到不安，怕定海等地漁民出海與潛聚耽羅的蘭秀山莠民勾結進行反抗的事端，進而連漁舟出海也禁止。

明太祖起初允許國人泛海爲商，而設置市舶提舉司來管理。但由於國初討滅張士誠、方國珍等沿海地方勢力的過程中，有不少其餘黨及沿岸和近海島嶼的居民等，尤其是舟山群島的蘭山和秀山的居民，因利其過去活躍於海上的經驗和其地理環境，盤據其交通要地，或潛到如耽羅等海外要衝，違禁販海而不受明廷的管束。明太祖擔心這些沿海「莠民」培植黨羽，勾結海外諸國，尤其是

56《明太祖實錄》卷七六；四：一三九七。

勾引倭寇，組織力量，騷擾沿海，對於其王朝形成威脅[57]。因此，嗣後明太祖三令五申地頒布實施海禁政策和規劃防倭。洪武五年六月命令毛驤、於顯等領兵捕逐蘇松溫臺瀕海諸郡倭寇[58]。洪武七年十二月再命吳禎往浙東籍方國珍故兵，瀕海大擾，遂從寧海知縣王士弘言而作罷[59]。洪武十二年十月置昌國守禦千戶所於舟山[60]。洪武十四年十月十八日又公布「禁瀕海民私通海外諸國。」[61]至洪武十七年起至二十年間，明太祖更先後派湯和與周德興在浙閩等沿海要地，建築城寨，增置衛所，設防備倭，並嚴格執行海禁，連人民入海捕魚也加以禁止。

「〔洪武十七年正月〕壬戌（廿四日），命信國公湯和巡視浙江、福建沿海城池，禁民入海捕

---

57 《明史》卷九一〈兵志〉三，海防項下對於洪武四年十二月明太祖命吳禎籍方國珍餘黨和蘭秀山居民，編爲水軍，且禁沿海民私出海的記事後面接著說：「時國珍及張士誠餘衆多竄島嶼間，勾倭爲寇」。又如《明太祖實錄》洪武二十四年八月癸酉條，有臺州海盜張阿馬時常潛通日本，引倭入寇的記事。據是可知其時確有海盜、倭寇勾結的事實。見於《明太祖實錄》卷二一一；七：三一三七。

58 《明太祖實錄》卷七四；四：一三六〇，一三七一。

59 《明太祖實錄》卷九五；四：一六四六。

60 《明太祖實錄》卷一二六；五：二〇一九；又《明史》卷四四《地理志》五，新校本三：一一一〇。

61 《明太祖實錄》卷一三九；五：二一九七。

魚，以防倭故也。」62

「﹝洪武二十年十一月己丑（十三日）﹞信國公湯和奏言：寧，海臨山諸衛濱海之地，見築五十九城，籍紹興等府民四丁以上者，以一丁爲戍兵，凡得兵五萬八千七百五十餘人。先是命和往浙西沿海築城籍兵戍守以防倭寇，至是事畢還，奏之。」63但是在這些防海規劃中，舟山的蘭秀山居民的違禁出海，一直難以禁遏。洪武十七年九月改置昌國衛於寧波府之象山縣。到了洪武二十年，更廢昌國縣，徙其民。

「﹝洪武二十年六月﹞丁亥（初九日），廢寧波府昌國縣，徙其民爲寧波衛卒。以昌國瀕海，民嘗從倭爲寇，故徙之。」64

「國初，定海之外，秀、岱、蘭、劍、金塘五山爭利，內相仇殺，外連倭夷，歲爲邊患。信國公經略海上，起遣其民，盡入內地，不容得業。乃清野之策也。」65

62 《明太祖實錄》卷一五九；六：二四六〇。

63 《明太祖實錄》卷一八七；七：二七九九。

64 《明太祖實錄》卷一八二；六：二七四五。

65 胡宗憲：《籌海圖編》卷五，浙江事宜。按茅元儀撰《武備志》卷二一五占度載，海防項亦有同樣記載。

「……金塘蘭秀等山人民，詐倭爲寇，屢以事聞。太祖命信國公湯和巡歷邊境，凡僻居外海，不堪護衛之處，悉遣入於附近衛分充軍，是謂海島居民之軍。寧波舊有六縣，定海之外，有名昌國者，數被夷患，改爲衛所。於是增城堡，設關堠，邊海之備從此加嚴。」⑯

如上，明太祖剛打下了江南沿海地區之後，立即於吳元年十二月設置市舶提舉司於太倉黃渡，以管理對外貿易。此時明太祖所設市舶司，本來元朝的市舶司沒有什麼不同。然從舟山羣島的蘭秀山居民的事例看，瀕海地區居民利用其慣海經驗和其地理環境，不受明朝的稽查管束，違禁出海貿易。因此，明太祖三申五令地頒布禁止私通外國，一天比一天地嚴加管理，卻一直無法禁遏如蘭秀山等舟山羣島（昌國縣）居民的海上活動。於是遂致使明太祖不但禁海，更進一步採取廢縣徙民的措施了。

五、結語

自唐末以來，隨著中國文化和經濟逐漸向東南擴張傳播，瀕海地區對外貿易也隨之發達。因

⑯ 明不著撰人：《九朝談纂》，臺北偉文圖書公司民六十六年影印，（清代禁毀書叢刊），上冊頁二一一—二一二。

之，海外貿易之利，關稅之徵榷，往往很容易成爲割據地方政權的重要財源。五代的吳越錢氏，閩的王審知一族，南漢劉氏等；元末則江浙的張士誠、方國珍，福建的陳有定，廣東的何眞；明末清初即有鄭芝龍、鄭成功四代祖孫等，海外交通貿易之利均是他們所以能雄據一方的主要財政基礎。明太祖雖登基稱帝，開朝立國，但統一大業尙未完成，農業生產未完全恢復時，控制沿海，吸收其利源，另一方面也是防堵地方割據勢力的抬頭形成，鞏固其國基卻是明太祖對外交通所抱持的基本態度。

這位獨裁專制又猜疑心很重的雄主明太祖，其海外貿易的政策，承襲前朝遺制，設置市舶司來管理，起初雖相當開放，必然地走向皇家獨佔的路線。其究竟是朝貢貿易制度的確立，而被排拒的一般舶商只有犯禁出海，而犯禁所招來的是更嚴厲的管制，於是愈禁愈嚴。所以儘管明太祖初定江南海疆時，有市舶提舉司之設，以管理內外船舶的海上貿易，沒有反對中國商人的出海行販，但一天比一天地加強管束，結果遂成爲僅准朝貢貿易，禁絕國人出海貿易的閉關政策。

附記

關於明太祖的海洋交通政策，對於市舶司、朝貢貿易制度、倭寇等各項問題，本文未遑討論，容留待後日的探考。

明洪武朝的中琉關係

一、前言

近代以前東亞的國際政治結構是以中國爲軸心，在朝貢＝冊封的體制下運作。這是根據古昔以來，經過悠久歲月所形成的中國傳統天下秩序觀念而來的。天下是由文化較高，位於中方的華夏和文化落伍的四方夷蠻戎狄諸邦所組成。中國的天子（皇帝）受命於天，爲天下共主，撫治萬民，播聲教於四方，使王者無外，合天下爲一家，進而爲大同世界。①

維持天下秩序的規範是禮。四夷的君長在天下秩序中是天子外臣，須守臣禮，朝貢朝覲，聽命於天子；而天子即給與藩屬君長以封號、賞賜和保護，並使其享有互市的恩典。然而這不過是以中國爲中心的世界秩序之理想的觀念而已，事實上，中國與四鄰力量的均衡關係的變化，才是天下秩序的維繫之所在。因此中國的帝王須嚴夷夏之防，不應爲夷狄之事傷害中國的百姓。「王者無外」、「以天下爲一家」的理念往往不切實際，只是一項政治神話，而政治現實卻是「華夷有別」。這兩種看法，在每個時代皆或隱或現地同時存在，而依中國國力的振衰，或傾向對外擴張，或態度開放，不然即採取閉關自守。大抵上開國當初，國力豐沛，爲充滿自信的時代，故以天下爲一家的理想抬頭。迨國力不振，遭受外力威脅時，則間隔華夷的論調便轉盛。

明太祖出身貧農，曾出家而逃荒遊行，後加入紅巾，顯露頭角，遂壓倒群雄，驅逐元帝，開國立朝。在其創大業過程中，太祖的思想也隨其境遇變化而轉變，自奠基於金陵迄至登基後的言行，

---

① 關於中國人對天下秩序看法，可參閱邢義田，〈天下一家——中國人的天下觀〉，《中國文化新論》，根源篇：〈永恆的巨流〉，臺北，聯經，民七〇，頁四二五—四七八；又楊聯陞，〈從歷史看中國的世界秩序〉，《國史探微》，臺北，聯經，民七二，頁一—一九。

可看出他強烈自信爲受命天子的皇權思想。②因此，明太祖在開國立朝當初，即有以中國爲軸心，重建國際秩序，招諭海外諸國等舉，從其所頒布詔勅均可看出「王者無外」，爲「天下共主」的傳統觀念。另一方面明太祖又驅逐蒙元，自異族統治，匡復華夏，是以也具有「華夷有別」的民族主義。然明太祖除兼具這兩種相反的思想外，由於他東征西討，南略北伐，穩紮穩打地擴大和鞏固其控制地域，遂開創新王朝。他畢竟是明朝創立者，除相信傳統的政治神話之外，對政治現實仍具有透徹的才識，處事格外小心謹愼，去華崇實，不尙浮妄。因此，明太祖的對海外諸國的基本態度，是稽古定制，相信天命所歸，爲天下主，而內夏外夷，強調華夷之別；又爲鞏固安定，格外小心。所以比以前的任何朝代，更徹底地推行朝貢體制和貢舶貿易，厲行海禁政策。致使對外交通只允許在朝貢貿易的架構下運作。

然觀念歸觀念，明太祖的對外政策尙具有順應政治現實的一面。洪武朝入貢海外諸國中，招諭琉球比他國晚，而東海蕞爾小島國琉球所受之優遇卻最隆。本文即透過洪武朝中琉關係，以考察明

---

② 參看黃冕堂〈論朱元璋的起兵及其渡江初的南京政權〉，《明史管見》，濟南，齊魯書社，一九八五，頁一—五八。

太祖的海洋交通政策之一面和其政策的反應。③

二、明以前東海交通史上之琉球

明太祖於洪武元年正月乙亥（初四日）（一三六八年一月二十三日）即皇帝位，建立新王朝，其時陳友諒、張士誠等強敵雖已被消滅，但湯和等仍在經略閩粵，徐達等率大軍北伐，大一統事業尚未完成。至是年閏七月；元帝棄大都，出奔上都，徐達等於八月入大都。於是照歷代傳統辦法，派遣使臣，招諭各國，昭告新朝代的建立。據《明太祖實錄》的記載，以洪武元年十二月壬辰（二十六日）（一三六九年二月三日）遣符寶郎偰斯詔諭高麗王王顓和同日遣知府易濟頒詔於安南二事為最早。④其次於洪武二年正月乙卯（二十日）（一三六九年二月二十六日）遣使以即位詔諭日本、占城、爪哇、西洋諸國。⑤洪武三年六月戊寅（二十一日）（一三七〇年七月十四日）又以平

③ 參看拙文〈試論明太祖的海洋交通政策〉，《中國海洋發展史論文集》㈠，臺北，中研院三民所，一九八四；張彬村，〈十六—十八世紀中國海貿思想的演進〉，《中國海洋發展史論文集》㈡，臺北，同所，一九八六，頁三九—五八。

④《明太祖實錄》卷三七，臺北，中研院史語所影印本，二：〇七四九—〇七五一。

⑤《明太祖實錄》卷三八；二：〇七七五。

定沙漠，元亡明興，遣使持詔諭雲南、八番、西域、西洋瑣里、爪哇、畏吾兒等邊疆及海外諸國。⑥到了是年八月辛酉（初五日）（一三七〇年八月二十六日）遣呂宗俊等詔諭暹羅斛，⑦同月戊寅（二十二日）（一三七〇年九月十二日）又遣趙述等使三佛齊，張敬之等使浡泥，郭徵等使眞臘。⑧其間南海諸國均陸續遣使報聘，進奉朝貢。惟對於琉球，招諭時間可謂最晚。太祖實錄卷七一，洪武五年正月甲子（十六日）（一三七二年二月二十日）條云：

「遣楊載持詔諭琉球國。詔曰：昔帝王之治天下，凡日月所照，無有遠邇，一視同仁。故中國奠定，四夷得所，非有意於臣服之也。自元政不綱，天下兵爭者十有七年。朕起布衣，開基江左，命將四征不庭。西平漢主陳友諒，東縛吳王張士誠，南平閩越，戡定巴蜀，北清幽燕，奠安華夏，復我中國之舊疆。朕爲臣民推戴，即皇帝位，定有天下之號曰大明，建元洪武。是用遣使外夷，播告朕意。使者所至，蠻夷酋長稱臣入貢。惟爾琉球在中國東南，遠處海外，未及報告。茲特遣使往

⑥《明太祖實錄》卷五三；三：一〇四九—一〇五〇。
⑦《明太祖實錄》卷五五；三：一〇七七。
⑧《明太祖實錄》卷；三：一〇七九。

諭，爾其知之」。⑨

上引詔書主旨與給安南等其他海外諸邦大致相同。先標明天下秩序的理念，又說元朝失德，天下兵亂十七年後，已奠安華夏，建立大明帝國。遣使外夷，各已稱臣入貢。琉球惟未及報告，茲特遣使往諭。琉球應奉中國皇帝之命，稱臣入貢。這一道詔書表明依傳統思想，天命已歸大明，重建天下秩序，諭琉球歸服。《明太祖實錄》是年十二月壬寅（二十九日）（一三七三年一月二十三日）又謂：

「楊載使瑠球國，中山王察度遣弟泰期等，奉表貢方物。詔賜察度大統曆及織金文綺、紗羅各五匹，泰期等文綺、紗羅襲衣有差」。⑩

琉球國中山王察度奉表稱臣入貢，開啓了中琉正式的邦交，琉球至是初次加入了以中國爲宗主國的東亞國際秩序，被大明帝國承認爲東亞國際社會之一員。

那麼爲何明太祖到此時始遣使詔諭琉球？在討論這問題之前，我們應先瞭解琉球其時在東亞的情況如何？琉球早期歷史資料極端缺乏，琉球人所纂修史書以順治七年（一六五〇年）向象賢所修

⑨《明太祖實錄》卷七一；三：一三一七。

⑩《明太祖實錄》卷七七；四：一四一六—一四一七。

《中山世鑑》爲最早，故其早期歷史主要需靠中國史籍等外國文獻，歷代寶案以及若干琉球金石文和古文書來重建。自成爲大明帝國的藩屬後，對琉球來說始進入有文字的歷史時代，實頗爲重要。

如衆所周知，在明代以前，自《隋書·流求傳》的記載以來，中國典籍中有關「流求」（或作琉球、瑠求等）名稱，其地望究竟是指今日之臺灣，抑爲今日之琉球（沖繩）？據文獻所作的解釋和考據，爭論已超過一百年。隋代以後的有關流求的載籍，大多抄襲隋書。對此筆者曾詳細比對《隋書》、《諸番志》、《文獻通考》、《宋史》中有關流求（琉球）的記載，認爲《諸番志》、《文獻通考》、《宋史》三書雖然詳簡刪節有差，仍多抄襲《隋書·流求傳》，其中關於流求的位置地界的更改和新增了毗舍耶資料，即表示宋人的地理知識。《隋書》謂：「流求國，居海島之中，當建安郡東」，而三書均寫爲「泉州之東」，三書均記澎湖，《諸蕃志》寫在毗舍耶國條中，謂「有海島曰彭湖，隸晉江縣，與其國密邇，煙火相望」。《宋史》和《文獻通考》字句稍不同，刪去「隸晉江縣，與其國密邇」，而「有（海）島曰彭湖，煙火相望」繫於流求國條文頭「泉州之東」之後。筆者又據眞德秀撰《西山先生眞文忠公文集》卷八所收〈申樞密院措置沿海事宜狀〉中，有關永寧寨，謂：「其他闞臨大海，直望東洋，一日一夜可至彭湖、彭湖之人，過夜不敢舉煙，以爲流求國望見，必來作過」。可知宋代此文所提流求當指臺灣。

大致有關流求的文獻記載，有一共同特色，即當時士人對流求的習俗只抄襲《隋書》，而流求和中國大陸的關係是「產無奇貨」，土人「尤好剽掠」，故「商賈不通」。所以宋代這些記載與臺灣的情況較相符，當指今日之臺灣。⑪那麼沖繩島的琉球國，究於何時爲國人所知？對此我們有應當多尋找一些不是抄襲《隋書·流求傳》的有關琉球記事，來加以探考的必要。

魏徵、長孫無忌等奉勅撰《隋書》以後，唐代的有關流求資料中，不屬抄襲《隋書·流求傳》系統的，有韓愈〈送鄭尙書序〉和柳宗元〈嶺南節度使饗軍堂記〉二文。《昌黎先生文集》卷二一，〈送鄭尙書序〉謂：

「嶺之南其州七十，其二十二隸嶺南節度府，其四十餘分四府。……其南州皆岸大海，多洲島，颿風一日踔數千里，漫瀾不見蹤迹。控御失所，依險阻，結黨仇。機毒矢以待將吏。撞搪呼號，以相和應。蜂屯蟻聚，不可爬梳。好則人，怒則獸。……其海外雜國，若耽浮羅、流求、毛人、夷、亶之州，林邑、扶南、眞臘、干陀利之屬，東南際天，地以萬數，或時候風潮朝貢，蠻胡賈人，舶交海中」。⑫

---

⑪ 拙文，〈早期臺灣的開發與經營〉，《臺北文獻》第三期，民五十二年四月，頁四—一七；又收於拙著，《臺灣早期歷史研究》，臺北，聯經，民六八，頁七九—一〇一。

⑫ 據四部叢刊縮印本，三九：一六三。

這是八、九世紀之交，從嶺南看海外往來諸國，東有耽浮羅、流求、毛人、夷州、亶州；南有林邑、扶南、眞臘、干陀利等國。又柳宗元〈嶺南節度使饗軍堂記〉，亦云：

「唐制，嶺南爲五府。府部州以十數。其大小之戎，號令之用，則聽于節度使焉，其外大海多蠻夷，由流求、訶陵、西抵大夏、康居、環水，而國以百數，則統于押蕃舶使焉」。⑬

柳文也表示與嶺南往來海外諸國，列有流求的名字。

北宋有關流求的記載，見於蔡襄撰荔枝譜第二，謂：

「福州種植最多，延貤原野洪塘，水西尤其盛處，一家之有，至於萬株。……初著花時，商人計林斷之，以立券。若後豐寡商人知之，不計美惡，悉爲紅鹽者，水浮陸轉，以入京師，外至北戎西夏，其東南舟行新羅、日本、流求，大食之屬，莫不愛好，重利以酬之。故商人販益廣，而鄉人種益多。一歲之出，不知幾千萬億，而鄉人得飫食者蓋鮮，以其斷林鬻之也。品目至衆，唯江家綠爲州之第一」。⑭

可知福州盛產荔枝，經過紅鹽法加工的荔枝，頗受海內外歡迎，而流求爲其銷往國家之一。這

---

⑬ 據四部叢刊縮印本，三九：一三三。

⑭ 《筆記小說大觀》九編，臺北，新興書局影印本，民六十四，第六冊，頁三七〇〇—三七〇一。

條記事比上引唐代二則，記載更具體，福州與流求之間已有貿易往來。又從其地名的次序，似可想像福州和新羅、日本、流求可形成一東海行販圈。

其次見於李復撰《潏水集》卷五「與喬叔彥通判」的書信中，說：「某嘗見張丞相士遜知邵武縣日，編集閩中異事云：泉州東至大海一百三十里，自海岸乘舟，無狂風巨浪，二日至高華嶼，嶼上之民，作鮝臘魿鹺者千計；又二日至黿鼊嶼，黿鼊形如玳瑁；又一日至流球國。其國別置館於海隅，以待中華之客。每秋天無雲，海波澄靜，登高極望，有三數點如覆釜。問者老云：是海北諸夷國，不傳其名。流求國，隋史書之不詳，今近相傳所說如此。去泉州不甚遠，必有海商往來，可尋之。訪其國事與其風俗、禮樂、山川、草木、禽獸、耕織、器用等事，並其旁之國，亦可詳究之。或得之，望錄示。閩有八州，南乃甌越，北乃禹貢揚州之地。山川奇秀，靈跡異事，彼所傳者必多，使韜按部歷覽可見，因風望詳書以付北翼深所望，將以補地志之闕也。某又啓」。⑮

---

⑮ 此一則爲陳漢光先生所檢出，見於他的《唐宋時代的流求文獻》，臺灣文獻第二一卷第四期，民國五十九年十二月，頁一三—一四。案《潏水集》，乾道年間刊刻，原四十卷，已佚，現存本係從永樂大典綴輯爲十六卷，收於四庫全書。刊載於四庫全書珍本二集（民國六十年影印本）第二五〇冊，和文淵閣四庫全書，集部六十，臺北，商務影印本，第一一二一冊。陳漢光先生不知根據何種版本？陳文「喬叔彥」作「高叔彥」，「泉州」作「淦州」。

李復，字履中，先世家開封，祥符以其父官關右，遂爲長安人，登元豐二年（一〇七九年）進士。文中的方位在泉州東，其航程承襲《隋書·流求傳》，對「臺灣論者」來說，似可認爲是臺灣，對「沖繩論者」卻也可認爲是到沖繩的路程。但文中卻有「其國置館於海隅，以待中華之客」，可表示流求國已爲大陸沿海商賈往販之地，流求國置館款待華商，顯然與《諸蕃志》所說「無他奇貨，尤好剽掠，故商賈不通」的流求國不同。與上引蔡襄所說福州荔枝銷往流求互相印證，可表示中「流」關係是福建人往販流求，流求置館款待來「流」華商，是國人的海外活躍，而不是「流求人」往海外發展之舉。

至於南宋時代有關流求的史料，最近黃寬重博士曾介紹二則。⑯一則是胡銓撰《宋廬陵胡澹庵先生文集》卷一一〈答呂機宜〉書，謂：

「機幕之任甚艱哉，安撫公總統壞崖儋萬四郡事，臨治所部，方千里之民，以輯睦海外，贊一人承流宣化，而隸府州之山海懸絕，夷獠獷悍，州率邊大海，多島嶼灣澳，舟乘飄風，一日跨萬里，邈不見形影。撫柔一失方，則據險阨，機勁挽強，相梃爲亂，如蝟毛而奮。又其海外雜國，若

---

⑯ 黃寬重，〈南宋《流求》與《毗舍耶》的新史料〉，第一屆中琉歷史關係國際學術會議論文集，中琉文化經濟協會主編，臺北，國學文獻館，民七六，頁二四七—二六一。

躭浮羅、琉球、毛人、夷亶之州，如黃龍入貢者，而又有林邑、扶南、眞臘、干陀利之屬，東南際天，其地以萬數。蠻裔夷賈，舶交鱷鱷之淵。若海外帥得其人，則一邊貼妥，不相漁劫剽奪，無颶霧盲風怪雨發作，無節之失，故選帥常難其人。」

胡銓，江西廬陵人，這封書信，據黃寬重博士的介紹，爲胡銓謫貶海南島時所作，約爲紹興十八到二十五年（一一四八—一一五五年）之間。文中叙述海南島難治情況，並提到與海南島有商業往來的海外諸國。其中有琉球的名字。然這些國名，北方的東夷躭於浮羅、琉球似爲宋時仍襲用之地名外，提到的毛人、夷州、亶州均是古文獻上的名字。南海各國名字中，林邑是二世紀末至八世紀中葉，中國對Champa的名稱，自八世紀中葉至九世紀後半既稱爲環王國，嗣後一直到十七世紀稱爲占城。扶南是自後漢，尤其是三國吳時，康泰被遣往訪，其報告爲國人所知，到了七世紀受眞臘的壓迫衰頹，終於滅亡。干陀利在中國載籍上見於《梁書》卷五四〈諸夷列傳〉和〈南史〉卷七八〈夷貊列傳〉上之海南諸國中，大概指現時馬來半島西岸中部Kedah。所以這些海外諸國名不能表示海外往來的實際情況。如再與前述韓愈〈送鄭尙書序〉比對，嶺南難治和海南島情況，海外諸國名的排序，胡銓的叙述顯然是承襲韓愈文。其餘南宋資料，或叙述過於簡單，或既爲人所周知，故在此不需再介紹。

元朝蘇天爵輯《國朝文類》卷四〈樂府歌行〉，收有宋本詠「舶上謠」十首，原註云：「送伯庸以番貨事奉使閩淛」。其第二首：「流求眞蠟接闍婆，日本辰韓濊貊倭，番船去時遣矴石，年年到處海無波」⑰宋本（一二八一—一三三四年），字誠夫，大都人，其傳見於《元史》卷一八二，列傳第六九。伯庸是馬祖常（一二七八—一三三八年）的字，其傳亦見於元史卷一四三列傳第三〇。據虞集撰《道園學古錄》卷三一〈鄭氏毛詩序〉一文中謂：「故御史中丞馬公伯庸，延祐末奉旨閱海貨于泉南，覯于鄭氏得十數種以去，將刻而傳之」，可知「舶上謠」詠於延祐（一三一四—一三二〇年）的末年。按元朝對海外貿易，時禁時開，而開禁爲時較多。於延祐元年（一三一四年）七月曾開下蕃市舶之禁，至延祐七年（一三二〇年）二、三月間，似由於權臣爲私利，爭海舶稅，七年四月又罷市舶司，禁賈人下海，五月辛卯曾遣使榷廣東貨。⑱馬祖常奉命閱海貨於泉南，似也在這時期。「舶上謠」的第二首即詠其時所到地方有流求、眞臘、爪哇、日本、朝鮮等地。其第八首：「薰陸胡椒膃肭齊，明珠象齒駭雞犀，世問莫作珍貴看，斛使英雄價盡低」，即詠當時舶運的商品，大都是南海寶貨。

又元末楊翮，字文擧，上元人，至正中官休寧主簿，歷江浙儒學提擧，選太常博士，歿於至正

---

⑰ 根據四部叢刊本。又收於世界書局歷代詩文總集第三九冊，國朝文類。

⑱ 《元史》卷二六，本紀仁宗三；同書卷二六，本紀英宗一。

二十七年（一三六七年），即明太祖登基帝位前一年。楊翮撰《佩玉齋類藁》卷四有〈送王庭訓赴惠州照摩序〉一文，云：

「世傳嶺南諸郡近南海，海外眞臘、占城、流求諸國蕃舶歲至，象、犀、珠璣、金貝、名香、寶布，諸凡瑰奇珍異之物，寶於中州者，咸萃于是。然其地特多瘴癘，又猺獠出沒爲生人患。曩時士大夫率憚往官焉。至正元年春南臺察椽王庭訓受官爲從事惠州行有日，其所友善故舊謂庭訓曰：……」⑲

可知此文寫於至正元年（一三四一年），也叙述與嶺南有交易往來各地地名中，又提到流求，貨品多爲南海寶貨，又叙述嶺南多瘴癘，猺獠出沒爲患情形。

從上列明以前有關流求各條資料，雖然記述間或有混淆和承襲，卻也可以看出據《隋書·流求傳》所載的產無奇貨，尤好剽掠，商賈不通的說法以外，尙有閩粤商賈往來貿易的流求。顯然有兩種流求的混淆存在。閩粤兩地商賈之貿易對象的流求，似可認爲今日琉球，而商賈不通的流求是今日臺灣。對此本身雖缺文獻資料可加以印證，但近年來琉球各地有大量中國陶瓷片的出土，卻是一

⑲《文淵閣四庫全書》，集部一五九，臺北，商務影印本，第一二二〇册，頁八四。又收於四庫全書珍本，初集。

項物證。

按琉球的歷史年代可區分爲五。㈠「原始琉球」即先史時代，再細分爲貝塚時代和前期城寨時代（即前期グスク時代）；㈡「古琉球」是洪武五年（一三七二年）入明朝貢迄至萬曆三十七年（一六〇九年）被薩摩藩征服的琉球國獨立時代，㈢「近世琉球」爲自薩摩藩控制時代迄至一八七九年被明治政府廢藩置縣的時代；㈣「近代沖繩」爲自成爲沖繩縣迄至第二次世界大戰；㈤「現代沖繩」爲沖繩縣成爲戰場，經過日本戰敗，沖繩縣受美國治理，後歸還給日本至今。

所謂「グスク」，亦即城寨分布於琉球列島各地，北自奄美諸島，南至八重山諸島嶼，既知有三百多所遺址，大多位於丘陵上，以石牆圍繞。年代是起自十二世紀迄至十五、六世紀的中山王國時代。近年來自這些城寨的發掘調查，有頗多中國陶瓷的出土。中國陶瓷出土地連聚落遺址和城寨合計已達四百多所。目前出土最古的中國陶瓷是十二世紀的白瓷。由於與九州產滑石製石鍋等伴存出土，故被認爲可能是經過九州帶進來的。到了十三世紀時代這類遺址數目激增，自一處遺址中所出土的中國陶瓷數量也增加，有許多福建同安窯等系統的劃花紋、蓮瓣紋、篦紋青磁等類出土。所以十三世紀可認爲已經建立了中琉直接交易的關係。十四世紀初期更發展，十四世紀後半期出土量和出土遺址又陡增。⑳所以從中國陶瓷的出土狀況，可以料想洪武五年開啓建立官方的朝貢貿易以前，中琉間在南宋以來已有私貿易的時期，而自元代到明初時更趨繁盛。

這也可以表示琉球自原始部落社會發展，逐漸形成了割據於各島各地的豪族。在此時期宋元賈舶開始來到，與沖繩本島、宮古、八重山等主要島嶼的豪族交易。這些豪族成爲各地城寨主（按司），形成其勢力而互相爭雄，明初時遂成三山鼎立的局面，最後終於由中山王統一。在元代中國陶瓷數量陡增，中琉間交易有劃時代的進展，我想其主要原因是元世祖兩次東征日本，兩國關係異常險惡，遂一時互相往來斷絕，在慶元等地和日本九州北部常互相嚴爲警戒。嗣後民間商舶往來，雖依然不絕，但仍互相猜疑，困難極多。元代中琉交易趨盛，正可塡補元日間交易供需的失衡。所以從琉球出土中國陶瓷的狀況與前引所介紹明代以前有關琉球交易的史料記載，互相印證，不難設

⑳ 參看《沖繩出土の中國陶磁》，沖繩縣立博物館編，首里，該館，一九八二—八三年，上下二冊；名嘉正八部、知念勇，〈沖繩のグスク初期について〉，山本弘文博士還曆記念論集，琉球の歷史と文化，東京，本邦書籍，一九八五年，頁二二九—二六五；龜井明德，〈琉球にわける貿易陶磁器予察〉，同氏《日本貿易陶磁史の研究》，京都、同朋社，一九八六年，頁三七五—三七九；知念勇〈沖繩出土の中國陶磁について〉，《第一屆中琉歷史關係國際學術會議論文集》，臺北，一九八七年，頁一六九—一九〇。

想琉球在元代以來，已在東亞海上經營中日間的轉口貿易趨於發達。明太祖的詔諭，對琉球來說正是把元來的私貿易，轉爲正規貢船貿易並促其更爲發達。

三、琉球之修貢與明太祖的優遇

自《隋書》到《元史》，載籍有關琉球的記述當指臺灣較適，故持臺灣說者較多，但對於明太祖遣使詔諭琉球，楊載何以不依過去載籍之言，到與澎湖煙火相望的琉球（臺灣）而竟往沖繩島建立關係？何以自明初開始沖繩島上的琉球國能替代臺灣的古「流求國」？其轉變的原委，過去卻未有充分的說明。祖述荷蘭漢學家希勒格（Gustav Schlegel）的臺灣說的和田清博士對此解說云：明太祖既得天下，更爲布其威令於四海，遣楊載往自唐宋以來所著聞，而元代曾討伐無功的琉球（即臺灣）。可是楊載到琉球（＝臺灣），看到其他獵人頭，吃人肉的蠻族，無論如何無法招撫，感覺爲難。但又不能回歸報告無法招撫，懼怕受嚴酷的太祖之嚴責處罰。窮極之策即誘引沖繩人，欺騙以爲琉球朝貢使復命。雖沒有確證，只有這樣料想，始能解釋此事實。和田博士自己也說，這是理所當然的推想，並非有事實根據。

那麼事實究竟如何?開國立朝當初，雖爲宣揚天命所在，特報正統，詔諭海外諸國，但明太祖是一位處事務實，不尚浮僞，不事虛誕的人，故不會詔諭海外諸國已告一段落後，始有僅爲獵取天朝上國的虛名，而遣使詔諭從未往來獵頭吃人的琉球之舉。況且其前年的洪武四年九月辛未(二十二日)(一三七一年十月三十日)，實錄云：

「上御奉天門，諭省府臺臣曰：海外蠻夷之國，有爲患於中國者，不可不討；不爲中國患者，不可輒自興兵。古人有言，地廣非久安之計，民勞乃易亂之源。如隋煬帝妄興師旅，征討琉球，殺害夷人，焚其宮室，俘虜男女數千人。得其地，不足以供給，得其民，不足以使令。徒慕虛名，自弊中土，載諸史冊爲後世譏。朕以諸蠻夷小國，阻山越海，僻在一隅，彼不爲中國患者，朕決不伐之。惟西北胡戎，世爲中國患，不可不謹備之耳。卿等當記所言，知朕此意」㉒

明太祖既然以隋煬帝伐琉球爲例，表白不爲徒慕虛名，對海外採取擴張政策，告戒諸臣，顯然

㉑ 和田清，「再び隋書の流求國について」，歷史地理第五十七卷第七號，一九三一年三月，頁二二五—二二六。

㉒《明太祖實錄》卷六；三：一二七七—一二七八；又《明太祖實訓》卷六，中研院史語所影印本，《明實錄附錄》十五，頁四八五—四八六。

次年明太祖詔諭琉球，應有其他動機。和田博士又說，楊載奉命應赴臺灣而轉赴沖繩，或由於受舟人之欺騙，或由於楊載本身的矯詔冒功的奸策。㉓楊載受精明嚴厲又多疑的明太祖之命而出使，他是否那麼大膽，敢矯命欺君，這卻不無疑問。

按楊載出使琉球以前曾經出使詔諭日本。事見於《明史》卷三二一外國傳日本傳和《明太祖實錄》洪武二年二月辛未（六日）（一三六九年三月二十二日）條。㉔楊載的經歷明史列傳未見著錄，只見於《明史藁》卷一八二列傳第二十三趙秩傳附云：「又有楊載者，嘗官行人，凡再使日本。還，復使琉球，皆有功，帝嘉之，賞賚有加」。對明初中日關係已有許多中日學者的論著，惟楊載的經歷不詳。據《明史藁》，楊載使日二次，而《明實錄》僅記其首次。第二次沒有記載。他第二次使日還國後，又出使琉球，而使日、使琉均有功，受到肯定，獲太祖嘉賞。和田清博士也曾說，可能楊載出使滯留日本期間，對今之琉球有所認識，是以避而不到今之臺灣，誘引琉球使人冒充奉表入貢。其實楊載不只在九州獲得有關琉球消息，他第二次使日，還國時是路經今琉球。據嘉

㉓ 和田清，《琉球臺灣の名稱について》，東洋學報第十四卷第四號，一九二四年十二月，頁五六七—五六八。

㉔ 《明太祖實錄》，史語所本第二冊，頁七八五—七八七。

靖時人而《籌海圖編》的實際編者鄭若曾，在他的《鄭開陽雜著》卷七〈琉球圖說〉，明言：

「明洪武初，行人楊載使日本，歸道琉球，遂招之。其王首先歸附，率子弟來朝。太祖嘉其忠順，賜符即章服及閩人之善操舟者三十六姓，令往來朝貢」。㉕

又王圻撰《續文獻通考》卷二三五，《四裔考》、《東南夷琉球》，也記曰；

「皇明洪武初，三王遣使朝貢。壬子（洪武五年），行人楊載使日本，歸道琉球，遂招之。王願內附，是年秋七月遣使貢方物，且請封爵，詔賜中山王察度，山南王承察各鍍金銀印。……」㉖

顯然楊載不但滯日時，對琉球有所瞭解，更自日本還國時曾經過琉球。又明初金華人胡翰，字仲子，其文集《胡仲子集》初刻於洪武十四年（一三八一年），有洪武十三年八月宋濂序。《胡仲子集》卷五有《贈楊載序》一文，此文正是當代當時的文章，謂：

「洪武二年，余客留京師，會楊載招諭日本，自海上至京畿。詔復往使其國。四年秋，日本奉表入貢。載以勞入朝寵賚。即又遣使流球。五年秋，流球奉表，從載入貢。道里所經。余復見於大末，竊壯其行。丈夫生不爲將，得爲使，足矣。緩急折衝之間，一言得之，足爲中國重；一言失

㉕ 據中央研究院史語所藏本，f2v.

㉖ 據京都中文出版社一九七九年影印萬曆刻本，第三冊，頁三五〇一。

之，亦未嘗不爲夷狄侮笑。東南海中諸夷，國遠而險者，惟日本；近而險者，則流球耳。由古以來，常負固桀驁，以爲中國不足制之。元入中國，所統土宇，與漢唐相出入。至元中，嘗命省臣阿剌罕將兵討日本，未及其國，而海舟多漂覆不利。其後，又議取流球，用閩人吳誌斗之言，不出師，而遣使往諭其國。留泉南者雖久之，訖不能達而罷。豈二國之不可制乎！亦中國未有服其心也。今載以一介行李，冒風濤之險，涉魚龍不測之淵，往來數萬里，如行國中。不頓刃折鏃，而二國靡然。一旦臣服，奉表貢方物，稽首拜舞闕下，此非人力，蓋天威也。天威所加，窮日之所出入，有國者孰不震疊。因其震疊而懷柔之，行人之事也。非有陸賈之辨，傅介子之勇，莫膺其任，而載慷慨許國，奮不顧身者，吾不知其何所負也。竊求其故，而於駙馬王公見之。公在閩中，嘗取漢太尉家法書以道載，欲其不失爲淸白吏子孫。意者，夷人饒於貨寶，恆以此啗中國之使。中國之使受其啗，而甘之，鮮不衂於利者。使載不衂於利，則奉天威命，安往而不濟。苟衂於利，則雖奇丈夫檢狎小子之不若耳。幸加勉焉。國家委重，非特使事，蓋將授之以政矣」。㉗

據此與實錄記載，我們可知楊載於洪武二年二月奉命出使日本。然據日本方面的資料，到日本

㉗ 據《金華叢書》所收《胡仲子集》。《胡仲子集》又見於《文淵閣四庫全書》影印本第一二二九册。

後征西府懷良親王（中國方面資料作日本國王良懷）怒殺明使五人，拘留楊載、吳文華二人三個月。㉘據胡翰文，楊載是年還朝，又復往使日本，而未明記第二次使日日期，而粵說四年秋，日本奉表入貢，載以勞工入朝寵賚。據實錄記載，洪武三年三月遣趙秩，四年十月癸巳，日本使僧祖來隨秩等入貢。日本入貢和趙秩還朝，正是胡文所說四年秋。故楊載第二次出使，或者是隨趙秩使日，實錄僅記趙秩，係楊載地位較低，致使省去其名字未錄。

如前所引洪武四年九月辛未（二十二日），明太祖還以隋煬帝濱武征琉球爲例，表明不徒慕虛名，對外不採積極的擴張政策。此時明太祖所認識的琉球即《隋書》以來載籍所云琉球（即臺灣），而是年十月楊載還朝報告的琉球即沖繩（今之琉球），於是次年正月甲子即又遣楊載使琉球。故楊載並非欺君冒功。所謂琉球的地理認識，如前節所說，國人在明代以前就已混淆不清，在洪武四年秋冬時，明太祖自楊載的報告，已對琉球的地理認識有所改變，再命楊載前往琉球招諭。

㉘ 例如：木宮泰彥著陳捷譯，《中日交通史》，下卷，臺北，三人行出版社，民六十三年影印上海商務印本，頁一八二—一八三；小葉田淳，《中世日支通交貿易史の研究》，東京，刀江書院，一九四一年，又一九六九年翻印，頁二；鄭樑生，《明代中日關係研究》，臺北，文史哲出版社，民七十四，頁一四二。

明太祖此時詔諭琉球入貢，從洪武四年九月辛未明太祖所表白的對外基本態度來看，我想不是只爲了多一個從未入朝的海外夷邦，在他的統治時始歸服的虛名。此時明太祖認識到琉球在中日私貿易上的地位，又鑑於倭寇的猖獗和大陸沿海莠民的犯禁勾結，於是洪武四年十二月丙戌籍方國珍舊部和蘭秀山的無田船戶爲軍，並重嚴海禁。㉙從這些事實聯貫起來，招諭琉球似具有羈縻琉球，以防倭的用意。㉚

另一個招諭琉球的原因是從楊載獲知琉球產馬。明太祖其時雖既就帝位，開國立朝，但眞正的統一大業尚未完成，頗需軍用馬匹的補充供給。按馬由於其速度和耐力，在近代使用機器武具以前

㉙《明太祖實錄》卷七〇；三：一三〇〇，一三〇七—一三〇八；又參閱拙作〈試論明太祖的海洋交通政策〉。

㉚楊載經過琉球，自日本返國，就已可表示琉球處在中日交通所扮演的中繼站地位。又《明史》卷一三〇〈張赫傳〉，謂：「是時，倭寇出沒海島中，乘間輒傅岸剽掠，沿海居民苦之。帝數遣使齎詔書諭日本國王，又數絕日本貢使，然不得倭人要領，赫在海上久，所捕倭不可勝計。最後追寇至琉球大洋，與戰，擒其魁十八人，斬首數十級，獲倭船十餘艘，收弓刀器械無算。帝偉赫功，命掌都指揮印」。又《明史》卷一三一〈吳禎傳〉亦說：「七年，海上有警，復充總兵官，同都督僉事於顯總江陰四衛舟師，出捕倭，至琉球大洋，獲其兵船，獻俘京師。自是常往來海道，總理軍務數年，海上無寇」。從這二則記事，表示琉球曾經成爲倭寇的基地，也是成爲中日私貿易中繼站的旁證。

是一項活武器。戰時作爲馱馬，運輸輜重或作爲乘馬，騎馭馳騁，斥候、探報、翼衛包圍等，發揮其機動性攻擊和防禦力量；在平時即作爲驛馬，傳宣政令，通達王命，送迎四方賓客，接送官員赴任遠行等，馬對於軍國大事，治理天下是不可缺的。又中國自古以來，主要嚴重外患，均來自北方，而塞北民族又是遊牧騎馬民族，精於騎射，故歷代均頗重馬政。明太祖能消滅羣雄，戡定兵亂，開創新王朝，是一位深謀遠慮，精心籌畫，鞏固基礎，三思而行的戰略家。對於馬的重要性之認識也是很淸楚的。明太祖在長江流域與群雄對戰爭霸時，其戰術頗利用舟師發揮其機動性。但離開長江或其他河川地帶作戰，他就必需重視軍馬。馬匹原孳育於草原丘陵地，農耕地帶的中國不適其生育，故自古以來，多依靠以帛或以茶，市西北夷馬。對於明洪武朝馬政，王圻撰《續文獻通考》卷一六五兵考馬政的皇明條，記載：「高皇帝時，南征北討，兵力有餘，唯以馬爲急。故分遣使臣，以財貨於四夷市馬，而降虜土目來朝，及正元萬壽之節，內外藩屏將帥，皆用馬爲幣，自是馬漸充實」。即明朝能有效控制依靠西北、西南和遼東諸邊州市馬以前，明太祖沒有安定的軍馬供給源時，對於軍馬需求更是迫切的。明太祖用各種方法以充實其馬匹。他未即位和就皇帝位以後的東征西討南略北伐的過程中，我們在明實錄的記述，可以看出明太祖早期馬匹來源是從攻城納降獲馬爲多。在朝貢制度下，各朝貢國的貢品，根據百瀨弘教授〈明代中國之外國貿易〉一文，差不多全屬中國上層階級所需奢侈品和明朝的軍需品，尤其是馬。對於奢侈品的需求是太祖朝以後的事，

就一生出來就是皇帝的後代爲殷。出身寒微又崇儉，嗣後更禁民間蓄香蓄貨的明太祖所求是軍需品，尤其是馬。㉛

明清兩代有關琉球的中國文獻多說琉球多產馬而價廉。如：

「土產……無熊羆豺狼虎豹等猛獸，是以多野馬、牛、豕。價廉甚，每一值銀二、三錢而已……。」㉜

「土產：……野鮮熊羆豺虎狼豹猛獸，而獨出鹿；且富馬牛羊豕雞，形多瘦削，其價極廉。」㉝

「馬，與中國無異，高七八尺者絕少。蹀躞善行山路，崎嶔上下，沙礫中不見顛蹶，此則其所習也。上山涉水則馳。地既多暖，冬草不枯，馬終歲食青，不識棧豆。故雖村戶下貧，亦皆畜馬，

㉛ 百瀨弘，〈明代に於ける中國の外國貿易〉、同氏，《明清社會經濟史研究》，東京，研文出版，一九八〇年，頁八—一一，原刊於《東亞》第八卷第七號（一九三五）；中文譯見於，《食貨半月刊》，第四卷第一期，民國二十五年六月一日，頁四十五—四十六；又見於包遵彭主編，明史論叢之九，明代國際貿易，臺北，學生書局，民五十七年，頁四七—五〇。

㉜ 陳侃撰《使琉球錄》，臺灣文獻叢刊第二八七種，臺北，民五十九，頁二十七。

㉝ 蕭崇業撰《使琉球錄》，收於同上書頁一一三。

有事則斂用之，事過散還。村家亦有以馬耕者」。㉞

楊載自日本經過琉球還國歸朝，當然也瞭解琉球多產馬匹。洪武五年楊載奉命出使琉球，琉球中山王察度即派遣其弟泰期等隨楊載入朝貢方物。明太祖即詔賜察度大統曆及織金文綺、紗羅各五匹。㉟此次入貢，對貢品數量均無記載，但可料想主要是馬和琉黃等土產。於是建立了中琉官方正式關係，琉球成爲以大明帝國爲宗主國的東亞政治秩序之一員，琉球進入了有文字可靠的歷史時代，同時此後琉球的名字，始專指今日沖繩，不會再混淆爲臺灣了。至洪武七年十月庚申（二十八日）琉球國中山王察度又再遣其弟泰期入貢。此次貢品仍舊記載簡略，但已明記「奉貢馬及方物」，馬爲主要貢品。㊱

明太祖雖於洪武元年正月稱帝，其時徐達正在北伐中，是年閏七月元帝棄大都，出奔上都。二年六月常遇春克開平，元帝奔和林，八月陝西平，華北全入明版圖，但長城以外殘元勢力依然存

㉞ 徐葆光撰《中山傳信錄》，同上第三〇六種，臺北，民六十一，頁二四一。

㉟ 據《明史・琉球傳》和前引胡翰的〈贈楊載序〉，泰期等是隨楊載入朝。然《明實錄》對此沒有明文記載。

㊱ 《明太祖實錄》卷九三；四：一六二九。

在，北邊仍不能忽視。至四年命湯和等伐夏，平定四川，然西南和東北尚未定，一直都須備邊。至洪武十四年平定雲南，十六年征南軍回師，留沐英鎮雲南。洪武二十年馮勝等奉命征納哈出，納哈出降，遼東遂平定，統一全國大業始完成。

在洪武四年末至洪武五年初的那一段時期，可供給軍馬的邊州，只有在陝西以茶易馬而已。㊲當時邊馬尚未能充分供給，又遠離政治中心的江南，只有洋馬可圖。是以向四夷求馬；而高麗國王代代爲元帝駙馬，王廷有親元和歸明兩派爭鬥，明和高麗的關係雖已建立，然未能於穩定中進展；所以洪武五年琉球成爲忠順藩屬，能供給軍馬，無論能運輸多少，對當時的明太祖自是頗受歡迎的。因此，中琉關係一開始，就頗能受明太祖的優遇。據實錄記載，自洪武五年以後，琉球中山王於七年、九年、十年、十一年、十三年、十五年，殆每二年一貢。自十五年以後除了二十二年未見入貢記錄以外，每年一貢至二貢、三貢，往還更密。

洪武朝不但琉球頗勤入朝修貢以外，明太祖也曾數次遣使到琉球。《實錄》洪武七年十二月乙卯（二十四日）〔一三五七年一月二十六日〕條云：

㊲《明太祖實錄》卷七〇，洪武四年十二月庚寅條；第三冊頁一三〇〇—一三〇一；又可參閱谷光隆，《明代馬政の研究》，京都，一九七二年，頁五八。

「命刑部侍郎李浩及通事梁子名，使琉球國，賜其王察度文綺二十匹，陶器一千事、鐵釜十口。仍令浩以文綺百匹、紗羅各五十匹。陶器六萬九千五百事，鐵釜九百九十口，就其國市馬」。㊳

又洪武九年四月甲申朔（一三七六年四月九日）條，謂，

「刑部侍郎李浩還自琉球，市馬四十匹，硫黃五千斤。國王察度遣其弟泰期，從浩來朝，上表謝恩，並貢方物。命賜察度及泰期等羅綺、紗帛、襲衣、韡襪有差。浩因言：其國俗，市易不貴紈綺，但貴磁器、鐵釜等物。自是，賜予及市馬，多央磁器、鐵釜云。」㊴

從這二則記事，顯然表示，明太祖需要琉球馬，派遣李浩到琉球，以文綺、紗羅和陶器近七萬件，鐵釜九百九十口，就其國市馬。李浩採購馬匹及琉黃後，於洪武九年四月一日還國。文中說市馬四十匹，李浩滯琉一年中，在馬多價廉的琉球，僅購四十匹馬，數目嫌過少。恐有筆誤，或者是琉球中山王遣使，隨李浩來朝謝恩奉貢的數目也未可知。然李浩歸國後報告說，琉球人所貴者，非紈綺等珍貴衣料，卻重磁器鐵釜等物。又文中云：「自是賜予及市馬，多用磁器、鐵釜云」，可知

㊳《明太祖實錄》卷九五；四：一六四五—一六四六。
㊴《明太祖實錄》，卷一〇五；四：一七五四—一七五五。

派往琉市馬，不只這一次而已。洪武十五年二月乙丑（十五日）（一三八二年二月二十八日）琉球國中山王察度又遣其弟泰期等入貢。明太祖照例頒賞給察度及使臣有差之外「並遣尙珮監奉御路謙，送其使者歸國」。㊵路謙還朝後，報告琉球中山、山南、山北三王互相爭霸。明太祖於洪武十六年正月即遣內使監丞梁民和路謙頒勅書，勸息兵養民。實錄所記，略長，茲予分段則：

「時琉球國，三王爭雄長，相攻擊。使者（按即路謙）歸言其故。於是遣亞蘭匏等還國，並遣使（按即遣梁民、路謙），勅中山王察度曰：

《王居滄溟之中，崇山環海爲國。事大之禮不行，亦何患哉。王能體天育民，行事大之禮。自朕即位十有六年，歲遣人朝貢。朕嘉王至誠。命尙佩監奉御路謙，報王誠禮。何期王復遣使來謝，今令內使監丞梁民、同前奉御路謙，齎符，賜王鍍金銀印一》。

『近使者（按即路謙）歸言，琉球三王互爭，廢農傷民，朕甚閔焉。詩曰：畏天之威，于時保之。王其罷戰息民，務脩爾德，則國用永安矣》。

諭山南王承察度、山北王帕尼芝曰：

㊵《明太祖實錄》，卷一四二；五：二二三六。

《上帝好生，寰宇之內，生民衆矣。天恐生民互相殘害，特生聰明者主之。邇者，琉球國王察度，堅事大之誠，遣使來報。而山南王承察度亦遣人，隨使者入覲。鑒其至誠，深用嘉納。近使者自海中歸言，琉球三王互爭，廢棄農業，傷殘人命，朕聞之，不勝憐憫。今遣使諭二王知之。二王能體朕之意，息兵養民，以綿國祚，則天必祐之。不然，悔無及矣》」。㊶

這裏有三道勅諭列記，前第一道是頒賜給中山王，第二道是賜給山南王，第三道賜給山北王。此次遣使雖爲勸戒息爭，然實錄同年九月乙未（十九日）（一三八三年十月十五日）條，又謂：又謂「內官梁珉〔案即前條梁民〕，以貨幣往琉球，易馬還。得馬九百八十三匹」㊷遣使往琉球，仍然尚有以採購馬爲目的。對此《明太祖御製文集》卷八，收有《諭琉球國王察度》和《諭琉球山北國王帕尼芝》二道勅諭。頒給察度勅諭與實錄所錄大致相同，但更淸楚地說：

「王居滄溟之中，崇山爲國，環海爲固。若事大之禮不行，亦何患哉。王能體天道，育琉球之民，尙好生之德，所以事大之禮興。自朕即位十有六年，王歲遣人至，貢本國之土宜，朕甚嘉焉。特命尙佩監奉御路謙，報王誠禮，何期王復以使來致謝。朕今更專內使監丞梁民、同前奉御路謙，

㊶ 《明太祖實錄》卷一五一；六：二三七五—二三七七。

㊷ 《明太祖實錄》卷一五六；六；二四二九。

賫符，賜王鍍金銀印一顆，送使者歸。就於王處鬻馬。不限多少，從王發遣。故茲勅諭」。㊸文末云：就於王處鬻馬，不限多少，從王發遣，可知明太祖對琉球馬匹的需求。自後洪武朝，只有洪武二十一年七月戊寅（六日）（一三八八年八月八日），遣使護送故元王子地保奴，安置於琉球以外，再也未見遣使往琉球之舉。㊹

琉球三王，除了中山王於洪武五年起入貢，共入貢三十次以外，山南王於洪武十三年（一三八〇年）起入貢計十三次，山北王即自洪武十六年各自開始入貢，山北王入貢十次。可知琉球在洪武十六年明太祖勸戒息兵養民以後，入貢次數更增密。這也是嗣後明太祖無需遣使渡琉球市馬原因之一。

另一個原因是西北、西南邊州茶馬交易，在洪武五年二月，先在陜西設秦州茶馬司，嗣後自西南平定後，於洪武十六、七年以後，四川、貴州、雲南等地易馬有顯著增加。㊺又洪武二十年遼東

㊸《明太祖御製文集》，臺北，學生書局據國立中央圖書館藏本影印，民五十四年，頁二八二—二八三。

㊹《明太祖實錄》卷一九二；七：二八八六；又見於《明史》，卷三本紀，太祖三；同書卷三二七外國傳韃靼。

㊺參閱谷隆光，《明代馬政①研究》，特別第一篇〈茶馬貿易の研究〉。

的納哈出歸服後遼東平定，至是又可獲得東北馬匹。高麗馬亦可經陸路至遼東，於是琉球貢馬，對明太祖來說自洪武二十年代以後，就喪失其重要性了。

明太祖因琉球恭勤事大修貢，又爲使琉球能充分扮演他所付與的角色，頗優遇琉球，並賜海舟和撥賜善操舟者，以幫助琉人航海入貢。中琉正式關係建立當初，琉人毫無疑問，須依靠明人的幫助來解決航海交通有關問題。從記錄上我們可以看到洪武五年首次琉使是隨楊載還國時入朝。洪武九年，琉球國中山王察度遣其弟泰期，入貢上表謝恩也是從往琉球市馬的李浩來朝。洪武十五年琉使泰期、亞蘭匏等來朝入貢，其歸國是由明使路謙送還的。洪武十六年入貢琉使回國也是與明使梁民等一起；洪武十六年山南王入貢是隨明使入覲。㊻從這些例，可知其一斑。

關於明太祖撥賜閩人與琉球，中琉文獻雖均有記載，惟自明代以來各書紀錄均缺詳。明方面記載此事，目前見於嘉靖十三年（一五三四年）陳侃撰《使琉球錄》爲最早，云：

「我太祖之有天下也，不加兵，不遣使，首效歸附；其忠順之心，無以異於越裳氏矣。故特賜以閩人之善操舟者三十有六姓焉，使之便往來，時朝貢，亦作指南車之意焉耳」。㊼

㊻《明太祖實錄》，四：一七五四；五：二二三六；六：二三七六。

㊼收於，《臺灣文獻叢刊》，第二八七種，臺北，民五十九年，第一冊，頁二四。

這表示嘉靖年間，流傳著洪武年間，明太祖特賜閩人善操舟者三十六姓，以協助琉人航海朝貢之事。所謂三十六姓是否有正確人數上的含義，不得而知，但這些人口顯然爲「善操舟者」，其任務爲便於往來朝貢。

明中期以後，對於撥賜閩人時間既不詳，諸書均繫於洪武年間末，永樂年間事例之前。於是鄭曉撰《吾學編》四夷考琉球條，王圻撰《續文獻通考》卷二三五，四裔考東南夷琉球條，萬曆修《大明會典》卷一〇五琉球國，陳仁錫撰《皇明世法錄》卷八〇琉球國條，均繫於洪武二十五年中山王遣子姪入國學之後。《有史藁》和《明史》繫於洪武二十九年遣使來貢之後。嚴從簡撰《殊域周咨錄》卷四琉球即繫於洪武三十一年亞蘭匏入貢記事之後。然由於文獻上繫於洪武二十五年之後面較多，所以琉球方面資料，如《中山世鑑》、《中山世譜》、《琉球由來記》、《琉球國舊記》等書均繫於洪武二十五年。

撥賜閩人目的既是爲協助琉人修貢往來，其初次應在中琉關係建立之初期。《明太宗實錄》卷一一五，永樂九年四月癸巳（初三日）條，云：

「琉球國中山王思紹，遣使坤宜堪彌等，貢馬及方物。並以長史程復來表言：長史王茂，輔翼有年，請陞茂爲國相兼長史事。又言：復饒州人，輔其祖察度四十餘年，勤誠不懈。今年八十有一。請命致仕，還其鄉。從之。陞復爲琉球國相兼左長史，致仕還饒州。茂爲琉球國相兼右長史，

仍賜坤宜堪彌等鈔幣，遣還」。㊽

文中既說程復來琉球服務已四十餘年，其來琉球時期應在洪武初。王茂的服務年資大概也不會相差很多。又其致仕還鄉或敘陞，須報請明廷，可以料想程復等人派往琉球效勞於修貢是明太祖初年時。又《明太祖實錄》卷九三，洪武七年十月庚申條謂，琉球中山王察度，遣其弟泰期等奉表入貢，太祖賜察度、泰期等文綺、紗羅。其時也賜通事、從人鈔、靴襪有差。㊾此條雖無通事的名字，當亦可推知在中琉關係建立當初，已有華人通事擔負朝貢事務的事實。

又撥賜人員主要既是使能操舟往來，協助修貢，賜海舟也應是同時期。從上面所述明太祖當時應很迫切期待琉球成為忠順藩屬，進貢供給馬匹的時候，又琉人缺少慣海人士和所需船隻，明太祖撥賜閩人船戶和海舟，應是在建立朝貢關係之際。洪武五年十二月琉使中山王弟泰期，初次隨楊載，奉表朝貢，要離中國返琉球時，明太祖應會撥賜人員和海舟，以便送回這些首批琉球使團。洪武七年的第二次進貢時，即由這第一次撥賜人員操舟，並充當通事，渡海來進貢。從程復的服務年資推算也正符合這時期。程復可能屬於洪武五、六年間所撥賜的人員之一。

㊽《明太宗實錄》卷一一五；一二：一四六四。

㊾《明太祖實錄》，四：一六二九。

嗣後，船隻時或損壞，明當局即給與修理或再賜新舟。人員也是一樣；服務於琉球之華人，或年老返鄉，或死亡以及其他原因，人手不足時當有再撥賜之人員。所以撥賜人員和海舟，始於建立關係當初，嗣後隨時應其需求，當有撥賜之舉。文獻上關於賜海舟，初見於《明太祖實錄》卷一七〇，洪武十八年春正月丁卯（五日）（一三八五年二月十四日）條：「……又賜中山王察度、山南王承察度海舟各一」。㊿洪熙元年閏七月十七日琉球國中山王尚巴志咨文，謂：

「一件船隻事，近據使者步馬結制等告稱：今駕去永字等號海船貳隻，連年裝載方物，經涉海洋，往來朝貢。緣各船身及槓椇俱各損壞，過海驚險，恐後回國不便。據告切，緣卑國物料艱難，未能修辦，合咨乞照洪武永樂年間事例，煩爲奏聞，官爲修理各船，堅固槓椇齊備回國，庶得往來朝貢之用。咨請施行」。[51]

對此琉球國王的咨請，明廷於次年另撥賜海船一隻。[52]雖然這是宣德朝的事例，而這種撥賜船

㊿《明太祖實錄》。六：二五八二。

[51]《歷代寶案》第一集卷一六，國立臺灣大學影印本，第一冊，頁五一二上。

[52]同書，第一冊，頁五一五下。關於琉球貢船官爲修理或撥賜，可參考小葉田淳，《中世南島通交貿易史の研究》，東京，一九三九年，頁一六八—一八〇；東恩納寬惇，《黎明期の海外交通史》，東京，一九七九年，全集本第三冊，頁二一七—二二五。

隻，或官爲修理的優遇卻起始於洪武年間。自洪武初以來，琉球頗受優遇，到了洪武末年，由於琉球既有相當數目明朝所賜海船和服務於琉球的明人，既能自理往來朝貢，又琉球馬匹喪失其存在意義的重要性，嗣後就不再有派遣明使到琉球市馬之舉了。

明太祖爲維持和鞏固其國基，怕海疆不靖，將影響其政權的安定，因此其對外關係，雖其初年依歷代的傳統，曾設市舶司，詔諭海外諸國，重組朝貢制度，而徹底地採取政經合一的貢船貿易，來加以羈縻控制。然嗣後卻廢止市舶司，又對內嚴格厲行海禁政策，而後來愈禁愈嚴，對外關係也限制愈多，甚或絕其往來，至洪武二十七年遂禁民間用番香、番貨。洪武二十七年正月甲寅（十四日）（一三九四年二月十四日），條云：

「甲寅，禁民間用番香、番貨。先是，上以海外諸夷多詐，絕其往來。唯琉球、眞臘、暹羅許入貢。而緣海之人，往往私下諸番，貿易香貨，因誘蠻夷爲盜，命禮部嚴禁絕之。敢有私下諸番互市者，必寘之重法。凡番香、番貨皆不許販鬻。其見有者，限以三月銷盡。民間禱祀止用松柏楓桃諸香，違在罪之。其兩廣所產香木，聽土人自用，亦不許越嶺貨賣。蓋慮其雜市，番香，故併及之」。53

於是海外貿易衰落，到了洪武三十年八月二十七日（一三九七年九月十八日），甚至有禮部奏「諸番國使臣客旅不通」之嘆。54

然琉球卻一直都頗受優遇，不時朝貢，於藩屬諸國中，入貢最頻繁。然所謂朝貢，對海外諸國來說，雖以君長名義奉表入朝，其實是使用一批海外華人服務該王室，或操舟，或任使臣、通事，以合法的身分來華，以收宮廷官許貿易之利。由於明廷嚴禁國人下海通番，所以大陸沿海居民，任職海外諸邦，來參與合法的朝貢貿易卻是一項華人海外活動的安全途徑。這種海外諸君長和海外華人合作下的朝貢貿易，在明廷限制愈多，國際商貨流通受到阻礙時，其貿易之利即愈厚，又海外諸國入貢，由於明廷的繁文褥禮的規定，其修貢更需與海外華人合作，而服務於各國的華人之間，也會產生彼此間之聯繫。因此他們除了入貢貿易以外，也可以轉販他國，以謀取厚利。《明太祖實錄》洪武二十三年正月庚寅（二十六日）（一三九〇年二月十一日），記曰：

「琉球國中山王察度，遣使亞蘭匏等，上表賀正旦。進馬二十六匹、硫黃四千斤、胡椒五百

---

53 《明太祖實錄》卷二三一；八：三三七三—三三七四。

54 《明太祖實錄》卷二五四；八：三六七一。

斤、蘇木三百斤。王子武寧貢馬五匹、硫黃二千斤、胡椒二百斤、蘇木三百斤。山北王帕尼芝，遣使李仲等，貢馬一十匹，硫黃二千斤。而中山王所遣通事屋之結者，附致胡椒三百餘斤、乳香十斤。守門者驗得之，以聞。當沒入其貨，詔皆還之。仍賜屋之結等六十人，鈔各十錠」。[55]

此條所載貢品有胡椒、蘇木等南海貨品，而通事也附載來了胡椒、乳香等貨。這可以表示琉球王室的朝貢貿易，在華人合作下，已以經營合法官營的轉販貿易。嗣後琉球入貢品目，除了依例進貢的馬、硫黃等土產以外，多有所謂「番香、番貨」。《高麗史》卷一三七，辛昌元年（洪武二十二年）八月，記曰：

「琉球國中山王察度，遣玉之，奉表長稱臣，歸我被倭賊虜掠人口；獻方物硫黃三百斤、蘇木六百斤、胡椒三百斤、甲二十部」。[56]

從其品目，除琉球土產之硫黃，尚有南海產蘇木、胡椒和日本產甲二十部。又送還倭寇所虜掠

---

[55]《明太祖實錄》卷一九九；七：二九八九—二九九〇。

[56]《高麗史》第三冊，臺北，民六十一年影印國書刊行會本，頁七六二上。

人口。可知此時琉球的海外轉販貿易，既開拓到高麗。㊼

如此，元來因供應軍馬給明廷而受到明太祖的重視和優遇的琉球，在洪武二十年間以來，雖喪失其軍馬供給的意義和地位，但卻因明太祖對其他各國朝貢貿易的限制及嚴行海禁，促使琉球利用其地位，轉而經營東亞的轉口貿易；琉球遂成爲東亞海上交通的樞紐，奠下了如《歷代寶案》所顯示的，十五世紀的黃金時代之基礎。

四、結語

明代入朝修貢海外諸國中，琉球最頻繁，爲諸國之冠。其理由載籍大致多歸於琉球恭謹忠順，勤於修職貢。然明代所有海外諸國，其來朝均需恪遵明廷所規定體制，表文也須符合制式。明太祖對於高麗、安南等國之頻繁朝貢，曾限制三年一貢。各國朝貢既然必恪遵明朝體制訂式，表面上入

㊼ 對於這種東亞貿易架構，可參閱和田久德，《十四五世紀における東南アジア船の東アジア來航と琉球國》，球陽論叢，那霸，ひるぎ社，一九八六，頁二九—五〇；又拙稿《環シナ海交流史における臺灣と日本》，箭内健次編，鎖國日本と國際交流，東京，吉川弘文館，一九八八，上卷頁六一三—六三九。

朝各國均是恭謹忠順事大，故此不能說明琉球朝貢頻繁理由。日本和琉球學界重視琉球在東亞交易圈所扮演的仲介貿易的角色，但這是明太祖嚴海禁，對海外諸國採取緊縮政策，限制入朝的結果，而不是原因。故仍未能充分說明何以琉球能不時來朝，受到明太祖優遇，撥賜人員和海舟，使便於入朝修職貢之理由。

筆者所提出看法是隨著中日間交通發展，東海孤島琉球的地理位置，逐漸爲人所知，隋唐時代日本遣使到中國，一時曾成爲往來航線之上，即日本方面所說「南島航路」。嗣後開拓博多、揚州（後明州）間的直接交通發達，此南島航路遂被忽略遺忘。南島航路雖不再爲中日交通幹線，但似尚爲民間所利用支線。到了元朝，因爲中日兩國國交斷絕，交通幹線不能暢通時，南島路支線爲私通貿易所利用而發達。文獻上的有關流求的記述和琉球列島的貿易陶磁的出土即可表示琉球在東海交易圈內所處地位之變遷和發展。

琉球和明朝開啓了官方的貢舶貿易是有這種歷史情勢的變遷的背景。自此以後琉球（流求）的名稱不再臺灣或琉球，混淆不清，定名爲今沖繩。

明太祖創其大業過程中，頗注重馬。此從明太祖自身言語可知其重視馬匹。《明太祖實祿》洪武三十年七月乙丑條，說：

「上謂兵部臣曰：古人問國君之富數馬以對。朕觀往古以至于今，無不以馬爲重。況人君統一寰宇，欲措生民久安于田里，豈可不重馬哉。」⑱

然在洪武初年，明太祖對軍馬需求迫切，而邊馬尚未能獲得大量供給。琉球馬多價廉又耐勞，正可應明太祖的急需，受到其重視。於是太祖頗優遇琉球入貢，撥賜人員海舟，以利往來，甚至派遣人員到琉球採購馬匹。到了洪武二十年代，琉球馬喪失其重要性，但其時明對海外諸國，交通萎縮，又國內嚴海禁。琉球王國在華人合作下，利用其地理位置和在明廷的地位，經營轉口貿易，遂成爲東亞交易圈的樞紐。

在這歷史演變中，琉球自部落社會，產生豪族，諸豪族爭雄逐霸的過程中，成爲三山鼎立，後中山統一，琉球國更趨發達，至十五世紀遂迎其黃金時代。

明太祖的海洋交通政策，其基本態度雖是爲維持安內國基，偏於閉關自守，嚴海禁，限制海外諸國入朝，頗爲消極。但其對琉球的優遇，卻也可以看出他因應政治現實，尚具有彈性的一面。

附記

一：本文題旨曾於一九八四年九月十七日應琉球大學アジア研究會聘請，在琉球大學所作演講

---

⑱《明太祖實錄》卷　二五四；八：三六六三。

為主。滯琉時多蒙琉球大學比嘉政夫、上里賢一兩位教授暨浦添市又吉盛清先生，琉球文教界人士照拂，謹此敬申謝忱。

二：又《南島史學》第二八號（一九八六年九月）刊有平田守〈琉明關係における琉球の馬〉一文，雖與筆者論點不同，惟對於琉球馬可資參閱。

明末華人在爪哇萬丹的活動

一、前言

明代在開創立朝當初，太祖對於海外交通貿易，如請給文引，回舶後盡實報官抽分，下海興販是不被禁止，所禁只是私自出海而已①。嗣後又確立了朝貢貿易制度，推行禁海政策，嚴禁國人私自出海，以鞏固國基，懷柔遠人，並由皇家壟斷海外貿易。成祖、宣宗時更積極派鄭和等人，屢次下西洋，重建朝貢制度，推動皇家海外貿易。在成祖積極招徠政策下，一時貢舶貿易頗爲繁盛。然

① 參閱拙文，〈試論明太祖的海洋交通政策〉，《中國海洋發展史論文集》（臺北：中央研究院三民主義研究所，民國七十三年）頁四一—七〇

在明朝的海禁政策和朝貢貿易的體制下，濱海人民卻因受地理環境所迫，不得不犯禁私越興販，或私通國外，與外國君長互助，化身爲朝貢的通譯或使者。明中期以後，由於明廷政策趨於消極，來朝貢舶亦隨之減少，反之，私通販海卻日益繁盛。然其時由於工商業日益發達，更促進了亞洲各國間之交易，加以西力東漸後，西歐的商戰舞臺也隨之轉移到東方來，亞洲各處皆展開了劇烈國際商業戰。因此亞洲海運趨於隆盛無比。在這種內外環境演變之下，福建漳州的月港應運而成爲民間海外走私貿易的中心。嘉靖年間東南沿海私販活動也引起沿海倭寇海盜橫行，猖獗難制，於是朝野有開禁復市與嚴禁絕市之爭議。到了嘉靖四十四年（一五六五年），遂經撫按奏請將月港設置海澄縣，隆慶元年（一五六七年）福建巡撫塗澤民更申請局部開放海禁，准販東西二洋，只嚴禁通商日本。

海商自福建若要出洋，須至海澄海防館申請文引，回歸即受官盤驗抽稅。這種餉稅制度於隆慶六年（一五七二年）確立，隨後依情況的推移，制度也有更張②。告給文引原未定其地而限其船。

---

②《東西洋考》卷七〈餉稅考〉。《天下郡國利病書》，四部叢刊本原編第二十六冊〈福建洋稅考〉。又參照內田晶子，《向達校注〈兩種海道針經〉中の〈順風相送〉について》，南島史學 no25/26（一九八五年九月），頁九九—一〇一：〈東西洋考》と明の開洋の時期〉。

至萬曆十七年（一五八九年）福建巡撫周寀議請販東西二洋賈舶，歲限八十八艘。其分配即東洋有呂宋十六艘，屋同（Oton）、沙瑤（Surigao）等八處各二艘，庥荖央（Morong）等十二處各一艘，計四十四艘；西洋即下港（Bantam）、暹羅、舊港、交趾各四艘，柬埔寨等四處各三艘，庥六甲、順化各二艘，大泥（Patany）等十二處各一艘，計四十四艘，總計八十八艘。嗣後，於萬曆二十一年（一五九三年）和二十五年（一五九七年）船隻額數有追加改訂③。從這分配我們可以知道西洋針路方面分配最多是下港等四處。其時華人在東南亞的活躍，東洋針路方面集中於菲律賓，西洋針路方面較分散。而下港是一個最重要的往販港埠。

下港的名稱，在萬曆十七年（一五八九年）販洋船隻的分配限船，見有其名字外，《東西洋考》卷三有「下港」條，同書卷西「思吉港」條和卷九「舟師考」有下港名字，其餘《明史》卷三二四外國傳爪哇條也有下港的名稱外，見於中文文獻不多。下港是現在爪哇西北部 Banten，華僑

③《明神宗實錄》卷二一〇，萬曆十七年四月丙申條（中央研究院史語所刊本一〇五：三九七九）；同書卷三一六，萬曆二十五年十一月庚戌條（史語所刊本一一〇：五八九九）。又許孚遠〈海禁條約行分守漳南道〉（敬和堂集所收），引自小葉田淳〈明代漳泉人の海外通商發展〉，史説日本と南支那（臺北，一九四二）頁三四——三六。

稱爲萬丹或班丹，現時雖衰微爲一寒村，然十六、十七世紀時曾經是爪哇最重要港埠，西方文獻多作 Bantam。

中央研究院三民主義研究所爲國內推動研究中國海洋發展史，明末清初國人在海外活動情況的研究應是努力拓展的領域。對於菲律賓方面，國人有全漢昇、陳荊和等幾位先生既有研究外，對於印尼方面卻尚不多④。這一篇是以岩生成一、生田滋、Leonard Blusse 等師友所作有關華人在萬丹活動情況研究成果爲基礎⑤，利用中西文獻作個介紹，爲筆者繼續探討之用，也很期待能引發國人對這方面海外發展史研究的開展。

---

④ 全漢昇，《中國經濟史論叢》（香港，一九七二年）；陳荊和，《十六世紀之菲律賓華僑》（香港，一九六三年）。

⑤ 岩生成一，《下港（Bantam）の支那町について》，《東洋學報》，第三十一卷第四號（一九四八年六月），頁四四〇—四七一。生田滋，《東南アジアにおける貿易港の形態とその機能——十七世紀初頭のバンタムゑ中心として》，《世界の歴史》史十三，《南アジア世界の展開》（東京，一九六一年），頁二五五—二七〇；Leonard Blussé, "Western Impact on Chinese Communities in Western Java at the Beginning of the 17th Century", *Nampo-Bunka, Tenri Bulletin of South Asian Studies*, No. 2 (Sept, 1975), p. 26-57

二、萬丹的興起

元世祖南征爪哇失敗後，卻俾使滿者伯夷（Majapahit）崛起。滿者伯夷王國是以東爪哇豐富的農產爲立國創業基礎，並壟斷了該地區的香料貿易，一時稱霸於東南亞群島地區。然而到了十五世紀初，由於常常發生王位繼承的爭奪，使本來就鬆弛的國勢更削弱。此時在馬來半島新建國的馬六甲受到明朝的扶助，又國王改奉回敎誘引了西亞和印度的回敎商人來聚，加以地處於優越地位，逐漸強大，控制了馬六甲海峽，遂成爲亞洲國際貿易中心。嗣後回教隨著當時的國際貿易路線，由回敎商人活動的拓展，自馬六甲傳播到爪哇東部的北岸主要港埠，這些港埠的統治者改奉回敎，紛紛獨立，成立了回敎國家，印度敎的滿者伯夷國趨於解體⑥。

在爪哇首先崛起的回敎王國是Demak，第一代國王是Raden Patah，大概興起於一五〇〇年左右，傳說他出自滿者伯夷王統，但也有他是來自蘇門答臘舊港（Palembang），可能有華人血統的

---

⑥ 爪哇雖在宋元時代已有回教商人的往販貿易，但爪哇居民改信回教，對其社會發生影響，應是馬六甲成爲回教王國後，而自馬六甲傳播去的。

說法⑦。Demak 的勃興係由於此地方能控制從內陸來的白米輸往馬六甲，也可以自此進口摩鹿加群島的香料再轉運到馬六甲，而自馬六甲運回來自印度方面和中國的貨品，成爲傳統的國際商業網的一環。馬六甲淪亡於葡萄牙人之手，卻也在爪哇引起了很大衝擊，第二代 Demak 王 Pangeran Sabrang-Lor（葡萄牙文獻作 Paté Unus）於一五一二—一五一三年間，爲回復馬六甲，曾率船一百隻，兵一萬二千名去攻擊葡萄牙人而失敗⑧。此次敗戰致使爪哇的海軍勢力大傷，嗣後無法阻止葡萄牙人的勢力侵入香料群島。Pangeran Sabrang-Lor 雖然進攻馬六甲失敗，但國勢仍頗有佈張。一五二一年他的弟弟 Tranggana 繼位，始稱蘇丹（Sultan）。他在位期間，Demak 的國運隆盛，達到最高峰。回教勢力能自中部向西部擴展也是於他的在位時期。

按亞洲原來就分爲幾個地區的商業圈互相聯繫，形成亞洲國際貿易體系，而其國際性港埠依各地區本身的政治社會經濟的變遷，或受到外來衝突，會連帶引起各地區港埠的興衰隆替。這些國際商業網自十六世紀初葉，其樞軸馬六甲失陷後即發生變化。過去西亞和印度的回教商人是通過馬六

---

⑦ H. J. de Graaf, *Geschiedenis van Indonesië*（s'-Gravenhage, 1949）, bl. 91.

⑧ Ibid., bl. 92；Tomé Pires, *The Suma Oriental*, ed. by Armando Cortesão（London, 1944）Vol I, 151-2；185-6，日文譯本，生田滋等譯，《東方諸國記》（東京，一九六六）頁二七八、三二三。

甲海峽，來到馬六甲交易中國貨品和香料；琉球和中國方面即南下來馬六甲交易回教商人的貨物和香藥；爪哇商人即到馬六甲供給糧食和香料，運回印度、西亞方面和中國貨品，然馬六甲和香料群島間的航路即以東部爪哇諸港口爲寄椗地，西部爪哇並沒有位於其時的國際香料貿易航線。可是自馬六甲淪亡於葡萄牙人手中之後，爲避開馬六甲，各國商人改變爲直接往訪生產地或供給地。尤其是葡萄牙人於一五二一年又佔領了馬六甲對岸的蘇門答臘西北岸的 Pasei，加強控制馬六甲海峽後，西方的回教商人即不通過馬六甲海峽，改駛迂回蘇門答臘的西南部，通過巽他海峽，經爪哇西北部，再往東航行。自北南來的華商或琉球王室的船舶也避開馬六甲，直接駛到爪哇⑨。於是爪哇西北岸諸港口，從地方性的胡椒出口，開始顯出其國際港埠的重要性。其時西部爪哇自十四世紀以來，由印度教國 Pajajaran 統治，首都在 Pakuan（現在 Bogor 附近），而萬丹，Sunda Kalapa 等是其所屬港埠。這些港口初以 Sunda Kalapa 最爲重要，因爲由河流往內地溯行，可以通往國都，其

---

⑨ 在朝貢貿易的架構下，琉球船初集中駛到暹羅和馬六甲，馬六甲淪亡後也曾改航到爪哇西部。後因中國商賈直接往販頻繁，琉球王國的中介角色消逝。參看小葉田淳著《中世南島通交貿易の研究》（東京，昭和十四年）。又拙作"Pepper Trade in East Asia" *T'oung Pao* LXVIII, 4-5,（1982）, pp. 239-240.

次是萬丹⑩。

另一方面，葡萄牙人來到東方，其所追求是香料貿易之利，所以於一五一一年改佔了香料主要集散中心馬六甲後，是年至一五一三年間即派船隊，進至香料生產地摩鹿加群島謀求壟斷其貿易。由於其時爪哇已沒有足夠的強大海軍力量加以阻止葡萄牙人的東進，到了一五二二年葡萄牙人已能經常駛往香料群島貿易。但葡萄牙人當時的勢力仍無法完全排除興起於中部和西部的爪哇回教國家的敵視行動。於是葡萄牙人即一爲掩護其自馬六甲通往香料群島航路，以避免中部和東部爪哇的阻擾，二爲參加巽他地方日益興盛的胡椒貿易，馬六甲當局於一五二二年派司令官 Henrique Lema 到 Sunda Kalapa 與 Panjajaran 王商訂友好條約。Panjajaran 王即想得到葡萄牙人的支援，以對抗中部瓜哇 Demak 國日益增大的回教勢力之擴張壓迫，故國王應允葡人可以在其屬港 Sunda Kalapa 建設一塞堡作其貿易基地，並將每年贈送胡椒一千袋給葡王。雙方簽訂通商友好條約後，葡萄牙人一直遷延，於五年後即一五二七年 Francesco de Sá 將爲開工建設基地來到 Sunda Kalapa 時，卻發現情勢發生變化，該港埠已落入於萬丹回教徒之手中。

---

⑩ Tome Pires. *The Suma Oriental.* Vol. I, pp. 170-172.，日文譯本 pp. 300-302.

萬丹王國建設者 Sunan Gunung Jati，葡萄牙文獻作 Faletehan，原是蘇門答臘 Pasei 人，一五二一年 Pasei 被葡萄牙人攻略時，逃奔到麥加朝聖，後往 Demak 宣教，博得聲譽，娶 Tranggana 王之妹爲妻。大概在一五二四—二五年間，自 Demak 來萬丹傳播回教並建設爲回教商人的基地。接著他得到了 Tranggana 的派兵支援，一五二七年葡萄牙人未達前，就佔領了 Sunda Kalapa，並改名爲 Jaya Karta 或 Sura Karta。現時所稱 Jakarta（雅加達）即 Jayakarta 的縮稱⑪。一五二八年葡萄牙人又派兵反擊但失敗，後來即與萬丹修好訂通商協定，以謀求胡椒的貿易。Sunan Gunun Jati 所立萬丹國即當 Demak 王國的藩屏輔翼，在西部爪哇 Pajajaran 王國所屬其他港埠擴展回教勢力。他曾把 Cheribon 委其子 Pangeran Pasaréyan 治理。大約在一五五二年 Pangeran Pasaréyan 去世，Sunan Gunun Jati 就定居於 Cheribon，而萬丹即完全由其子 Hasan Uddin 統治。Hasan Uddin 娶 Demak 王 Tranggana 之女，而 Tranggana 歿後他乘 Demak 王國內紛，自立稱王，擴展其勢力，伸張至蘇門答臘南部的 Lampung。Hasan Uddin 的都城萬丹，本來是海濱的一寒村。經過 Sunan

---

⑪ W. Fruin-Mees, *Geschiedenis van Java*（Weltevreden, 1920）Deel, II, bl. 13-15.，H. J. De Graaf & Th. G. Th. Pigeaud, *De Eerste Moslimse Vorstendommen op Java*（s'-Gravenhage, 1974）, bl. 69. 此節大約根據此二書記述。

Gunun Jati 的經略，又在 Hasan Uddin 的經營下急速發展。該地區都府，在回教傳播以前，原在其內地的 Banten Girang⑫。

Hasan Uddine 大概與他的父親同年，於一五七〇年去世，由其長子 Yusup 繼位。次子爲無子嗣的姨母 Japara 王妃 Ratu Kali Nyamat 所領養，他在姨母去世後，繼承 Japara，即爲 Pangéran Arya。Yusup 致力萬丹地方的農業開發，並於一五七九年攻略印度教國 Pajajaran 最後據點國都 Pakuwan。Yusup 於一五八〇年歿，其子 Molana Muhammad 僅九歲就繼位，雖其叔父自 Japara 回來爭位，但獲五名大臣的輔弼，得轉危爲安，萬丹王國繼續繁榮，而 Molana Muhammad 成年後即開始親裁政事。約在一五九〇年，Demak 的亡命王孫 Pangéran Mas 來投萬丹，因係國王親戚而受到優遇。後來 Molana Muhammad 受到他的慫恿去遠征蘇門答臘的舊港，Molana Muhammad 在圍攻該城市時戰歿，享年僅二十五歲。他遺下出生僅幾個月的幼兒，叫 Abdul Kadir。於是萬丹的統治再由大臣國戚輔弼執行。Molana Muhammad 的戰死是在一五九六年，正是荷蘭的探險船隊首次航海到東方來，駛入萬丹的那一年。

⑫ 土語 Banten-Girang 意「上萬丹」，通常所稱萬丹是 Banten-Ilir 意即「下萬丹」，所以岩生成一師認爲中文名稱「下港」即「下萬丹」的意譯。見於岩生成一，上引文頁四四六—四四七。

嗣後荷蘭和英國的商船經常駛至萬丹，各在萬丹設置商館，開始在東南亞海域，相競追求香料貿易，於是自十六世紀末年到十七世紀初葉萬丹進入了新的局面。其時國王年幼，國柄操在攝政權臣手中，爲國際貿易的利害，時常與外商引起摩擦，也捲入英荷兩國的抗爭。到了一六一九年萬丹國的屬領雅加達失陷，淪於荷蘭東印度公司的手中，荷蘭人把雅加達改稱爲巴達維亞（Batavia），成爲荷蘭人經營亞洲貿易的大本營。於是萬丹的隆盛也開始走下坡。至一六八二年屈服於荷蘭人，萬丹遂失去其國際商業上的地位。其間萬丹受到迅速勃興於中部的回教國家Mataram的威脅。萬丹雖時常與荷蘭發生摩擦，但巴達維亞的荷蘭勢力卻反成爲萬丹的屏衛，保障了萬丹的獨立。

三、華船的來航

萬丹是於十六、十七世紀時，以胡椒貿易的集散中心而發達的。胡椒自古以來爲東西各文明國家主要國際貿易商品之一。而我國一直是東方最主要消費國。唐代以前多由陸路或海路輸入印度產胡椒。到了宋代，爪哇也盛產胡椒，國人已頻頻往販，而西部爪哇異他地方出產尤爲上品⑬。據《諸蕃志》卷上「新拖國」條云：「山產胡椒，粒小而重，勝於打板（Tuban）」。同書卷下志物「胡椒」條曰：「胡椒出闍婆之蘇吉丹、打板（Tuban）、白花園（Pajajaran）、麻東（Medang Kumolan）、戎牙路（Janggolo），以新拖（Sunda）者爲上，打板者次之」。但其他巽他地方，如「新拖國」條末尾云：「但地無正官，好行剽掠，番商罕至興販」。從此可知：宋人雖知西部爪哇產良質胡椒，其行販之地都集中於爪哇中部和東部。到了明初，據馬歡撰《瀛涯勝覽》的「爪哇國」條所列港埠僅有杜板（Tuban）、新村即革兒昔（Grissé）和蘇魯巴益（Surabaya）等三個港口，並已有閩粵人僑居。如此國人行販爪哇，自宋代趨於頻繁，經元代至明初，均駛往當時爪哇各王朝重要港口，亦即爪哇中部或東部港埠，而巽他地方因遠離爪哇政治經濟核心，似尚未有經常的往販。

明初貢舶貿易制度確立後中國爪哇間的通商貿易，多由許多國人化身爲爪哇國的貢使或通譯，

---

⑬ 參閱拙作“Pepper Trade in East Asia” T'aung Pao, LXVII, 4-5, （1982）, pp. 221-247。

以利進行⑭。隨之，馬六甲的興起和滿者伯夷國的衰頽，國人也轉移以馬六甲爲其活動中心。馬六甲淪亡前，爪哇西部的胡椒是販運至馬六甲⑮。可是於一五一一年馬六甲淪落於葡萄牙人手中，國人也就與其他亞洲各國商人，尤其是印度 Gujara 回教商人一樣，自馬六甲轉移散布到各生產地或供給地行販。十六世紀初葉爪哇西部的胡椒貿易口岸，首要是雅加達，其次是萬丹⑯。但自回教王國在萬丹崛起後，雅加達衰落，萬丹　躍成爲國際港埠⑰。來到萬丹行販諸國商人中，印度

---

⑭ 參閱陳學霖，〈記明代外番入貢中國之華籍使事〉，《大陸雜誌》第二十四卷第四期（民國五十一年二月）頁一一六—一二二。又和田久德，〈十五世紀のジヤワにわけゐ中國人の通商活動〉，《論集近代中國研究》（一九八一年七月）。頁五八一—六〇九。

⑮ 前引 Tome Pirés, *The Suma Oriental*, p. 169；日譯本頁二九九；又參閱 Jan Huygen van Linschoten, *Itinerario, Voyage ofte schipvaert van Jan Huygen van Linschoten, naer Oost ofte Portugaels Indien, 1579-1592*, uitgegeven door Prof. Dr. H. Kern（s'-Gravenhage, 1910）, I, p. 77；日譯本，岩生成一等譯，東方案内記，（東京，一九六八年）頁二〇〇

⑯ 同前註。

⑰ 一五九六年六月荷蘭船隊首次駛至萬丹，是年十一月駛入雅加達，其航海記謂：Lin-schoten 著書曾說此港（即雅加達）爲主要貿易港口，但那是好多年前的事。現時在這裡一點交易也沒有。

Gujarat 人和中國人最爲重要。但自荷英兩國人也出現於萬丹後，由於荷英在印度逐漸建立擴大其勢力，Gujarat 人就失去在萬丹的優勢。華船每年帶中國貨品駛至萬丹交易胡椒。據萬曆十七年（一五八九年）的東西二洋行販船隻的分配是四隻。西文資料，據 Diogo de Couto（一五四二—一六一六），對於一五二七年曾來 Sunda Kalapa 要築堡建基地的 Francisco de Sá 的記事裏說：巽他王國的主要港口萬丹、雅加達等地港口，每年自漳州有 Somma 船二十艘駛來，裝載三萬 quiutal〔按一 quintal 合約五十九公斤〕的胡椒⑱。這是包括其餘港口的數目，但可以知道在十六世紀中葉已有漳州海商，到萬丹等地輸出相當多的胡椒。一五九六年 Cornelis de Houtman 所引率荷蘭第一次遠征船隊駛入萬丹，據其航海記，年有八至十艘，載積約五十噸的小船駛到萬丹。其船體在甲板下面變得很尖細，所以沒有多少艙位可裝載貨物⑲。同一船隊的另一報告卻說，載重量有八十至

⑱ 岩生成一上引論文，頁四四四所引 Diogo de Couto, *Decade da Asia*（Lisboa, 1778）, *Decada Quarta*, Liv.III, Cap. I, p. 167.

⑲ G. P. Rouffaer en J. W. Yzerman, ed., *De eerste schipvaart der Nederlanders naar Oost-Indië onder Cornelis de Houtman, 1595-1597*（*s'-Dravenhage*, 1915）, *I*, *p*. 121；又岩生成一，上引文，頁四四八。

一〇〇噸的船隻，年五艘至八艘來到萬丹⑳。據 Jacob Cornelisz. van Neck 所引率第二次荷蘭船隊的報告。於一五九八年自萬丹有五艘華船載運胡椒一八、〇〇〇袋，其時有一艘 Gujarat 商船裝載三、〇〇〇袋，而荷蘭船卻裝運不到九、〇〇〇袋㉑。根據曾經當英國商館員，滯留過萬丹的 John Saris，在一六〇八年間的記載說，萬丹的胡椒收穫於十月，產量三〇、〇〇〇至三二、〇〇〇袋，每袋四十九又二分之一斤㉒。從此可知華人在萬丹的胡椒市場佔有率之高。Saris 又說：於二月至三月，自中國駛來三艘至四艘戎克船，裝載很豐富生絲、絲織品、中國錢幣、陶瓷以及各種式樣的棉織品等貨物㉓。根據英國的 John Jourdain 的航海記，於一六一四年二月間有四艘戎克船自

---

⑳ 同上書，III, p. 193.

㉑ J. Keuning, ed., *De tweede schipvaart der Nederlanders naar Oost Indie onder Jacob Cornelisz. van Neck en Wybrant Warwijck, 1598-1600* (s'-Gravenhage, 1944), IV, p. 92；M.A.D. Meilink-Roelofsz., *Asian trade and European influence in the Indonesian Archipelago between 1500 and about 1630* (The Hague, 1962), p. 243.

㉒ Observations of the said Captaine John Saris, during his abode at"Bantam from October 1605 till October 1609" in Samuel Purchas, *Hakluytus Posthumus or Purchas his Pilgrimes* (Glasgow, 1905) III, p. 506.

㉓ Ibid., 508.

中國裝載生絲、藥品以及其他各種商品來到萬丹。平常是在二月下旬有三艘至六艘，自中國載運各種貨物來萬丹，滯留至五月下旬到六月，而載運胡椒回去。這些船隻大約三百噸或更多的載量而裝載六千至八千袋胡椒以及其他貨品㉔。荷蘭萬丹商館員 Laurens Back 於一六一四年十一月十一日寄給荷蘭本國的十七名董事會的報告信裏也說，二月自中國有六艘戎克船駛至此地，裝載很豐富的絲織品、陶瓷以及其他雜貨和若干量的生絲。其大部分被我們買下來，一部分將輸回本國，其餘即分在各地商館備用㉕。Jan Pietersz. Coen 同年十一月十日寄給本國的信裏也說：過去經常是二艘或三艘，最多來航四艘。今年此地來自中國戎克船卻有六艘，均載貨很豐富。他們載來非常多量的陶瓷、織品、生絲五、六千斤㉖。又一六一五年二月末日，Laurens Back 自萬丹所寄發的信裏說，今年所期待的中國戎克船五艘均到達。帶來三、四百擔的生絲、絲織品、陶瓷以及其他商品㉗。從這

㉔ William Foster, ed., *The Journal of John Jourdain*, 1608-1617, The Hackluyt Society, Work, second ser No. XVI, (Cambridge, 1905) p.316.

㉕ J. W. Ijzerman ed., *Cornelis Buijsero te Bantam, 1616-1618* ('s-Gravenhage, 1923), p. 130.

㉖ H. T. Colenbrander, ed., *Jan Pietersz, Coen, Bescheiden omtrent zijn bedrijf in Indië* (s'-Gravenhage, 1919) I, p. 65：岩生成一，前引文，p.453.

㉗ Ijzerman, ed., *Buijsero*, p. 138.

些例子每年往販萬丹的華船數目，與萬曆十七年明福建當局分配的四艘相比，雖略增，卻增加有限。如與一五九六年的荷蘭記載有八艘至十艘比較，十七世紀初葉的往販船隻反略爲減少。但很顯然船隻自載貨五十噸或八十至二百噸的小船變爲三百噸的船隻。到了一六二五年，根據巴達維亞城日記，於是年二月二十四日駛入巴達維亞的中國船，載重達六百噸，搭乘人員達四百八十名㉘，船舶數目雖沒有什麼增加，積載量卻有顯著增加，小型船隻變爲大型船。其所載貨品的質量均有提高。這是由於荷蘭和英國也來萬丹開設商館，收購胡椒以外，同時也採購中國船運來的中國商品。運輸到萬丹來的中國商品銷售，自亞洲商人間擴大到新來的荷蘭英國兩國人。由於其時外國商船在明廷嚴令之下，不能駛入中國口岸交易，於是原爲胡椒貿易港口，遂發展變爲荷英兩國的中國貿易轉口站。這種華人的中國貨品供給增加，雖然鼓舞了荷英兩國人能就近獲得中國商品，但因荷英兩國人的資金不充裕，卻無法如意地擴展其間接的中國貿易。㉙

㉘ *Dagh-Register gehouden int Casteel Batavia, Anno 1624-1629* (s'-Gravenhage, 1896) p.130.

㉙ Leonard Blussé, *op cit.*, p. 38.; Meilink-Roelofsz, *op cit.*, p. 245.

四、華埠與華人的活動

萬丹位於爪哇西部的萬丹灣，外面有小島可遮風停泊，又有河川分三支貫流通海，與各方交通發達。其腹地盛產胡椒，自其王國勃興，國勢伸張以來，更能誘引許多回教商人和華商雲集來販，各國商船輻輳。其城市據一六〇二年至一六〇五年間駐留於萬丹英國商館的 Edmund Scot 的記述，長約三英里，甚繁華。有城壁環繞，據說其城壁原是由華人建設的㉚。

《東西洋考》卷三「下港」條曰：「華船將到，有酋來問船主。送橘一籠，小雨傘二柄。酋馳信報王。比到港，用果幣進。王立華人四人爲財副，番財副二人，各書記。華人諳夷語者爲通事，船各一人」。文中所云財副是爲王國處理港務的 Shahbander，大多印度回教商人和華商被委處理。其時王室和貴族都是以據有土地收租和抽收貿易的各種稅賦爲其主要財政基礎。當然也有人擁有船隻，投資於貿易。《東西洋考》卷三「下港」條，接著又說，「其貿易，王置二澗城外，設立鋪舍。凌晨，各上澗貿易，至午而罷。王日徵其稅」。可知其時貿易在城外設有二處市場。但據西

㉚ A Discourse of Java,…, in *Purchas his Pilgrimes*, (Glasgow, 1905) II, p. 409.

文資料均說萬丹設有三處市場。Houtman 的荷蘭首次航海記中，Willem Lodewycksz 對於市場有詳細叙述並附有圖。其大略謂：萬丹日開三次市。他們在那裡銷售所有商品。第一市場是在城市東側爲此特設的廣場，凌晨所有各國商人來聚。即有葡萄牙人、阿拉伯人、土耳其人、中國人、Quillim 人、庇古人、馬來人、孟加拉人、Gujarat 人、馬拉巴人、阿比西尼亞人（Abexins）以及全印度所有地方的商人，來此各自交易，生意做到九點就收市。對於市場裡面他又說：市場前面有一淸眞寺，有木柵圍著市場。在那裡有數名婦女，拿著袋子和名叫 ganta 的秤子坐著。農民會帶著胡椒來市，這些婦女就向他們，以一 ganta 八百至九百 caxas 的價錢購入。她們對此生意很熟練。那裡又有些華人很精明地站在那裡。如遇有當地人來，他們就會上前問多少價錢就會出售。……進入木柵裡面，兩旁有許多婦女賣蒟醬、檳榔、西瓜、香蕉等。過此在右邊有男人出售各種武器。也有賣白色或黃色的白檀。在左旁賣砂糖、蜂蜜以及其他所有甜的調味料。比鄰即豆市場，各色豆子秤斤銷售。一 ganta 是三百 caxas。接著即洋葱和蒜的市場，人們至此即不再通過去。在這附近有商人在徘徊。他們持有各種綿布或很多量的其他商品。他們也以資金投資於航海，如航海成功，即獲利雙倍，如船隻遇難即失去投資金額。其右側有家禽市場。在此處路分爲三條。第一條通到中國人攤棚，第二條通至菜市，第三條通到肉市。到中國人的攤棚（Chineser cramen），右側先有寶石商。他們是波斯人（Coraçones）及阿拉伯人，賣粗質紅寶石或風信子石及其他寶石。左邊有孟加拉的攤子賣雕刻品以及雜貨。其對面有中國人的攤棚，面對面成一排。他們出售各種生絲，各樣花色的絲織品、生絲、絨緞、金襴、金線、陶瓷、漆器、大小銅壺、水銀、精巧木櫃、各種紙張、曆書、金封面的書、鏡子、梳子、數珠、琉磺、日本刀、加漆刀鞘、人蔘、扇子，陽傘等。兩旁攤棚都堆滿了這些貨品。到第二條路，右邊是孟加拉雕刻品店，左邊有男子在賣棉布。其隔壁是一已婚婦人賣綿布。那裡須推開旁人才能擠過去。再走過去兩旁有水果和蔬菜市場。……此市場一直連續到廣場的末端。再返回到攤棚那邊就有魚市場，再進有肉市場，相連有香料市場。在那裡有婦人坐著，她們有自己攤棚，零售各種香料，有黑胡椒、白胡椒、肉豆蔻、丁香等等，品類衆多，我們把名字忘記了。其右側有米市場，袋子裡裝置大量的米。市場旁邊海岸拴住小船，也裝載米。沿路過去有壺子、袋子、蓆子和鹽的市場，均自 Jortan 及其他各地運來的。這些也運輸到別處或在這裡消費。左邊有油市場和椰子市場，再通到最初進來的處所。那裡有商人或船主在徘徊。他們航海到各處，從事貿易。這第一市場收市後，第二市場在 Paceban（即王宮廣場）開始。在該處銷售各種日用商品，主要銷售糧食。又居民也銷售胡椒給中國人。此市場開到中午，有時候開全日。下午在唐人街裡面開市，也銷售各種日常商品，也賣山羊、雞等。而在此市場終日開到夜晚。中國人頗勤奮工作。國王對這些市場的交易每日徵稅，但對交易一點也不會干涉㉛。

《航海記》的萬丹第一市場圖（如附圖一），附有A至X的註記。圖中的K就是華人店鋪。從上可以知道萬丹市場有當地和外地商人每日聚會，有各種日常商品至國際船來高貴商品等批發或零售。其中華人所交易的品目和數量之多，營業時間之長，又從附圖一也可看出華人在市場佔地最寬闊，從各方面可以顯出華人對於當地的經濟和日常生活具有很大的影響。

稍後，於一六〇四年十二月三十一日屬於 Steven van der Hagen 船隊的一船 Gelderland 號駛至萬丹，根據其船員 Hendrik Jansz. Craen 的日記，在一六〇五年一月五日條說，萬丹有三處市場，有很多地方或國家的人來貿易。……最主要市場叫做大市場（de Grooten basaer），自凌晨開到九點鐘㉜。同時期英國人 Edmund Scot 的記載也說，萬丹每日有三處市場，一處開於上午，二處開於下午。尤其是開在上午特別人多而擁擠，像英格蘭的好多市集一樣㉝。如此西文資料均作三處與

㉛ 前引 *De Eerste schipvaart*, I, 頁二六五—二六七.；生田滋，前引文，頁四五四—四五五.；岩生成一，前引文，pp.454-455。

㉜ J.K.J. de Jonge, *De opkomst van Nederlandsch gezag in Oost-Indië*, III, 1595-1610（s'-Gravenhage, 1865）, p. 181.

㉝ *Purchas his pilgrimes*, II, p. 439.

《東西洋考》作二處有差。這是因爲《東西洋考》明說「王置二澗城外」，在城市王宮廣場的市場未算在內所致的。

華舶帶各種生絲、絲織品、綢緞、陶瓷以及中國錢幣等來萬丹，除採購大量的胡椒以外，自萬丹也輸出白檀、丁香、肉豆蔻、鱉甲、象牙等貨㉞。

華船每年往販於萬丹，自然有僑居的發生。一五九六年 Houtman 船隊初次來到萬丹時，他們就發現了華人的居住區，說：萬丹的華人是獨住於另一特區，圍著強固的柵欄，外面又由一沼澤保護。那裡有市內最好的房屋㉟。

Lodewycksz 的荷蘭第一次航海記中尚有一張萬丹的鳥瞰圖（如附圖二），從此圖我們可以看到城市中央有王宮(A)，其前面有廣場(B)，廣場西側有清眞寺(H)，西邊隔河有柵欄所圍繞的華人居住區(I)，圍柵西邊可以看到市場(T)，華人住家向南東邊有一棟房屋即荷蘭商館(X)。城市東邊隔河則可看到第一市場。

Scot 對於華埠的描寫說：該市末端有唐人街。有一條狹窄的河流隔著。此河流通過唐人街盡

㉞ *De Eerste schipvaart*, I, p. 123; III, p. 193.

㉟ Ibid., I, 121,；岩生成一，上引文，頁四四九。

頭，溯行到王宮。由於通過本城市中央，因潮水漲落，在漲滿時 Galli 船或戎克船均可滿載貨物溯行至城市中心。此唐人街大部分是磚造。每一棟都是四方，平頂的房屋，有些有木板或小木材，或用劈開的藤搭蓋，其上面再敷磚或砂以防火。在這種磚造倉庫下面設有一儲藏室，用大藤敷蓋，也有些用小木材建築，但大半只用藤敷蓋。近數年，自我們到此地以來，許多富戶把他們的房屋改建爲到頂全部防火。這種房屋，當初我們來時只有港務長（Sabinder）的房屋或者華人富商的房屋而已。雖然如此，猶自窗戶或周圍的貯藏室被火災燒光了。位在此市區內，同樣方法建造的有英國和荷蘭的房屋。只是它們比普通的房屋更大更高而已。最近荷蘭人花了很多費用和費盡勞苦，蓋了一棟到頂全部磚造的他們認爲可防火的房屋㊱。從這些記述，我們可以知道在十六、十七世紀之交，在萬丹僑居外商中，只有華人聚居，單獨形成一社會，顯然僑居漢人數目與其他外商相比，人數最多，對其社會經濟也最具勢力。此華埠的人口，據岩生成一師的估計，一時達三、四千人，後來時常遭遇火災，又一六一九年受到荷蘭與萬丹當局的衝突的餘波而被破壞，一六二四年左右重建於自海邊往內南移的地方㊲。

㊱ *Purchas his pilgrimes*, II, pp. 439-440.

㊲ 岩生成一，上引文，頁四五八—四六五。

僑居於所謂「唐人街」的華商似大多原來是附搭華船來萬丹的散商定居下來，從事小本生意的。由於萬丹港口主要是以胡椒貿易，所以這些華人小生意人，其主要行業自是以蒐購胡椒爲主。胡椒的收穫是十月，又十二月至正月間，自蘇門答臘的 Jambi 等地會運輸大量胡椒來到萬丹。然由於印度洋和中國方面的海洋季節風季方向時間不同，印度洋方面的船隻依例都比華船先到達萬丹，於是先到的印度洋方面回教商人常先搶購胡椒囤積起來，而俟華船駛到即高價銷給華人，以易中國貨品㊳。在這種情況下，壓冬留下來的華船散商，自然從事於蒐購胡椒，以備下次風期來臨，華船駛到萬丹時售給同國人。胡椒價格每年是否豐收，時常有起落。收穫時期與華船駛入時與駛出時，蒐購裝運價格會波動，據說平常與華船駛來時，價格會漲兩倍㊴。所以華船來到以前，以低價購進，俟華船來到，再以較高價出售，顯然一項很穩賺生意。上面關於萬丹市場的記述裡，我們已知道有些華人站在市場外面收購胡椒情況。胡椒的價格在生產地自然比萬丹的市價更低廉。於是僑居萬丹華人自會有很多直接跑到生產地向農民採購胡椒。前引荷蘭第一次航海記裡也說：居住此地華人，爲向農民採購胡椒，人人手拿秤子，到內地村莊，（附圖三）先衡量其分量有多少，心裏想人

㊳ Blussé, *op cit.*, p. 29 ., *Eerst schipvaart*, I, p. 121.

㊴ *Eerst schipvaart*, I, p.86 ; Meilink-Soelofsz, *op. cit.*, p. 246.

們須多少錢，後出價支付價格，如此中國船來臨以前，蒐置胡椒，以二袋胡椒一 cate，即十萬 caxas 出售。如此買到八袋或更多㊵。可以知道華人大多是僅購進八袋多的小生意人。這些華人大概在十月的收穫後，二、三月間的雨季前，獨自跑進內地，收購胡椒。他們跋涉山野險路，甚至沒有道路，也進去蒐購胡椒。這樣進入內地蒐購，能搬運數量雖不多，但利潤頗高，可達四倍。蒐集量每人每次雖不多，卻由於人數衆多，所以在短期內也可蒐集到大量胡椒。又在二、三月間的雨季，河川上漲，便於航行，內地的生產者會順流航運胡椒到海濱來出售。華商爲便於收購，甚至把居處往南移㊶。我們從萬丹市街圖也可以看出華埠位於城市西側河邊，北邊面海，便於交通的地區。

當荷英兩國公司各在萬丹設置商館，競購胡椒後，萬丹的出口數量劇增，於是僑居萬丹富商更自備船隻，到蘇門答臘或婆羅洲的胡椒生產地，採購運輸至萬丹。所以在萬丹僑商有許多往內陸和往海外蒐購胡椒的大小商人、經紀人的產生。萬丹華人已成爲三四千人的社會，除了上述胡椒商，運輸者以外，當然也有從事其他行業。Edmond Scot 曾說：華人皆作種植、衣服及蒐集胡椒，也播

㊵ Ibid., I, p. 122.

㊶ Meilink-Roelofsz, op. cit., p. 246.

種他們的稻米，在他們（即爪哇人）下面過得像奴隸。但是他們攫走土地所有財富。因爲爪哇人太懶惰了㊷。如此華人除蒐集胡椒以外，也有成爲當地人的佃農，從事農耕種稻，也有開裁縫店。

據 Houtman 船險中搭乘 Schip Hollandia 號的軍官候補生 Frank vander Does 的記載，當荷蘭船初次到達萬丹時，有多國商人到船上來，如像設置市集一樣，展示各自商品。其中，中國人帶各種生絲、絲織品、精巧陶瓷以及各種珍奇東西。爪哇人帶雞、蛋、鴨及各種水果。阿拉伯人、回教人、土耳其人以及其他各國人也帶可想得到的東西來㊸。如此，一有船隻入港，即到船上擺攤子，可推想也有許多華人從事於各種雜貨品零售的行商。

其他尚有生藥的行商、理髮師、金匠，各種工匠、伐木者、造船業、釀酒業等各種行業㊹。在《巴達維亞城日記》也可以看到萬丹、巴達維亞等地華人漁夫的記載。由於萬丹是國際港埠，華人有些甚至也有從事販賣色情行業，購當地婦女做爲自己妻子以外，卻也有使她們賣春，出售春畫

㊷ *Purchas his pilgrimes*, II, p. 441.

㊸ *Eerste schipvaart*, II, p. 293 ; J.C. van Leur, *Indonesian trade and society* (The Hague, 1955), p. 3

㊹ Blussé, op. cit., p. 36.

書㊺。砂糖成爲有利國際商品後，萬丹華人也比巴達維亞華人較早就從事種蔗製糖。

華人如 Scot 的記述，克勤克儉，把當地所有財富都吸收了去。所有文獻都說華人辛勤耐勞工作，卻也指出極擅長經商，會使用各種欺詐和哄法，唯利是圖的劣性。

五、荷英爭霸與華人

萬丹在十六世紀初葉因葡萄牙人的東進和回教勢力的傳播，於東南亞引起衝擊而勃興。到了十六世紀末葉與十七世紀之交，荷蘭與英國兩國人開始出現，情勢又發生變化。當一五九六年 Cornelis de Houtman 初次來到萬丹時，很快就得到萬丹當局的同意，締結友好通商條約，卻由於 Houtman 的無能和傲慢，船員素質的低劣粗魯，引起摩擦。Houtman 只帶回少量貨物，得不償失；然卻由此能證實可衝破葡萄牙人的控制通達到香料群島，於是鼓舞了荷蘭人的海外發展的熱潮。

一五九八年 Jacob Cornelisz. van Neck 引率第二次船隊，來到萬丹時，恰好葡萄牙人與萬丹交

㊺ de Jonge, *De Opkomst*, III, p. 181.; Blussé, cp, cit., p. 36.

惡，又van Neck爲人幹練謹愼，遂與萬丹重修友好，得滿載胡椒歸國，獲利甚豐。van Neck的副指揮Wybrant van Warwijck和Cornelis van Heemskerk分別到達Banda, Ternate等地，於一六〇〇年回到荷蘭。於是荷蘭人紛紛組織公司，爭來東方，形成惡性競爭，遂於一六〇二年成立聯合東印度公司，自國會獲好望角和麥哲倫海峽之間的地區之貿易獨佔權。荷蘭各公司聯合後，遂至集中力量，於各地展開攻擊葡萄牙，雖葡萄牙極力反攻，但在香料群島爭霸中，荷蘭人已獲得優勢地位。

其時英國方面受到了荷蘭人成功的刺激，於一六〇〇年年底成立了英國東印度公司，獲得東方貿易壟斷權的皇家特許狀，於是James Lancaster所引率的第一次船隊，於一六〇二年十二月十六日駛至萬丹，獲准設立一商館，留下商館員，船隊也滿載胡椒香料回國。其時荷蘭對於來到萬丹的獨立戰爭時期盟友英國人尚友好相待。

但是英國公司的第二次船隊四艘，在Henry Middleton引率下，於一六〇四年十二月二十三日到達萬丹，其中二艘再往東駛到香料群島，打算建立直接貿易的聯繫後，荷英間就開始產生摩擦了。荷蘭人在公司獨佔政策下，認爲他們付出了很大的代價才得到的權益，英國人卻亦步亦趨，想分享其利。嗣後每次英船到香料群島，均受到荷蘭人的排拒，引起兩國人間不斷的糾紛。兩國人在各地的反目，報告到達萬丹後，對於萬丹的胡椒貿易競爭，加深敵視，時常在萬丹引起互鬥。

萬丹是貴族政治的城市，其社會結構是國王之下由貴族階層構成統治階級。城市分割各區，由貴族分領，而私養武裝扈從以備戰事，豢養奴隸從事耕作和家務或手工藝生產。其時國王年幼，攝政操國柄，而政治由參政會議運作。國王等統治階層持有廣大土地，由佃農和奴隸耕作，農業是其權柄的基盤。對於貿易事務，國王僅握有外舶入港、卸貨、交易的許可權而課徵入港稅和交易稅，而由港務長（Shahbandar）掌管。港務長是自外來的印度或中國等商人中選任，國王和貴族未曾直接參與貿易實務。貿易興盛成爲國家豐富稅源，同時往往也成爲顯官權臣爭權謀私利的利藪，然印度回教商人和中國商人爲自萬丹王國建國以來主要外商，又自這些外商中選任港務長，所以早就與萬丹當局建立了密切關係。

荷英兩國人新來，大量採購胡椒，對萬丹的繁榮自有所貢獻，初到時受到歡迎。然荷蘭人所追求是貿易獨佔之利，排除競爭，強求由東印度公司壟斷，壓低價格，購運輸出。荷蘭的這種貿易策略與萬丹當局的利益相悖，甚至將會威脅到其獨立，損害國益。英國人的公司，其性質雖然也是追求獨佔之利，但與荷蘭比起來，其勢力、資本比較薄弱，無力推行壟斷貿易，因此萬丹與荷蘭間和萬丹與英國間關係有所不同，荷蘭時常採取高壓手段，英國因與荷蘭競爭及處劣勢關係，與萬丹當局較溫和。

萬丹爲其胡椒貿易的稅收，一直採取各種措施，以抑制荷蘭人的優越地位不趨過於膨脹。然萬丹對於如葡萄牙，或新興起於中部的 Matram 王國的外來威脅，卻有意謀求荷蘭的支援。

萬丹的胡椒貿易，華商一直執其牛耳，最爲重要。荷英，兩個的蒐購胡椒均需靠華商，又除胡椒貿易以外，如前所述荷英兩國均以萬丹作爲轉口站，經營中國貿易，須要中國商人自其本國販運中國貨品來萬丹供應。因此無論胡椒貿易或中國貿易，荷英兩國人均必須華商的合作。然對於胡椒貿易荷蘭英國兩國人想盡辦法壓低胡椒收購價格，而華商當然希望價錢愈高愈好。對於萬丹當局來說，如價格高，稅收也增多，所以當局和華人爲維持較高行情，反對荷蘭人的高壓壟斷。又爲確保華商自中國來採購所需胡椒，僑居萬丹華商和當局也不願意荷蘭人的壟斷購進。僑居華人富商與萬丹當局關係密切，協力圖謀控制行情。因此萬丹當局爲提高胡椒價格，時會發布命令禁止裝載搬運。可是大部分僑居萬丹的華商，如前述是資本菲薄的小生意人，他們往往依賴荷英兩公司的信用貸款，以便蒐集大量胡椒。然荷英兩公司也利用這種貸款，可以約定的低價格籌購，以確保胡椒的數量。

華商爲擺脫荷英兩公司的羈絆，就出現食言違約，尋找出高價者。對於華商的違約，荷蘭人即想逼迫華人遵守契約，而荷英兩國人間也互相競買，互相猜疑，出現暗中出比競爭者較高價格。如此圍繞著胡椒貿易之利，萬丹當局、華商和荷英兩國人之間，釀成很複雜糾葛的關係。在華人富商間就發生與那一方提攜合作爲宜的決擇困擾，華人之間自然會被捲入荷英之爭霸或荷蘭與當局間的紛擾。如 Simsuan 是與荷蘭人提攜合作，將自己房屋租給荷蘭人作倉庫，到 Jambi 爲荷蘭採購胡椒，卻被萬丹當局逮捕入牢。他對荷蘭公司曾未能交納大量胡椒，缺公司一大筆負債㊻。如林六哥即任萬丹攝政的顧問，曾反對荷蘭，但後來他約於一六二二年間移居荷蘭建設中之巴達維亞，一六二八年曾來臺灣貿易㊼。

由於華人在萬丹的經濟生活具有甚深影響力，經濟活動即以中國衡量爲標準。萬丹沒有自己鑄錢，使用自中國進口的中國錢幣。於是在福建省曾以鉛私鑄劣質錢幣，出口流通於萬丹以及東南亞各地。然荷英兩國人輸進來萬丹的貨物是不大適應亞洲市場，銷路不大的歐洲毛織品等和在東南亞銷路極廣的印度產棉布，以外就是自歐洲帶來，或者自葡西兩國人搶來的大量銀幣，歐洲物品對華商沒有吸引力，但由於中國的銀流通，自明中葉以來盛行，而國內銀產奇缺之下，荷英兩國人所帶來銀幣極爲華商所渴望。於是以萬丹作爲轉口的中國貿易，中國商人爲換取銀幣，日趨興盛，造成明末國人下海販洋的熱潮。如 Jan Pietersz. Coen 於一六一六年正月五日自萬丹所寄回信裡說：

㊻ Meilink-Roelofsz, op. cit., pp. 250-251; *Coen*, VII-I, p. 858.

㊼ Ibid., pp. 256-257.

Mauritius 號和 Rotterdam 號載運很多生絲、絲織品、陶瓷等中國貨回歸荷蘭本國。這些是過去在澳門做生意的中國商人，各帶值三萬至四萬 real 銀幣的貨物來到萬丹⑱。這可以表示荷蘭人齎來萬丹的銀幣誘引了中國商人的例證。中國商人帶來貨物，如生絲、絲綢、陶瓷等質量均因之提高改變，這種中國貨物市場的擴大，也影響明代國內經濟情況。

然西洋銀幣與萬丹流通的中國鑄鐵，在市面流通，兌換率與流動量的多寡時常有波動。因此能精打細算的華商不但在萬丹輸入錢幣、輸出銀幣，利用兌換率和物價變動的時期吸取其利益。同時也會引起萬丹銀幣的短缺。這種市場的操作其詳細須留待將來研究，但下面幾個例子也可知其大概。例如，《東西洋考》卷三下港條交易項云：「貿易用銀錢，如本夷則用鉛錢。以一千爲一貫，十貫爲一包，鉛錢一包當銀錢一貫云。」又「下港爲四通八達之衢，我舟到時，各州府未到，商人但將本貨兌換銀錢鉛錢。迨他國貨到，然後以銀鉛錢轉買貨物。華船開駕有早晚者，以延待他國故也」。又荷蘭第一次航海記，說：他們帶來在萬丹、全爪哇及周圍各島所流通的錢幣，馬來語叫 Cas（按其他地方作複數 caxas），爪哇稱 Pitis。比荷幣 Dueyt 還小，劣質，攙合一點銅，以鉛鑄

---

⑱ Blussé, op. cit., p. 38；Coen I, p. 167.

造，因此很易壞，從箱子掉下，其中八個、十個或十二個，有時候會壞更多。又浸在鹽水一天一夜，就會黏上，其半數就壞。此錢在位於北緯二十三度處的漳州鑄造。……在中國不流通……用稻草串起來。因爲其中有個方洞。此錢二百個稱一 satac，等於我們的錢一 blanc，每串五 satas，一千個叫一 sapocou，此錢一萬二、三千個兌換我們的一 real 銀幣㊾。又 John Jourdain 的航海記裏說：每年大約在二月末旬，自中國有二、三、四、五或六艘戎克船來到萬丹，齎來前述各種商品。這些戎克船在萬丹滯留到五月末旬或六月，然後離開。大部分載胡椒，由船隻約有三百噸或更多的載積量搬運六千、七千至八千袋的萬丹產胡椒及其他各種貨物，如白檀和巨額貨幣。這是他們利用自中國帶來的錢幣（cashas）或鉛錢，從此國輸出 real 銀幣。雖然我們和荷蘭人每年爲付胡椒的代價，帶那麼多的銀幣到萬丹來，卻非常缺少銀幣。這是由於中國戎克船每年運回中國所致的㊿。又於一六一八年三月十八日 Jan Pietersz. Coen 自萬丹寄回本國的信說：由於萬丹攝政亞意驅逐華舶多，於是中國船隻一段時期只帶很少數的 cassie 錢，Cassie 的行情暴漲，以前三萬個兌換一 real 銀幣，

㊾ *De eerste schipvaart*, I, pp. 122-3：岩生成一，上引文，頁四五七。

㊿ William Foster, cd, *The Journal of John Jourdain*, p.316.

現在一 real 不能兌換八千個以上51。可知銀幣鉛錢的兌換受華商的操作利用。但也有中國商人於一六一五年輸往生絲約三百擔以及其他商品，比往年多，然因荷蘭缺少現款資金，致使中國商人虧損之例52。

萬丹時或以禁運，或以提高稅銀以抑制荷蘭人的高壓壟斷，荷蘭人即圖謀在萬丹藩屬雅加達另建一商館以應付萬丹當局的刁難。一六一一年一月總督 Pieter Both 自雅加達當局，付一千二百 real 銀幣，在華商 Watting 的營區（Chineesch kamp）取得一建地53。於是萬丹與雅加達之間也發生猜疑、嫉妒、緊張，而卻在荷蘭人與萬丹當局間之摩擦，使得雅加達漸漸趨於繁榮。自一六一八年 Jan Pietersz. Coen 任總督，他積極推動其獨佔高壓政策，於是荷英間的爭霸，萬丹與荷蘭人間的紛擾，萬丹與雅加達間的反目節節昇高，遂於是年十二月荷英發生戰爭，十二月廿九日英國艦隊駛到萬丹，三十日去攻襲雅加達。其時荷蘭勢力分散，雅加達勢力單薄，極為危險，Coen 避開英國人的銳鋒，到 Amboina 集結勢力，其間萬丹動員來攻圍雅加達的荷蘭城堡。至次年五月底 Coen

---

51 *Coen* I, p. 332.

52 Blussé, op. cit., p. 38 ; Coen I, p. 115-116.

53 Fruin-Mess, op. cit., II, p. 72.

率領強大艦隊，自 Amboina 歸來解圍。雅加達轉危爲安，遂爲荷蘭人所固守確保，Coen 建築新城，改稱 Batavia（巴達維亞），嗣後 Coen 反擊英國人，在東南亞英國人的勢力大損。在爪哇荷英爭鬥很複雜，已有許多荷英兩國人士詳細研究，這裡無須細述。然僑居萬丹華人於其間頗受殃及紛擾，又萬丹遭荷蘭人的封鎖港口受很大影響打擊。此時爲建設巴達維亞，荷蘭人頗鼓勵萬丹華人移居巴達維亞，甚至強迫綁架，軟硬兼施，誘引華人以充實巴達維亞。如一六二〇年一月二十二日 Coen 寫給本國的信裡說，自萬丹每日有許多中國人逃亡到我們這裡來。人們推測尙有二千名在萬丹，他們也將會盡速來到我們這裡㊹，嗣後隨巴達維亞的興起和 Coen 的獎勵許多自動移到巴達維亞。如一六二一年自柬埔寨有三艘戎克船裝載各種糧食，搭乘很多中國人爲居住這裡到達巴達維亞㊺。在國際貿易上萬丹的地位遂被巴達維亞取代，華人的活動舞臺也移至巴達維亞。到了一六八二年萬丹王國屈服於荷蘭人，英國商館也撤退，英國勢力僅局限於印度。

㊹ Opromst, IV, p. 197.; Coen, I, 536.; 岩生成一，上引文，pp. 451-2.

㊺ Coen, I, p. 614.

六、結論

萬丹以胡椒的產地，在十六世紀初葉，因葡萄牙人東來的衝擊而興起。後於十六世紀末年、十七世紀之交，荷英兩國相競來臨，雖一時更隆盛，但在荷英爭鬥間，萬丹地位不安定，雖一時能維持其繁榮，俟巴達維亞建立其國際貿易港埠之地位後，萬丹遂趨衰頹。到十八世紀以後，胡椒在國際貿易上失去其重要性後，萬丹也完全喪失其國際貿易的地位。萬丹的盛衰是受國際商業勢力的轉變和地方政治勢力的隆替之影響，這是一個東南亞國際港埠盛衰的典型。

華人的海外發展，貿易扮演著重要角色。由於西力東漸，亞洲貿易圈擴大，因此國人海外活動也在明末清初造成高潮。國人海外活動的舞臺也因國際港埠盛衰而轉變。明末國人的貿易兼具了運輸的貿易和採辦特產到目的地的兩種特色。

國人的貿易活動帶來了華僑的產生。華僑的經濟活動初期階段都作中間的經紀人或零售商爲其特色，成爲東南亞多元社會形成的因素之一。

明代華人在萬丹的活動已能顯示出這些特性。

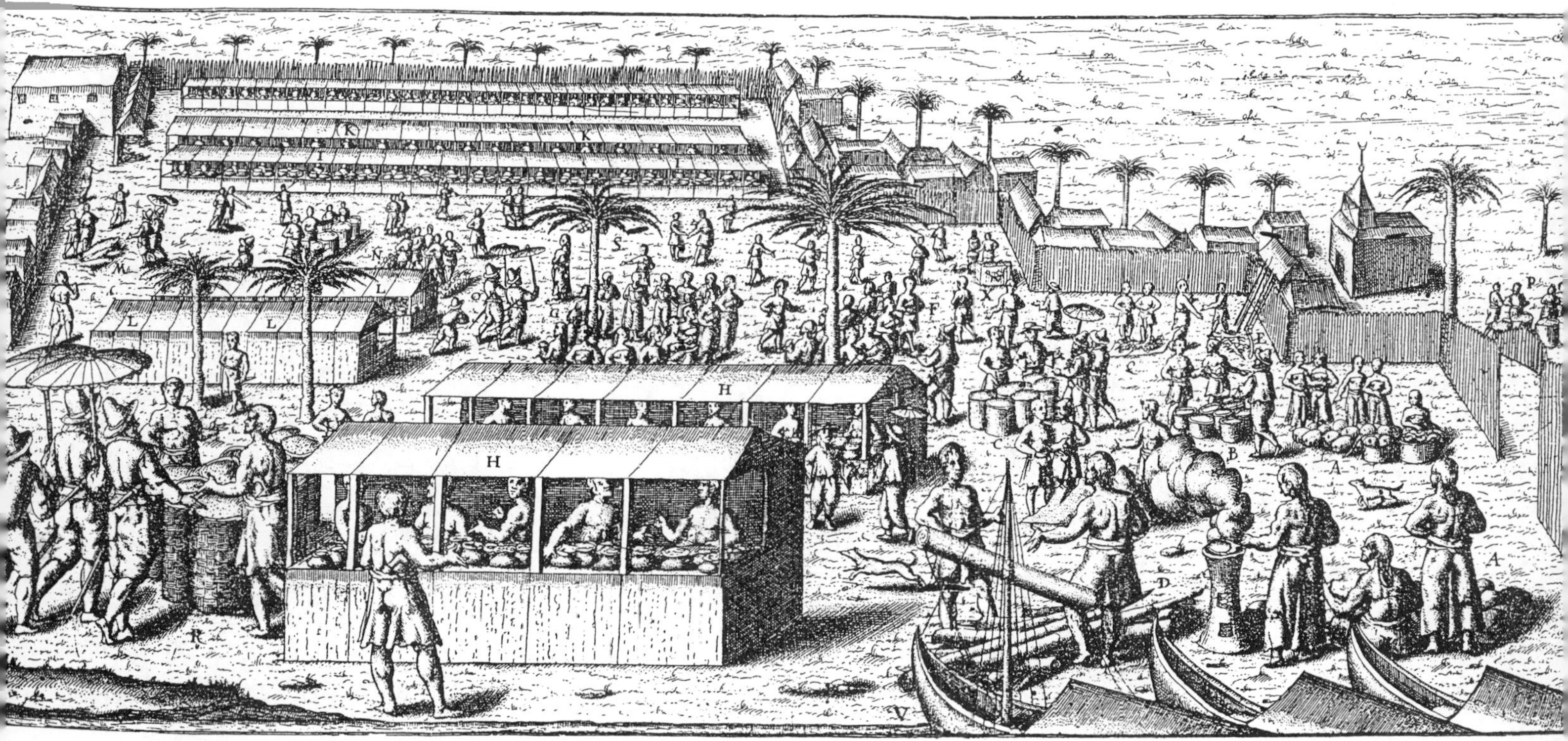

附圖一

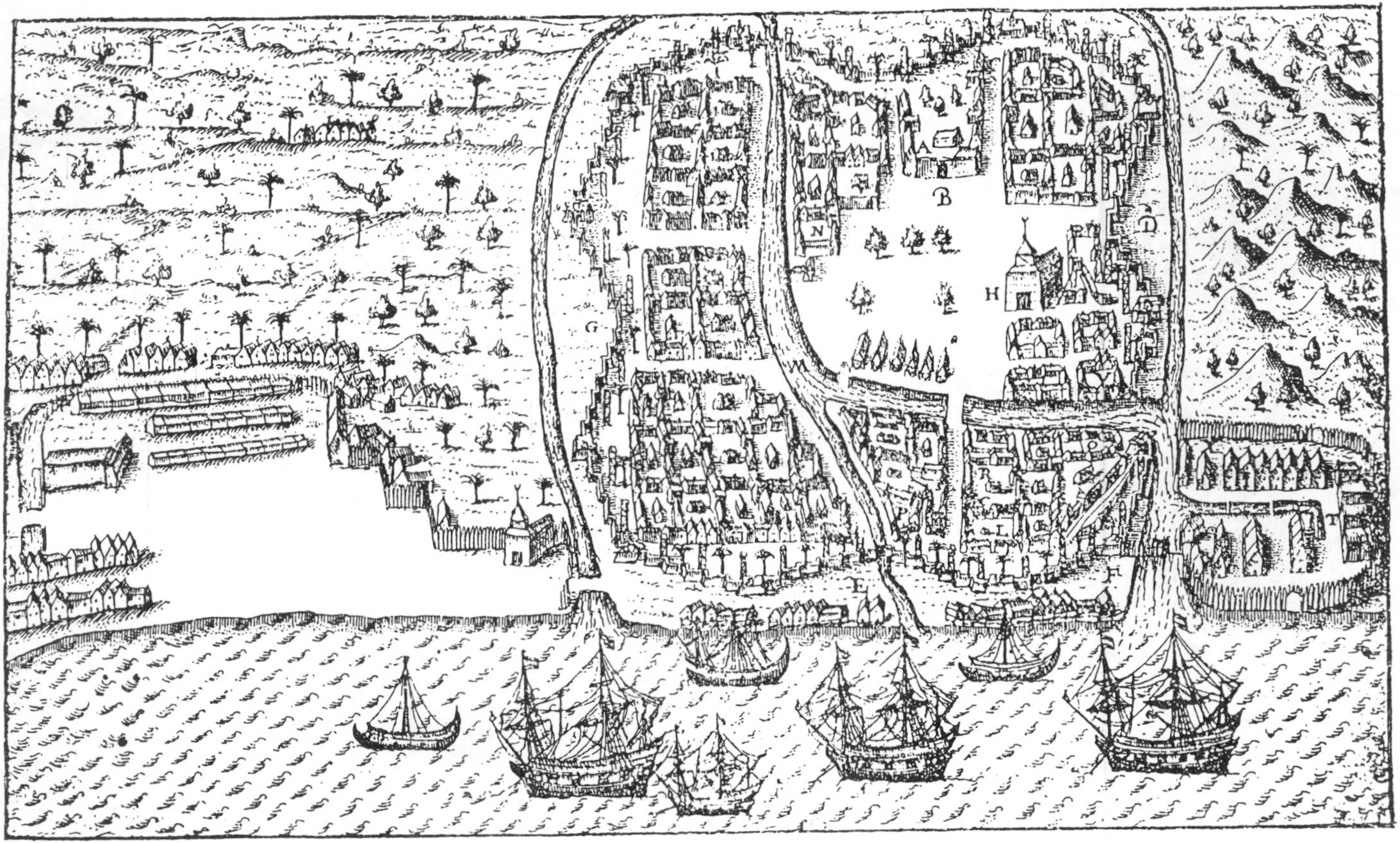

附圖二

附圖三

關於琉球程順則與其所刊刻《指南廣義》

一、前言

近代以前地表上有幾個歷史世界。其中，在東亞地區以中國爲核心，包括相鄰地區韓國、日本、越南等地，自成一歷史世界。東亞世界是以中國文化爲主要成分，其國際政治的構造是以中國爲軸心，在朝貢11冊封的體制下運行。然其關係的維繫因時代的推移而有所變化。在其演變歷程中，經濟上也形成了緊密的東亞交易圈。對此東亞世界的形成和所謂東亞世界秩序的結構，已有許多中外學者的探討①。

構成東亞世界的共同文化指標學者已多有提起，雖然大約可歸納爲⑴漢字文化，⑵儒教，⑶律令，⑷佛教，⑸科技。其中，漢字漢文的學習卻是各地與中國交通的首備要件。透過漢字漢文來彼此溝通。尤其是送給中國政府的國書，更非用漢字，符合禮制和格式不同。因此與中國交通的各地相關官員，必須學習漢字漢文，必須有解讀甚至寫作國書的能力。然當初各國未熟習漢字漢文時，大都聘用僑寓華人代爲處理國書。於是漢字漢文成爲東亞世界通用的國際文字。隨著漢文的學習和流通，中國的典章制度及學術宗教也流布各地。漢字漢文的學習和中國文化流布主要是透過漢籍的刊刻流通爲媒介。

東亞各國各地間的相互交流，漢字漢文是首要溝通工具；然實際來往，雖韓國、越南等地曾經利用陸上交通，但整個東亞地區彼此來往，海路仍是主要交通手段。然海上交通卻須克服包含船

① 例如：西嶋定生，《中國古代國家と東アジア世界》（東京，一九八三），頁三九五—七三九；藤間生大，《東アジア世界の形成》（東京，一九六六）；高明士，《光被四表——中國文化與東亞世界》，《中國文化新論》〈根源篇〉（臺北，一九八一）頁四七九—五二二；西里喜行，東アジア世界史研究の視點、方法、論點—諸說の檢討，《琉球大學教育學部紀要》第二十七集第一部（一九八四），頁九五—一二三。

隻、航路、操船等有關航海技術問題，須自先進國家學習引進有關科技。本文是以琉球中山王廷臣程順則所刊刻《指南廣義》爲例，略作介紹透過書籍的刊刻，流傳中國之航海科技。

二、琉球之久米村

中國爲宗主國，以中國爲中心的天下秩序觀所形成的東亞世界，在唐帝國崩壞後，東亞國際政治秩序發生變化。由於宋朝國力脆弱，無法維持宗主國地位，卻因中國經濟發展，仍扮演東亞交易圈的核心。到了明太祖開國立朝，遣使招諭各國，重新確立冊封體制，交易關係限於朝貢貿易的架構，重建東亞世界，於是東亞國際秩序與東亞交易圈密切重疊整合。

明太祖於洪武五年（一三七二年）派遣楊載出使琉球，是年冬琉球中山王察度遣其弟泰期奉表入貢。這是對於琉球史上具有劃時代的歷史意義。琉球自此始進入具有文字記載的歷史時代，對外成爲明太祖所重整東亞國際社會之一成員；對內即前代已自割據各地的豪族「按司」（Aji）的社會，形成了三個王國，而與明不斷交通之間，遂實現了政治的統一，社會經濟和文化均有顯著的進步。琉球中山王國利用明朝冊封＝朝貢的體制下，遂成爲東亞交易圈的轉口中心，發展海島經濟，於十五世紀出現其極盛時代。

進貢貿易既爲琉球王國的經濟命脈，故頻勤遣使修貢。爲順利進行朝貢，琉球王廷當初所面臨問題，當然首是學習漢字漢文和熟習航海技術以利往來。洪武二十五年（一三九二年）琉球國中山王察度和山南王承察度各於進貢之時，遣其從子、寨官子等入監就讀②。從此琉球學生不斷來華學習漢字文化。

至於熟習航海技術一事，即由於琉球恭勤修貢，又明太祖爲使琉球能充分扮演所付與其在東亞世界的角色，頗優遇琉球，曾賜海舟和撥賜善操舟者，以幫助琉人航海入貢。顯然中琉正式關係建立當初，琉球毫無疑問，須依靠明人以解決航海交通有關問題。關於賜舟，文獻上初見於《明太祖實錄》卷一七〇，洪武十八年（一三八五年）春正月丁卯條，云：「賜琉球國朝貢使者文綺鈔錠，及以駝紐鍍金銀印二，賜山南王承察度、山北王帊尼芝。又賜中山王察度、山南王承察度海舟各一③。」清徐葆光撰《中山傳言錄》卷六舟條。，云：「貢舶，式略如福州鳥船。……前明洪永

② 《明太祖實錄》卷二一七，洪武二十五年五月癸未條，臺北，中央研究院歷史語言研究所影印本，第七册頁三一九七；又同卷二二三，洪武二十五年十二月庚申條，臺北影印本第八册頁三二六〇—三二六一。又見於和田久德，〈明實錄の沖繩史料㈠〉，《お茶の水女子大學人文科學紀要》第二十四卷（一九七一年三月）頁二四—二五。

③ 臺北，影印本第六册，頁二五八一—二五八二。又和田久德，前引文，頁二三。按對於中山王察度賜鍍金銀印，既見於《明太祖實錄》洪武十六年正月丁未條。

中，皆賜海舟；後使臣請自備工料，於福州改造。今本國舟工，亦能自造如式。」可知初獲賜舟，後來進而能如式自造④。

關於明太祖撥賜閩人與琉球，中琉文獻雖均有記載，惟自明代以來各書紀錄均缺詳⑤。明方面記載此事目前見於嘉靖十三年（一五三四年）陳侃撰《使琉球錄》爲最早，云：「我太祖之有天下也，不加兵，不遣使，首效歸附；其忠順之心，無以異於越裳氏矣。故特賜以閩人之善操舟者三十有六姓焉，使之便往來，時朝貢，亦作指南車之意焉耳⑥。」這表示嘉靖年間，流傳著洪武年間，明太祖特賜閩人善操舟者三十六姓，以協助琉人航海朝貢之事。所謂三十六姓是否具有人數上的含義，不得而知，但這些人口顯然爲「善操舟者」，其任務爲便於往來朝貢。

明中期以後，對於撥賜閩人年代既不詳，諸書均繫於洪武年間末，永樂年間事例之前。於是鄭曉撰《吾學編四夷考》琉球條，王圻撰《續文獻通考》卷二三五，《四裔考》東南夷琉球條，萬曆

---

④ 徐葆光，《中山傳信錄》，《臺灣文獻叢刊》第三○六種（臺北，民國六十一年）第二冊頁二三九。又可參考小葉田淳，《中世南島通交貿易史の研究》（東京，昭和十四年）頁一六八—一八○；東恩納寬惇，《東恩納寬惇全集》三；《黎明期海外交通史》（東京，昭和五十四年）頁二一七—二二五。

⑤ 可參看小葉田淳，前引書頁一八○—一九七，東恩納寬惇，前引書頁二八八—三○五。

⑥ 《使琉球錄》三種，《臺灣文獻叢刊》第二八七種（臺北，民五十九年）第一冊頁二四。

修《大明會典》卷一〇五琉球國，陳仁錫撰《皇明世法錄》卷八〇琉球國條，均繫於洪武二十五年中山王遣子姪入國學之後。《明史藁》和《明史》繫於洪武二十九年遣使來貢之後，嚴從簡撰《殊域周咨錄》卷四琉球即繫於洪武三十一年亞蘭匏入貢記事之後。然文獻上繫於洪武二十五年之後較多，所以琉球方面資料，如《中山世鑑》、《中山世譜》、《琉球國由來記》、《琉球國舊記》等書均繫於洪武二十五年⑦。

撥賜閩人目的既是爲協助琉人修貢往來，其初次應在中琉關係建立之初期。《明太宗實錄》卷一一五，永樂九年（一四一一年）四月癸巳條，云：「琉球國中山王思紹遣使坤宜堪彌等，貢馬及方物，並以長史程復來表言：長史王茂，輔翼有年，請陞茂爲國相兼長史事。又言：復饒州人，輔其祖察度四十餘年，勤誠不懈。今年八十有一。請命致仕，還其鄉。從之。陞復爲琉球國相兼左長史，致仕還饒州。茂爲琉球國相兼右長史，仍賜坤宜堪彌等鈔幣，遣還⑧。」文中既說程復來琉球服務已四十餘年，其來琉時期應在洪武初年，王茂的服務年資大概也不會相差很多。又其致仕還

---

⑦《琉球史料叢書》（東京，昭和十六年）第五，頁三五；第四，頁四四；第一，頁五五；第三，頁二六。

⑧臺北，影印本第十二册，頁一四六四。又和田久德，前引文，頁三三—三四。

鄉，須報請明廷，可以料想程復等人的到琉球服務於修貢是經明廷批准的。又《明太祖實錄》卷九三，洪武七年（一三七四年）十月庚申條謂，琉球中山王察度，遣其弟泰期等奉表入貢，太祖賜察度、泰期等文綺、紗羅。其時也賜通事、從人鈔、靴韈有差⑨。此條雖無通事的名字記載，亦可推知在中琉關係建立當初，已有華人通事擔負朝貢事務的事實。如確有太祖撥賜閩人之舉，應在洪武初年。

萬曆七年（一五七九年）蕭崇業和謝杰使琉冊封，謝杰撰《琉球錄撮要補遺》，謂：「洪永二次各遣十八姓爲其紀綱之役，多閩之河口人；合之凡三十六姓，並居彼國之營中⑩。」萬曆三十四年（一六〇六年）使琉冊封的夏子陽，在其《使琉球錄》中亦承襲洪武永樂年間撥賜閩人三十六姓之說⑪。是年中山王尚寧的奏文中也說：「琉球舊自奉朔之初，洪武永樂間，兩蒙聖祖隆恩，共賜閩人三十六姓入國，知書者列名大夫、長史以爲貢謝之司，慣海者任以通事、總管，以爲指南之

⑨ 臺北，影印本第四冊頁一六二九。又和田久德，前引文，頁二〇。
⑩ 《使琉球錄》三種，《臺灣文獻叢刊》第二八七種（臺灣民五十九年），第二冊，頁二七〇。
⑪ 《使琉球錄》三種，《臺灣文獻叢刊》第二八七種（臺灣民五十九年），第二冊，頁二五四。

備。蓋因才效職，而累世承休矣⑫。」很顯然撥賜閩人三十六姓，不只在洪武年間一次，此外尚有永樂年間撥賜之說，而這種洪永間賜姓的說法也反映琉球官方流傳的看法。

這些華人受琉球王室的優遇，聚居於久米村（今那霸市久米一—二丁目附近），知書者授大夫、長史，以爲貢謝之司，習海者授通事、總管爲指南之備，專管朝貢航海事務。這批人口在琉球定居後，不但能增進中琉關係，也促使琉球國家體制的整備並爲吸收中國文化典章的媒介。所以明太祖撥賜人口與琉球，中國方面資料大多記載，此等人口爲善操舟者，其任務則爲便於修貢往來。而琉球方面的資料，如康熙五十二年（一七一三年）向維屏等奉琉球國王尚敬命纂修《琉球國由來記》，卷九《唐榮舊記全集》，云：「至洪武二十五年，勅賜三十六姓，以敷文教於中山，兼令掌中國往來貢典焉。國王察度深喜，命卜宅于久米村而居，因名其地曰唐榮。言以榮夫唐之人也。從此本國重師崇儒，始節音樂，不異中國。洪武皇帝稱之曰守禮之邦。嗚呼中山文風，眞從此興，而

⑫《歷代寶案》第一集卷四（臺北，國立臺灣大學影印，民國六十一年）第一冊頁一四〇下。又《那霸市史資料篇》第一卷第六分冊，家譜資料二〈久米村系家譜〉（那霸，昭和五十五年）頁一五二、頁七〇五。引文中《歷代寶案的蛀破之字》，根據《那霸市史料篇》〈久米村系家譜〉補訂之。又參看小葉田淳前引書頁一八二——一八三。

唐榮元祖之所自開者，亦在于茲矣⑬。」顯然琉球方面文獻，對於這批人口的貢獻，注重其紀綱之役，文教之傳布。

在明朝的海禁政策下貢舶貿易的體制中，琉球利用久米村的華人集團，不但與明朝不斷地往來，更在東亞交易圈的架構中發展仲介貿易的海島經濟，北與日本、朝鮮，南至舊港、馬六甲、暹羅、爪哇等地通商貿易，從十四世紀末年到十五世紀初年以來，琉球已成爲國際貿易的轉運站，頗繁盛，華人的居留區久米村也隨著繁榮，於是這時期可以看到福建沿海居民犯禁私自出海交通琉球⑭。久米村的居民，除了明廷撥賜及其繁衍人口以外，顯然也有福建沿海居民，私自投奔琉球者。例如，《明憲宗實錄》卷一七七，成化十四年四月己酉條：「禮部奏：琉球國已准二年一貢。今其國王尙圓旣故，而其世子尙眞乃奏欲一年一貢，輒引先朝之事，妄以控制諸夷爲言。原其實情不過欲圖市易而已。況近年都御史奏，其使臣多係福建逋逃之徒，狡詐百端，殺人放火，亦欲貿中

⑬《琉球史料叢書》（東京，昭和十五年）第一册頁一八〇。

⑭《明英宗實錄》卷二一七，景泰三年（一四五二年）六月辛巳條：命刑部出榜，禁約福建沿海居民，毋得收販中國財物，置造運器，駕海船交通琉球國，招引爲寇。時有言黃蕭養之亂，多由海寇嘯聚，故禁之也。（臺北，影印本）第三三册頁四六八六。

國之貨，以專外夷之利。難從其請，命止，依前勅二年一貢⑮。」顯然當時擔任琉球使臣，許多是福建沿海居民私通投奔者。《朝鮮李朝實錄》成宗十年（一四七九年，成化十五年）六月乙未條，載有濟州人金裴、姜茂、李正等三人漂流到琉球後歸國，言其所經歷，其中謂：「一、唐人商販來，有因居者，其家皆蓋瓦，制度宏麗，內施丹雘，堂中皆設交傍。……一、江南人及南蠻國人皆來商販，往來不絕，俺等皆目睹，南蠻人椎髻，其色深黑，殊異常人。」可知其時那霸有華人和東南亞居民商販往來僑居，尤其是華人居處，與琉球人一般家屋「人家或蓋瓦，然板屋甚多」相比，可知久米村繁榮的一斑⑯。

十五世紀琉球中山王國所以能在東亞交易圈突出造成其黃金時代，是在當時的國際環境中，擁有一批久米村的華人或華裔集團，一方面可以處理當時的語文漢字漢文中有關外交文書事務，另一方面也可以利用其技術操舟航海。很顯然對於琉球王國繁榮，久米村的專才集團扮演的功能是很大。但到了十六世紀以後，以葡萄牙為首的西力東漸，引起了東南亞的動盪，又明朝的海禁政策動

---

⑮　臺北，影印本第四十六册頁三一九八。又和田久德，《明實錄の沖繩史料(2)》，《南島史前創刊號》（一九七二年十月）頁九二。

⑯　《朝鮮王朝實錄》（國史編纂委員會影印本）第十册頁二七上；又東恩納寬惇，前引書，頁一一八。

搖鬆弛，遂於隆萬年間在海澄開洋徵餉，中國沿海居民販海趨盛，隨之日本人也開始向海外發展，於是琉球在東亞交易圈的貢船貿易架構下的功能萎縮，久米村也隨著趨於衰落。萬曆七年（一五七九）使琉球冊封的謝杰云：「洪、永二次各遣十八姓爲其紀綱之役，多閩之河口人，合之凡三十六姓，並居彼國之營中。子孫之秀者，得讀書南雍，俟文理稍通，即遣歸爲通事，得累陞長史、大夫。今所存者僅七姓，緣所居地狹，族類不能蕃故也⑰。」萬曆三十四年（一六〇六年）使琉球的夏子陽曰：「余聞諸琉球昔遣陪臣之進監者，率皆三十六姓，今諸姓凋謝，僅存蔡、鄭、林、程、梁、金六家而族不甚蕃，故進監之舉，近亦寥寥。大夫、長史、昔以誦詩學禮者充之，故多彬彬禮讓，今僅取走奔走濫觴匪人，則未流漸失矣。三十六姓者，昔所居地曰營中，今強半邱墟，過之殊可慨焉⑱。」據是可知其衰微的一斑。然久米村的衰落自也影響到修貢往來。琉球中山王尙寧於萬曆三十四年（一六〇六年）奏請再賜撥三十六姓入琉球效勞，文中云：「洪武永樂間，兩蒙聖祖隆恩，共賜閩人三十六姓入國，知書者列名大夫、長史以爲貢謝之司，慣海者任以通事、總管以爲指南之備。蓋因才效職而累世承休矣。不謂世久代更，人湮裔盡，僅餘六姓，仍染侏儞椎髻之習，天

⑰《使琉球錄》三種，臺灣文獻叢刊第二八七種（臺北，民五十九）第二冊頁二七〇。

⑱《使琉球錄》三種，臺灣文獻叢刊第二八七種（臺北，民五十九），第二冊頁二六〇。

朝文字音語，盡行盲昧，外島海洋針路，常至舛迷，文移多至駁問，舟楫多致漂沒，甚至貢期缺誤，儀物差訛，而萬里螻誠不得少達于君父也⑲。」可知久米村的人才凋落，影響到修貢職的情況。對於琉球國王尚寧的奏請，禮部認爲「善良之族，重去其鄉，欲強中國以就外夷，必非民情之所樂從者。若沿海奸民，營謀投入，始貪貨賣之利，漸啓交搆之端，事情叵測，……似宜相安無事，不必曲狥其請」，而以萬曆二十二年（一五九四年）和二十八年（一六〇〇年）福建巡撫所差阮國、毛國鼎充賜姓，不另撥賜⑳。夏子陽又曰：「海島之國，惟琉球最稱貧瘠；蓋地無物產，人鮮精能，商賈又復裹足不入其境，故一切海上奇詭靡麗之珍詘乏焉㉑。」如此海禁嚴密時期，琉球活躍於東亞各海域時，琉球成爲中國海商私通之地，到了萬曆年間海禁鬆弛，中國海商可自由發展

⑲《歷代寶案》第一集卷四，萬曆三十五年十二月十三日禮部咨，國立臺灣大學影印本，第一冊頁一四〇下。按此咨文頁上下欄印刷錯誤，順序顚倒。此咨文也收錄於毛氏家譜及阮氏家譜之《元祖始遷備考》，見於《那霸市史料篇》第一卷第六分冊〈久米村系家譜〉（那霸，昭和五十五年）頁一五二—一五三；七〇五—七〇六。

⑳與前註同，又《歷代寶案》第一集卷五頁一七三—一七五。又參見《明神宗實錄》卷四三八，萬曆三十五年九月己亥條，（臺北，影印本）第一一五冊，頁八二九八。

㉑《使琉球錄》三種，第二冊，頁二六七。

於東西二洋，中國海商則反不到琉球來了。於是久米村無法新陳代謝，注入新血，不但沒有到琉球來，原居住於久米村的華人，隨著琉球的國際貿易地位的衰落，可能也遷移四散，致使唐營沒有昔日景象。

三、移籍久米村的政策

久米村的凋謝衰微，對於琉球王府經營貢舶貿易影響甚深。萬曆三十四年（一六〇六年）向明廷奏請再撥賜閩人效勞而未獲允准。又沒有自動投往琉球的華人商賈，於是重建久米村須靠琉球王國本身的自力更生了。

琉球王府於康熙二十八年（一六八九年）設置「系圖奉行」，且令各家（只限士族）編家譜。「系圖奉行」是審核家譜之官方機構「系圖座」之長官。琉球現存家譜大致均在康熙二十八年以後重修編定的㉒。《那霸市史資料篇》第一卷第六分冊家譜資料二，書中收錄久米村系家譜十五姓五十一冊，其中傳為三十六姓之後裔以外，根據家譜，其出身及入唐榮，經過如下：

㉒ 赤嶺守，《琉球家譜簡介》，《亞洲族譜學術研討會論文》（臺北，民國七十三年九月）；又《琉球國由來記》卷二，《琉球史料叢書》第一冊，頁四八。

㈠鄭肇祚。家譜紀錄曰：「元祖都通事諱肇祚。肇祚字允保，原是福建長樂人也。嘉靖年間，日本人鶴屋將監攻入福建，劫掠民家。時肇祚幼而不能逃避，被虜至日本，居豐後地方。至於嘉靖年間，彼國主憐之，放回至中山。當是時，中山三十六姓子孫凋謝，鮮有諳中國文字言語者，故先王晉之，賜宅于唐榮，以補三十六姓。」又康熙二十九年鄭氏家譜亦謂：「我始祖諱肇祚及夫人張氏。本爲閩之巨族。於明嘉靖年間，鶴屋將監入閩時，被獲而到豐後，至于嘉靖年間，始遷中山，入唐榮。從此子孫蕃衍而迄今也㉓。」可知鄭肇祚，原福建長樂縣人，嘉靖年間被倭寇虜掠至日本，後被放回而至中山。琉球中山王即賜宅於唐榮，以補三十六姓。

㈡王立思。「大宗王姓國場家。元姐通事諱立思。號肖國。嘉靖三十年辛亥三月初三日生，萬曆二十八年庚子十二月初二日卒於閩柔遠驛。享年五十，嗣後尸棺其弟王立威帶回故土。立思原是福建漳州府龍溪縣人也。於萬曆十九年奉聖旨，始遷中山，以補三十六姓。因此先王賜宅於唐榮居

㉓《那霸市史資料篇》第一卷第六分册，家譜資料二，〈久米村系家譜〉（那霸，昭和五十五年）頁六四四、六六六。

之㉔。」按據家譜的資料，王立思於萬曆十九年（一五九一年）奉聖旨，始至中山，以補三十六姓。但如上節所述，萬曆三十四年（一六〇六年）琉球中山王尙寧曾向明廷奏請再賜撥三十六姓入琉效勞，而被禮部駁回，僅以阮國、毛國鼎撥充。因此於萬曆十九年曾有明廷撥賜王立思，似有問題。這一年是豐臣秀吉正在動員，準備入侵朝鮮，福建當局已對時局提高警覺，因此，或者王立思被福建地方當局派到琉球打探倭情，嗣後被雇於朝貢使船服務，隨歸化琉球，補入唐榮也未可知。待考。

㈢阮明。康熙二十九年阮氏家譜序云：「本國自明朝初，通於中國。洪武年間敕賜三十六姓，使抵中山，悉聚族於唐榮，卜宅給俸焉。雖是世代久遠，其裔衰微，不如往古，是以先王上奏於神宗皇帝，請補三十六姓。臣元祖諱明，號文菴，原是福建漳州府龍溪縣人。於萬曆十九年，同王立思奉聖旨，始至中山，即補三十六姓凋殘裔，賜宅於唐榮，復給年俸，是阮氏入中山之始也㉕。」

㉔《那霸市史資料篇》第一卷第六分册，家譜資料二，〈久米村系家譜〉（那霸，昭和五十五年），頁一一、頁一八、頁九四二。

㉕《那霸市史資料篇》第一卷第六分册，家譜資料二，〈久米村系家譜〉（那霸，昭和五十五年），頁一七五、一七六。

阮明入琉經過，與上記王立思同。

(四)阮國。據阮氏家譜之紀錄，阮國，號我莘。原是福建漳州龍溪縣人。「萬曆二十二年，進貢使菊壽等赴閩之時，迷途抵浙江。閩撫金中丞諱學曾以狀聞於朝，乃遣漳人阮國護送貢使返國。此阮氏初到中山也。」「萬曆二十八年差長史蔡奎等齎表請封。奎失歸路，呈請福建衙門，仍遣阮國並漳人毛國鼎送回。此阮氏再詣中山也㉖。」如此阮國原於萬曆二十二年（一五九四年）和二十八年（一六〇〇年）兩次奉福建當局的派遣，負責送返迷途的琉球使臣抵琉球。嗣後即效勞琉球王府，據家譜於萬曆三十年為接封事，奉使為都通事赴閩，三十四年隨冊封使夏子陽返琉㉗。三十四年又為封王護送正議大夫赴閩，三十五年歸國。家譜作「為封王護送正議大夫赴閩。」文意不清楚。這是夏子陽使琉冊封尙寧為琉球國中山王。封事後，尙寧派王舅毛鳳儀赴京進貢謝恩，而阮國

㉖《那霸市史資料篇》第一卷第六分冊，家譜資料二，〈久米村系家譜〉（那霸，昭和五十五年），頁一五五。

㉗《那霸市史資料篇》第一卷第六分冊，家譜資料二，〈久米村系家譜〉（那霸，昭和五十五年），頁一五五，又見《使琉球錄》三種，第二冊，頁二〇六。

被任正議大夫隨王舅赴京㉘。此時尙寧奏請再賜撥三十六姓入琉，而明廷即依「將阮國、毛國鼎即充賜姓，令其跟隨貢謝，導引歸舟以外，不必再行遣發，以滋煩擾。」禮部議題，於萬曆三十五年九月二十八日准以阮國、毛國鼎撥充賜姓㉙。

(5)毛國鼎。他原也是福建漳州府龍溪縣人。如上所述，於萬曆二十八年與阮國同奉福建當局之命，送回迷路琉使，隨即服務效勞琉球王府，於萬曆三十四年（一六〇六年）進貢謝恩時任都通事，於萬曆三十五年奉勅補入唐榮㉚。

(六)孫自昌。康熙二十六年（一六八七年）程順則撰孫氏家譜序謂：「孫氏之先，原是日本京界之人，稱石橋市右衛門入道。萬曆年間始遷琉球，委贄事中山。迨其孫中議大夫，諱自昌，初入唐榮，賜姓孫氏焉。夫以自昌，自少習漢語，好學針譜，故遷唐榮，爲備指南之職也。先是，明時國王奏請中國人三十六姓，住居唐榮，以供貢使。洎乎歷年久遠，子姓凋謝，以故於本國官裔中，拔

㉘《明神宗實錄》卷四三八，萬曆三十五年九月癸巳條，（臺北影印本）第一一五冊，頁八二九一—八二九二；又《使琉球錄》三種，第二冊，頁二一六。

㉙同註⑲、註⑳。

㉚同上註。

其習熟漢音，精通指南之藝者，補之俾無缺貢使之選。」據孫氏家譜的紀錄，孫自昌祖是石橋市右衛門入道，名道金，日本京界之人，於萬曆三十三年遷居中山。孫自昌如程順則所言，自昌自幼習漢語，好學針譜，故於順治二年三月二十八日奉命入唐營，補三十六姓之乏缺，賜姓孫氏㉛。

㈦周國盛。他的琉名稱島袋通事親雲上，爲島袋掟親雲上之長子。崇禎二年生，崇禎年間奉王命入唐榮，補三十六姓之缺，賜姓周氏。其家譜序云：「中國人三十六姓位居唐榮，以供貢使，歷年久遠，子姓凋謝。以故本國宦裔中，中拔其習熟漢語，精通學文者補之，俾無缺貢使之選，是以國盛自少習漢語，好學文。故入唐榮，賜姓周氏，爲備貢使㉜。」可知周國盛的門第原是琉球人。

㈧曾志美。據曾姓家譜序謂：「虞氏之族，世居東土，爲中山簪纓介冑。迨正議大夫諱志美，始遷居唐榮，以曾爲氏焉。夫志美固虞氏，京阿波根實基之曾孫具志宮城親雲上實常之長子也。曷爲遷唐榮乎爾？以志美博學多識，通漢語，擅文章也。遷唐榮，業何事乎？自故明時，國王奏請中

㉛《那霸市史資料篇》第一卷第六分册，家譜資料二，〈久米村系家譜〉（那霸，昭和五十五年），頁四一五—四一六。

㉜《那霸市史資料篇》第一卷第六分册，家譜資料二，〈久米村系家譜〉（那霸，昭和五十五年），頁三七八—三七九。

國人三十六姓，位居唐榮世祿，以供貢使。洎乎歷年久遠，子姓凋零，以故於本國宦裔中，拔其文學尤著者補之，俾無缺貢使之選。遷之者誰？奉王命也。於何年月遷之，大清順治十三年夏四月望前二日也㉝。」據家譜的紀錄，曾志美是順治十三年四月十二日奉王命入唐榮，補三十六姓之缺。他是琉球王京首里的阿波根家出身，本是首里士族。他未入補唐榮三十六姓以前，於崇禎五年和崇禎七年至九年兩次赴閩㉞。

(九)程泰祚。他本是京阿波根親雲上實基五世孫外間筑登之實房之次男。所以程泰祚是前記曾志美之姪。與曾志美同日於順治十三年四月十二日奉王命入唐榮㉟。他就是程順則之父親，留後詳述。

(十)魏士哲。他生於順治十年，爲佐次武親雲上第三子。因外祖平敷屋親上應瑞麟無嗣，繼其

㉝《那霸市史資料篇》第一卷第六分冊，家譜資料二，〈久米村系家譜〉（那霸，昭和五十五年），頁三八六。

㉞《那霸市史資料篇》第一卷第六分冊，家譜資料二，〈久米村系家譜〉（那霸，昭和五十五年），頁三三八—三三九。

㉟《那霸市史資料篇》第一卷第六分冊，家譜資料二，〈久米村系家譜〉（那霸，昭和五十五年），頁二三—二五。

後。康熙二年隨紫金大夫金正春遊閩三年，頗通華語，故奉王命於康熙八年閏十二月初一日入唐榮，補三十六姓之缺，賜姓魏氏。他本也是首里士族。

㈢林茂豐。他父親是胤芾。據林氏家譜序謂：「吾元祖座安公，諱胤芾，號清岩。小祿郡雙牛宮城村人也。公蚤歲喪父母，無所歸依。幸蒙攝政金武王子尙公諱盛慈愛，而生長後供家臣之職，遷居首里。故於祖先之所，從不能詳也。」他母親眞嘉登是眞和志郡松川村人。故林茂豐本是琉球人。然他母親原來嫁給林喬棟，俗名叫做金城通事，生一男叫林茂盛。林喬棟於崇禎十三年進貢時爲在船通事，崇禎十五年自閩返時遇風遭難。他母親後來改適胤芾而生林茂豐，所以林茂盛和林茂豐是異父同母兄弟。茂豐八歲喪父，於是自幼受茂盛教育。及長，因博學多識，通漢語，故於康熙九年六月十五日始入唐營，賜姓林氏㊱。

以上新補入唐榮的十姓十一家，其中㈠鄭肇祚至㈤毛國鼎出身均福建人，而鄭肇祚爲福州長樂人，其餘均漳州龍溪人。鄭肇祚爲嘉靖年間倭寇鶴屋將監所虜掠至日本豐後，後遷入琉球以外，其餘四名，家譜紀錄均作奉聖旨入琉，其中王立思，阮明雖較不清楚，此四名均似受福建當局指派入

㊱《那霸市史資料篇》第一卷第六分册，家譜資料二，〈久米村系家譜〉（那霸，昭和五十五年），頁八五五、八五九、九二二—九二三。

琉，後受琉球王府聘用。其中阮明、毛國鼎二名，至萬曆三十五年正式獲明廷承認，撥充賜姓。從此也可知明末海上活動多爲漳州人。其他也有因遭風漂流到琉球群島，因而居留而不返國，仕官入唐榮之例。如於萬曆四十五年（一六一七年）來到慶良間島的陳姓，順治五年（一六四八年）漂到八重山的楊姓，此二姓均未見於上引那霸市史的久米村系家譜㊲。

㈥孫自昌至㈢林茂豐等人，補入唐榮年代較晚，均琉球王府奏請再賜三十六姓被拒以後。入唐榮最早爲周國盛的崇禎年間，其餘均在順治至康熙初年。其中孫自昌以外，原均爲琉球人。孫自昌，其祖是石橋市右衛門，自日本京都於萬曆三十三年（一六〇五年）遷居入琉，仕官奉職於王府，故其實與其他琉球人無異。這些人均自幼學習熟悉中國語文，入唐榮均奉王命並賜中國姓氏。可知在明末清初這一段時期，新補入唐榮者，多由琉球本國子弟培養出來的。尤其是清初，清廷對付鄭氏抗清，嚴海禁，實施遷海令下，琉球王府在久米村要維持一批語文和外交事務專業人才，須自力更生，培養自己本國子弟，以便修職貢航海往來了。

㊲ 東恩納寬惇，《黎明期の海外交通史》，頁三〇四。

四、久米村之程氏

萬曆三十四年（一六〇六年）時久米村所謂三十六姓僅存六家，據夏子陽的使琉球錄，此六家是蔡、鄭、林、程、梁、金六家㊳。日本慶安庚寅（順治七年；一六五〇）羽地朝秀（漢名向象賢）撰中山世鑑卷二，洪武二十五年記明太祖賜閩人三十六姓條文末，云：其三十六姓凋謝，今存者僅蔡、鄭、林、梁、金五家也㊴。可知萬曆三十四年在久米村尚存程氏，到了順治七年以前程氏子孫斷絕了。程順則於康熙二十八年（一六八九年）所撰〈程氏家譜序〉說：「曩所謂三十六姓，大半凋殘，其所存者亦已無幾矣。王念其先世有功於國，不忍令其湮沒無傳，爰以他姓承其宗祧。無非欲存三十六人之氏族，歷久不墜也。程氏蓋爲河南夫子之後焉。國相程復公自饒遷閩，復入於海，枝分派衍非一日矣。玆唐榮之傳漸至弗嗣，遂以國之虞姓補之。虞自京阿波根，至先考諱泰祚，爲東上喬木，至順治十三年四月十二日，奉王命，同其從父志美（志美嗣曾姓）。始入唐榮。今之程，昔之虞也。此譜所由作者也。程氏譜成，獻之譜司，以備核實，將見賢王繼絕之恩，與先

㊳《使琉球錄》三種，第二冊頁二六〇。

㊴重新校正《中山世鑑》全六卷（那霸，沖繩教育委員會，昭和五十六年影印）卷二，第二二葉。

臣詒謀之善，均足千古矣㊵。」如此在明末淸初時，琉球王府以琉人賜姓補所謂三十六姓之缺，一爲儲備其朝貢人材，同時也三十六姓之中對於琉球王國有所貢獻之門第，使不致絕戶。程順則之家世原是首里阿波根家，唐姓虞氏，爲琉球王府世臣，與昔之程氏，無血緣關係。從此可以料想琉球王所賜姓入籍補久米村三十六姓的政策，其所賜姓氏大概是從前久米村三十六姓中之顯赫門第。

程順則在家譜序後，附錄明程氏始末考，採錄若干程氏所傳。其首錄：「永樂九年，中山王思紹令坤堪彌貢馬及方物，以其長史程復來見，表言：長史王茂輔導有年。乞陞國相兼長史事。又言：復本中國饒州人，輔臣祖察度四十餘年，不解于職。今年八十有一，乞令致仕還饒。上從之，陞復琉球國相兼左長史，致仕還饒。茂國相兼右長史。」這一段是錄自鄭曉《吾學編四夷考》。關於程復，已如前有所述，他於中琉關係建立初期，顯然頗有貢獻。他於琉球王府服務四十餘年後，陞爲琉球國相兼左長史，致仕還饒州，見於《明太宗實錄》永樂九年四月癸巳條。其餘他的名字尚見於《明太祖實錄》洪武二十五年五月庚寅、洪武二十九年正月己巳、洪武三十一年四月丁丑朔各條。

㊵ 《那霸市史資料篇》第一卷第六分册，家譜資料二，〈久米村系家譜〉（那霸，昭和五十五年），頁五四一。

「其後，有程安者，宣德六年奉使爲長史赴京。」不知程順則所根據文獻，但明實錄正統元年二月丁巳條和正統十二年二月甲辰條見有使臣程安的名字。

「其後，有大夫程均文達者，天順間接待天使有名。」程順則註明「見萬曆七年《使琉球錄》潘公八景記。」按萬曆七年蕭崇業使琉球錄卷下藝文，收有潘榮的〈中山八景記〉。潘榮是漳州府龍溪縣人，爲吏科右給事中，天順六年四月二十六日奉命與行人蔡哲充正副使，冊封尙德爲王，而於天順七年六月自閩赴琉。〈中山八景記〉，云：「癸未（天順七年）夏六月，由閩藩發舟；天風自南，不數日而抵其國，奉宣德意。封爵典禮既行，自國王以下皆拜手稽首，俯伏頌上大恩不已。越仲秋八月，國大夫程均文達，執卷謁使館，請曰：「文達僦居之東，新創有寺，山水頗淸奇，命工圖爲八景；願請登臨，留題詠以記盛美㊶。」」

「其後，有程鵬者，正統間奉使爲通事赴中國數次，又成化時爲正議大夫上京十次。」據《明實錄》，程鵬的名字首次見於天順元年三月辛巳條，其次爲天順六年二月庚寅條。最後一次見於弘治元年四月丁未條。其間名字共出現十二次。這些是以首要使臣或正議大夫出現。其以前正統年間

㊶《使琉球錄》三種，第二冊，頁一三五—一三七。又潘榮使琉球事見同書第一冊頁六九；又《明英宗實錄》天順六年四月辛卯條。

料仍有往來於中琉間。現存《歷代寶案》第一集卷二十二符文和卷二十八執照中，自成化三年八月九日至成化二十三年八月十一日止，見有正議大夫程鵬出使九次。成化二十三年八月十一日的符文和執照所記出使年次，應即《明實錄》弘治元年四月丁未，受明廷賜宴同一出使年次。因之《歷代寶案》所收執照的年次與《明實錄》所記年次相差一年。如此計算即程鵬在弘治年間，據現存紀錄可以算出出使十次。天順最少有二次，正統年間出使數次。可知正統成化年間程鵬顯然是最頻繁往來修職貢的琉球使臣。又《琉球國由來記》卷二官職列品，對於「久米村總役」項說：「稱總理唐榮司。有申口次座。且拜紫冠之人，稱紫金大夫。……洪武二十五年壬申，賜閩人三十六姓，敷文教。自此時有此官哉，未詳。成化年間，紫金大夫程鵬總理唐榮司也。然子孫斷絕，無家譜。世人傳言之而已矣㊷。」顯然琉球活躍於東亞交易圈的黃金時代，程鵬在後世的流傳中，被認為可能最早任總理唐榮司，為當時久米村的華人集團的領導人物。

程鵬之前，據《明實錄》景泰元年五月丁卯、景泰四年八月庚子、天順二年正月戊辰各條，尚有通事程鵬的名字。程順則接著又說：「其後有程璉者，成化、弘治、正德間奉使赴中華十二次。

㊷《琉球史料叢書》第一所收（東京，昭和十五年）頁五五。

（三爲通事，四爲都通事，五爲正議大夫）」。現存《歷代寶案》第一集卷二十三、二十四符文及卷二十八、二十九執照，可以算出程璉在成化十三年八月二十日；成化十七年八月十二日；成化十九年八月六日三次以通事。成化二十二年九月二十五日；弘治二年九月十二日；弘治六年八月二十日；弘治八年八月十六日四次以都通事。弘治十年七月十三日；弘治十四年八月九日；弘治十七年七月十二日；正德二年八月十九日；正德四年八月十八日五次以正議大夫出使；正與程順則的計算符合。關於程璉，在《明實錄》只見於弘治十五年三月癸巳和正德四年二月己巳兩條。

程順則接著又說：「又有火長程璋者，赴閩一次。」按《歷代寶案》第一集卷二十八執照，成化二十二年九月二十五日付存留在船通事蔡璇等執照中，有火長程璋的名字。「又有程禧、程祿者，弘治、正德間奉使爲通事入閩數次。」按現在《歷代寶案》第一集卷二十八和卷二十九執照有程禧於弘治十七年七月十二日和正德三年八月十三日兩次爲存留在船通事。又據同書卷二十五符文和卷二十九執照有程禧於正德五年八月十九日和正德六年八月十三日兩次爲通事，程禧赴中國共四次。同樣在同卷二十五和卷二十九，有程祿於正德五年八月十九日爲存留在船通事；正德八年八月七日和正德十二年九月十五日兩次爲通事，共三次使中國。

「其後又有通事程儀、夥長程偉、程志學、程強進者，正德、嘉靖、萬曆間奉使入閩。又到暹羅等國數次。」程順則在其後分註說：「自鵬以下見執照」。程儀是在《歷代寶案》第一集卷四十二移彝執照中，嘉靖五年八月十五日和嘉靖八年八月十五日兩次當通事到暹羅。程偉在同書卷三十執照，有嘉靖三十年　月十六日和嘉靖三十二年二月初十日兩次當管船火長直庫使中國。程志學在同書同卷於嘉靖三十八年九月二十五日當管船火長直庫赴中國。程強進是在《歷代寶案》第一集卷三十一執照中，於萬曆十五年三月五日爲管船火長直庫使中國。其外程順則雖未提到，有程僖，於嘉靖二十九年十月初八日當管船火長直庫赴暹羅，見於《歷代寶案》第一集卷四十二。

如上從程順則所撰〈程氏家譜序〉附錄明程氏始末中，其所錄明代程氏名字與《歷代寶案》和《明實錄》相比對，可以知道：明初中琉關係之建立開創時期，程復貢獻很大。嗣後琉球在東亞交易圈內顯出其極盛時代，程鵬和程璉相繼活躍。程鵬似曾任總理唐榮司。以後程氏雖未有出色人物，但迄至萬曆年間仍在服務於修貢職，往返中琉間或到暹羅等地。很顯然程氏是琉球史上頗有貢獻之久米村之一族。因此，子孫斷絕後，琉球國王尚質於順治十三年自首里士族阿波根親雲上實基五世孫外間筑登之實房之次男，童名思五良，命其入唐營，以回復程氏門第，改稱程泰祚。程泰祚的長子就是程順則。

五、程順則之家世與生涯

程順則的父親程泰祚，如上述原是首里士族阿波根家出身，唐姓虞氏㊸。據家譜的記載，程泰祚父親是外間筑登之實房，漢名虞秉憲。程泰祚母親鄭氏是久米村望族正議大夫鄭子孝長女。泰祚生於崇禎七年六月初七日，行二，於順治十三年四月十二日奉尚質王之命初入唐榮，時二十三歲。順治十五年十二月十七日陞通事。康熙二年六月張學禮被遣至琉球，冊封尚質爲王，是年七月二十二日程泰祚被任謝恩朝貢的存留通事，隨王舅吳國用和紫金大夫金正春，參加謝封入貢使團一行，於十一月十四日同天使張學禮的寶舟一起自那霸開船赴閩㊹。其時程泰祚即在閩留驛三年，於康熙

㊸　以下此節多根據《那霸市史資料篇》第一卷第六分册〈久米村系家譜〉所收程氏家譜及伊波普猷、眞境名安興合著，《琉球之五偉人》（那霸，一九一六年）所收〈教育界の偉人程順則〉頁二〇九—二九〇。

㊹　據歷代寶案第一集二七所收這一年謝恩入貢的符文，發給於康熙二年十月二十二日，而此符文中存留在船通事的名字是鄭嗣孝。見國立臺灣大學影印本第二册頁八九九。又據張學禮的《使琉記》，十四日那霸放洋後，十六日颶風大作，謝恩船因風壞船，復回修艌，遲半月到閩。見《清代琉球紀錄集輯》，《臺灣文獻叢》刊第二九二種（臺北，民國六十年）第一册頁七、九。

四年六月初七日歸國。康熙九年五月初二日陞都通事，將參加朝貢使臣一行，當在船都通事，將臨行時，偶得重病，辭而不行。康熙十一年琉球創建孔廟時，同金止華等監督石匠。是年七月初六日被命爲進貢都通事，隨耳目官吳美德、正議大夫蔡彬於十月十五日捧表上船，而不得順風㊺，到了次年康熙十二年三月初三日開船赴閩。十八日黎明到閩界外竿塘地方，突遇賊船十三隻，自辰時（上午八點左右）戰至申刻（下午四點左右），泰祚重傷，進閩療治。康熙十二年十月十一日自福建啓行，於康熙十三年正月二十日到北京，二月初十日納貢物，三月初五日朝見，十一、十二日賜宴，十五日領敕及領賞，於十六日起身離京，於五月初八日到達蘇州。然其時正遇靖南王耿精忠，與吳三桂等呼應，據閩叛清。於是琉球貢使一行滯留於蘇州不能進。程泰祚於次年康熙十四年九月

㊺ 這次朝貢的國王咨文見於《歷代寶案》第一集卷二一（臺灣大學影印本第二冊頁七二一—七二二），又符文見於同書卷二七（第二冊頁九〇七—九〇八）。

二十六日病逝於蘇州府胥門外天妃宮，享年四十二歲㊻。如此程泰祚受王命入籍唐營後，曾留學福州，已受王府逐次重用，卻因其時鄭氏據臺抗清，海道不靖，又遇三藩之亂，不能回國，遂客死於蘇州。

程順則，據家譜所記，他是程泰祚的長子，生於康熙二年十月二十八日，他父親客死於蘇州時，他年僅十三歲。他母親鍾氏，名眞饒古樽，久米村粟國宗盛三女，崇禎十年生，自三十九歲就守寡，養育二兒順則和順性㊼。據云，順則天資穎異，自幼好學。康熙十三年爲若秀才，康熙十五年舉秀才，拜同鄉鄭弘良爲師。鄭弘良爲當時久米村的碩學。康熙十七年琉球王府始設講解師，擇

㊻ 按這次貢使的遭遇經過，見於《歷代寶案》第一集卷十，康熙十六年七月二十二日福建布政使致琉球國的符文（臺灣大學影印本第一册頁二二二—三二八）；又參看《通航一覽》卷二十二（刊本第一册頁二五四—二六一）。又進貢在北京領賞，見於《明清史料庚編》，第四册第三〇四葉。江南江蘇等處地方官遵旨捐款營葬程泰祚於吳縣十三都一圖，其墓誌碑文見於《那霸市史資料篇》第一卷第六分册頁五四四—五四五。

㊼ 關於程順則母親，有其業師閩人陳元輔撰〈程大母恭人傳〉，參見伊波普猷、眞境名安興合著，《琉球之五偉人》，頁二一三。

村內文理精通者一人，司教于學。鄭弘良即首任此職。㊽康熙二十二年六月，清聖祖遣汪楫等至琉球，封王世子尙貞爲中山王。是年八月程順則陞爲通事，十一月二十四日隨謝恩使王明佐等自那霸開船，十二月初五日到達福州，次年春進北京，是冬回閩後，滯留師事陳元輔，留閩四載，於康熙二十六年五月初十日歸國。這是他第一次參加貢使團到中國，順便留學福州。

康熙二十六年十一月十一日，有一艘蘇州商船，船戶名鍾瑞甫，船中人數八十八人，漂流到勝連間切濱島。程順則被派隨正議大夫鄭弘良、長史王可法去處理此艘漂船，引導至玉城間切澳武島修船。此間程順則一直照料到此船修復，於康熙二十七年三月初四日回歸去。這可以說程順則學成歸國後，初次料理涉外事務。他於康熙二十六年十二月十三日被任爲講解師，但俟至漂船出發後，始回歸久米村接任，從事教學。

康熙二十八年五月初十日被任爲接貢存留通事，與都通事毛文善於十一月初二日開船赴閩㊾。

㊽《琉球國舊記》卷二，《琉球史料叢書》第三，頁四五；《那霸市史資料篇》第一卷第六分册頁九三七；潘相，《琉球入學見聞錄》，《臺灣文獻叢刊》，第二九九，《種清代琉球紀錄續輯》（臺北，民國六十一年）頁七七。

㊾此次的國王咨文見於《歷代寶案》第一集卷二二，執照見於卷三五。日期爲康熙二十八年十月二十日。

程順則此次留驛三載，再師事陳元輔問學研鑽，於康熙三十年六月十七日歸國。此時在閩柔遠驛建立土地祠與崇報祠。有祠記附刻於《指南廣義》卷末。在閩時，捐資二十五金，購回十七史全部共計一千五百九十二卷，而來後獻於孔子廟。這是他的第二次赴中國。

回國後，程順則再任講師並兼任漢字筆者。按漢字筆者是在王府掌理表文、咨文、執照以及其他與中國當局往來之文書㊿。可知此時程順則在琉球王府任中國語文的教學以外，並辦理有關外交文書的事務。

康熙三十五年，二年一貢的貢期又到，程順則於康熙三十四年十二月初一日陞爲都通事，三十五年二月初一日奉命爲進貢北京大通事，到了是年十一月二十一日與耳目官毛天相、正議大夫鄭弘良等赴閩，三十六年五月自福建啓行，八月二十四日到北京。嗣後上表、納貢、賜宴頒賞後，九月二十三日離京，十二月二十六日回到福州，俟風期至康熙三十七年六月初七日歸國。這次朝貢，程順則已是使團的第三位，居於比以前較重要地位(51)。這次朝貢，在其道里往來，程順則著《雪堂燕

㊿《琉球國由來記》卷二官職列品。《琉球史料叢書》第一，頁五六。

(51) 此次有關朝貢文件，可參閱《歷代寶案》，影印本第一册頁三八七；第二册頁七六五，頁九二三—九二四，頁一一七二—一一七三；第三册頁一五三一—一五三三。

遊草》一卷，有康熙二十二年冊封使琉球的副使林麟焻序文，見於程氏家譜。

康熙四十三年十一月起，程順則爲王世子尙純和王世孫尙益，侍講四書與唐詩。康熙四十五年四月十四日陞爲正議大夫，奉使與耳目官馬元勳等於十一月二十三日開船赴閩。康熙四十六年七月十二日自福建上京，其途次九月二十六日到山東濟寧州。此時便道謁拜曲阜闕里，並呈自撰《琉球廟學紀略》於衍聖公52。十月初一日自山東濟寧起身，二十六日到北京。嗣後依例上表、納貢、領賞、賜宴、領勅後，十二月初五日出北京，康熙四十七年三月初八日回到福州，五月二十二日自閩安開船，於六月初二日回到琉球53。這是他的第四次使中國。自北京回到福州時，程順則捐資六十金，板行《六諭衍義》一部和《指南廣義》一部，藏板於館驛。

康熙四十九年十月，奉命爲尙益王侍讀，講《春秋》與《貞觀政要》，以闡明中國的治道。同年十一月初一日又受命爲預備冠船諸事，即籌備迎接清廷冊封使來琉事宜。康熙五十年又處理福建商船遇風漂到馬齒山之事。

---

52 《琉球廟學紀略》收錄於程氏家譜。《那霸市史資料篇》第一卷第六分册，家譜資料二，〈久米村系家譜〉（那霸，昭和五十五年），頁五五二—五五三。

53 《歷代寶案》第二集卷四，臺北影印本第三册頁一六一五—一六三三。

康熙五十二年琉球王府將要派慶賀使和謝恩使到日本江戶幕府。程順則奉命為慶賀掌翰史，至康熙五十三年（日本正德四年，一七一四年）五月二十六日與慶賀正使尚堅（與那城王子朝直）和謝恩正使尚永泰（金武王子朝祐）等一起自那霸啓椗，先到薩摩，九月由薩摩太守島津吉貴帶同到江戶。按於萬曆三十七年（日本慶長十四年，一六〇九年）薩摩太守島津家久遣師征琉球，尚寧王被擄訂城下之盟後，次年薩摩藩派人把琉球全境丈量定賦稅，並定每三年換一次人質和每年須派「年頭使」到薩摩賀新年。國王就任須得薩摩太守的認可，同時國王須呈誓詞給薩摩太守。又自一六三四年（崇禎七年，日本寬永十一年）以後，德川將軍襲位時即須派慶賀使，琉球國繼位時即派謝恩使到江戶。江戶幕府第六代將軍德川家宣薨於一七一二年（日本正德二年，康熙五十一年）次年第七代將軍德川家繼襲封。又琉球方面尚益王薨於康熙五十一年，尚敬王繼位。於是琉球王府於次年康熙五十二年同時派慶賀使和謝恩使到日本江戶[54]。大概在此時程順則將他所刻《六諭衍義》呈獻給薩摩太守島津吉貴。

[54] 尚敬襲位，對於中國即於康熙五十一年十一月遣報葬使正議大夫楊聯桂捧咨給福建布政司，以尚益王計，聞于中廟。至康熙五十五年十月派耳目官夏執中，正議大夫蔡溫奉表入貢並請襲封。見《歷代寶案》第二集卷六、卷八。清廷即於康熙五十八年夏，派海寶和徐葆光使琉球冊封。

程順則自江戶和薩摩於康熙五十四年三月回到琉球。是年五月初一日陞爲紫金大夫，並任總理唐榮司。十月損資二十金在上天妃宮二門內建立千里眼、順風耳二神石像。康熙五十六年從事維修天使館，康熙五十七年建明倫堂和啓聖祠。康熙五十八年正月，考中國釋奠之例，請定祭孔禮儀，是年王府始行祭孔禮。嗣後每年春秋二祭。此可知程順則對中國文化的向慕。

康熙五十八年（一七一九年）六月冊封使海寶、副使徐葆光等來硫冊封，到五十九年二月天使回國爲止，程順則司冠船諸事總理接待天使館。康熙五十九年二月程順則爲謝襲封恩，與正使王舅向龍翼等，隨冊封使等赴閩，四月自閩啓行赴北京，八月到北京，九月納貢物，嗣後依例領賞賜宴領勅書，於十月二十日出京，至康熙六十年二月回閩，六月回國。這是程順則第五次使中國。他歸國途次在江南捐資購得皇清詩選數十部，呈獻王府、聖廟以及師友等。

程順則於康熙十六年（一六七七年）繼其父拜授眞和志間切古波藏地頭職，到雍正六年十二月二十日轉授名護間切總地頭職，雍正十二年十二月初八日卒。享年七十二。由於他對琉球文教的貢獻，他的采地又是名護間切，所以琉人尊稱他爲「名護聖人」。

程順則弟順性，生於康熙九年，亦當時久米村的俊秀，康熙二十五年舉秀才，康熙三十年十一月隨接貢都通事鄭明良赴閩留學。三十一年六月歸國。康熙三十六年從事《歷代寶案》的考訂[55]。康熙三十七年二月至三十九年二月任講解師。康熙三十九年十一月爲存留通事赴閩，康熙四十一年六月十二日自五虎門出海歸國，在洋中遭風覆舟而歿。程順性如沒有遭海難，當對於琉球王府朝貢職務，料也會伸展其材幹。

如上從程泰祚、程順則及程順性父子兄弟的經歷，可以知道琉球王府爲著不斷與中國來往修職貢，自首里士族子弟選拔入籍唐榮，讓他們自幼學習中國語文及禮儀。及長均入閩留於驛館，從師學習，以能與中國人交談溝通，能處理繁瑣的與中國來往的文書。無疑原是以備修貢之需要而學習實用之學[56]。然其學習過程中，進而吸收中國文化、仰慕文化，父子二代均從事孔廟、啓聖祠、明倫堂的建置，也遵從中國規制，每年春秋開始祭孔。於是琉球學制始備，文風漸興。程順則又從中

---

[55]《歷代寶案》第一集卷一有督抄官、考訂官和筆帖式的名字。程順性爲考訂官。又筆帖式中有秀才程搏九的名字。他是程順則的長子，可惜於康熙四十一年卒，享年二十二歲。見臺北影印本第一冊，頁四—五。

[56] 琉球國學生的月考，除四書五經的訓點以外，有論文、呈文、咨文等作文的考試。可知其學習之目的在於培養能處理朝貢的實際業務。參看眞境名安興、島倉龍治合著《沖繩一千年史》（福岡，大正十二年；那霸，一九六六）頁三九〇。

國購書或刊刻漢籍，學宮書籍因之漸備。顯然他對琉球文教的振興頗有貢獻。乾隆二十一年（一七五六年）周煌同正使全魁使琉冊封尙穆爲王。次年回國後撰輯《琉球國志略》一書。其卷十三《人物文苑》，謂：「程順則，字寵文；久米村人。勤學勵志，言行交修。位紫金大夫，愛民潔己，不營寵利。年七十餘。卒之日，書籍外，無餘貲；國人至今猶爭道之。所著有《燕遊草》，《中山官制考》57。」可知程順則的爲人，受中國文化的薰陶和力行，及當時琉人對他的尊敬。

六、關於《指南廣義》

乾隆二十九年（一七六四年）潘相撰《琉球入學見聞錄》一書中，關於書籍項記程順則著有：《中山集》、《閩遊草》、《燕遊草》、《中山官制考》、《指南廣義》58。從他所作漢文、漢詩可看出他的中國語文的程度和受中國文化的薰染。然程順則於康熙四十七年春自北京回到福州時，在閩捐款刊刻《六諭衍義》和《指南廣義》各一部，對於中國域外漢籍的流布上卻值得一提。

程順則重刻本「六諭衍義」，卷首有程順則另一業師竺天植於康熙四十七年初夏（四月）撰序

57 周煌，《琉球國志略》，《臺灣文獻叢刊》第二九三種（臺北，民國六〇年）第二册，頁二三三。
58 收於《清代琉球紀錄續輯》臺灣文獻叢刊第二九九種（臺北，民國六十一年）頁八三。

文，卷末有康熙戊子歲（四十七歲）蒲節（五月五日）程順則跋。程順則是於三月初八日到達福州，五月二十二日出閩安鎮，於六月初二日歸國。從此可知此書刊刻時間。《六諭衍義》是明末會稽人范鋐所編撰，用白話文敷衍解說明太祖的六諭，各附律例、故事、詩等，作勸諭之事，以代木鐸老人之宣講，務使家喻戶曉，以助勸導教化之書。按明太祖的六諭，見於教民榜文四十一條中之一條。教民榜文全文被收於皇明制書，學者多利用萬曆七年張鹵校刊二十卷本。於是東恩納寬惇據此本認爲洪武二十一年三月十九日戶部尚書郁新等奉太祖聖旨，宣布教民榜文㊾。其實，這一天所奉聖旨是：「前已條例照示，爾戶部再行申明㊿。」初次宣示應在其以前，然卷末有：「本部今將聖旨事意，備云刊印昭布天下，仰欽遵施行。洪武三十一年四月㉛。」如洪武二十一年三月十九日奉命再行申明，到三十一年四月刊布，在嚴君太祖命下，未免擱置太久。然據山根幸夫教授皇明制書解題附對校表，內閣文庫所藏不分卷本皇明制書所收教民榜文，洪武二十一年作洪武三十一

㊾ 東恩納寬惇，《庶民教科書としこの六諭衍義》（昭和七年；昭和四〇年那霸再版）頁四。
㊿ 《皇明制書卷九》（東京，古典研究會，昭和四十二年影印）上册，頁四六七。
㉛ 《皇明制書》卷九，上册，頁四七三。
㉜ 《皇明制書》卷九，上册，末頁四三。

年[62]。故洪武二十一年係手民之誤，應是戶部於洪武三十一年三月一九日奉聖旨再行申明。然據《明太祖實錄》洪武三十年九月辛亥條，云：「上命戶部下令天下民，每鄉里各置木鐸一，內選年老或瞽者，每月六次持鐸徇于道路，曰孝順父母，尊敬長上，和睦鄉里，教訓子孫，各安生理，毋作非爲。又令民每村置一鼓，凡遇農種時月，清晨鳴鼓集衆。鼓鳴皆會田所，及時力田。其怠惰者，里老人督責之。里老人縱其怠惰，不勸督者有罰。又令民，凡遇婚姻死葬吉凶等事，一里之內，互相賙給，不限貧富，隨其力以資助之，庶使人相親愛，風俗厚矣[63]。」

據此，教民榜文原宣示於洪武三十年九月初二日，嗣於洪武三十一年三月十九日又奉聖旨再行申明，於是年四月刊印昭布於天下。

程順則重刻《六諭衍義》，在其跋文，說：「予必爲之重梓之者，蓋以五方風氣迴殊，語言各別。普天率土，共準正音。琉球孤懸溟渤之外，土語鄉談較之海內尤異之異，惟是世受皇恩，入都貢獻，往返萬有餘里。其間津吏之問答，貢務之諮詢，不解正音，有扣莫應，如江河之不流，血氣之不運。毋乃不學者之過耶？抑亦無術以導之之故也。導之者其惟讀書乎，然六經四書多微言奧

---

[63]《明太祖實錄》卷二五五，臺北影印本，第八冊，頁三六七七—三六七八。

旨，祇可自喻之於心，何能宣之於口。惟是編，字字是大道理，卻字字是口頭話。男女老幼莫不聞而知之，教者省力，學者易曉。導之之術莫有善於此者。雖然更有說稗官野史，皆里巷常，然無關風俗，無補人心。不如此書既可以學正音，兼可以通義理，有明心之樂，無梗耳之言，一舉兩得。予所以重梓而傳之，俾國中俊秀可備貢使之選者，日而講，月而熟。他年答津吏而諮貢務，語語正音，流似江河，運若血氣，是則予之所厚望也⑭。」可知他刊刻此書目的爲琉球子弟，學習官話（正音）並報導倫理的教科書。程順則將他所重刻《六諭衍義》，大概於康熙五十三年（日本正德四年，一七一四年）呈獻薩摩太守島津吉貴，到了康熙五十八年（日本享保四年，一七一九年）島津吉貴獻給日本當時的第八代將軍德川吉宗。吉宗命當時日本碩學荻生徂徠和訓，室鳩巢作和解，刊刻了《官刻六諭衍義》和《官刻六諭衍義大意》。嗣後日本各藩學以及江戶、京都、大阪各書肆刊行流布，成爲日本德川時代的道德教科書，頗流行，影響很大，有許多版本。詳細可參考東恩納寬惇的詳細研究⑮。

⑭《程氏本六諭衍義》，（那霸，沖繩縣立圖書館，昭和五十五年覆刻）頁一五三—一五五。
⑮《庶民教科書としこの六諭衍義》同註五九書。沖繩縣立圖書館覆印《程氏本六諭衍義》外亦有覆印琉球版本《六諭衍義大意》。

《指南廣義》，國立臺灣大學圖書館藏有一部影抄本，茲根據此影抄本略予介紹[66]。《指南廣義》總共只八十二葉，每頁六行二十字。《指南廣義》卷首有其業師陳元輔和程順則的自叙。陳序沒有時日，而自叙署於康熙四十七年麥秋既望，即四月十六日，所以板刻時間也許比《六諭衍義》略早二十天左右。程順則輯刻指南廣義的目的於陳元輔序文中，云：「吾門程雪堂潛心學古，博覽群書，非關世道與裨人國者，不以矢諸口筆於書。……今且爲大夫矣。猶鰓鰓以地羅要旨爲急務者，蓋誠有見於貢之所通者海也。海之所濟者舟也。舟之所憑者針也。針之理微，非考之舊本，參之時論，彙輯成書，使司針者玩索而有得焉，幾何其不至於舛謬也。雪堂指南廣義之輯，意有其在於斯乎。集成授梓，丐余一言弁其首。」又程順則在自叙，亦云：「因思匠用規矩，射憑彀率，古人成法，均不可廢，何況指南，聖人所造，變化無窮，更當研究也。乃取曩者封舟掌舵之人所遺針本及畫圖，細爲玩索，覺天之下，地之上，顯而易見，微而難知者，一一在目，不啻犀燃燭照。但文有繁冗，字多差訛，悉爲參考改正。此作度世津梁。雖然此舟人事也，余忝從大夫之後，職在修貢，典勤使命，區區桅柁木節，似非吾所當務。殊不知賛貢物而來，捧璽書而返，皆於船乎是賴。

---

[66] 又有球陽研究會一九七〇年油印本。筆者蒙赤嶺守先生見贈，能訂正若干抄本錯字。

倘司針失人，用神不定，大典攸關，是亦予輩之責也。夫書成授梓，因題之曰指南廣義。」據是可知程順則輯刻這本書的由來目的。這本書原是封舟掌舵之人所遺針本，而由於琉球修貢，往來於海上，操舟司針，航海諸法格外重要。是以程順則把它整理輯刻，而顏之曰指南廣義。

又據《指南廣義》卷首「傳授航海針法本末考」，云：「康熙癸亥年，封舟至中山，其主掌羅經舵工，閩之婆心人也。將航海針法一本，內畫牽星及水勢山形各圖，傳授本國舵工。」是康熙二十二年（一六八三年）汪楫使琉冊封尚貞爲王時，封舟主掌羅經舵工，將其所持航海針法一本，傳授給琉球舵工。然其時封舟舵工，「併告之曰，此本係前朝永樂元年，差官鄭和、李愷、楊敏等，前往東西二洋等處，開諭各國。續因納貢纍纍，恐往返海上，針路不定，致有差錯，乃廣詢博採，凡關係過洋要訣，一一開載，以作舟師準繩。」這表示封舟掌舵人所傳授針經的祖本，據傳是鄭和等下西洋以來所使用。嗣後累次依經驗，廣詢博採一一開載修訂而傳下來的。

按中國有關航海的針經，過去僅見於《鄭開陽雜著》、《日本一鑑》、《四夷廣記》、《東西洋考》、《武備志鄭和航海圖》等書所著錄針路可窺其一斑。然自向達從英國牛津大學抄回《順風相送》和《指南正法》兩種海道針經，於一九六一年刊行了以後，始知這種民間舟人所流傳針經的全貌。〈順風相送序〉亦曰：「永樂元年奉差前往西洋等國開詔，累次較正針路，牽星圖樣，海嶼水勢山形圖畫一本山爲微簿。務要取選能諳針深淺更籌，能觀牽星山嶼，探打水色淺深之人在船。

深要宜用心，反覆仔細推詳，莫作泛常，必不悞也⑰。」顯然這類民間所私藏傳下來的針路秘本，大概都說出自鄭和而其年代繫於永樂元年。程順則之《指南廣義》，其祖本雖是封舟掌舵人所傳，但在〈傳授航海針法本末考〉末說：「按洪武二十五年遣閩人三十六姓至中山，內有善操舟者，其所傳針本，緣年代久遠，多殘闕失次，今僅採其一二，以示不忘本之意。」可知在久米村華裔家傳針本，雖多殘闕失次，程順則也參考彙集刊刻。書末「引言」又說：「余留心針法久矣。憶昔從紫金大夫王公諱明佐者抵閩。舟行到某處，公穩坐艙內，爲余言曰：開洋抵今計日，當至某處。爾出視之，昔見有墨魚骨者，即其地也。視之果然。世有默料水程，如公之神者乎！知其熟針訣。續有疑難，一一問之。緣未見全書，不敢輕於立論。今得此卷，實獲我心者。舊本顏曰針簿，嫌其俗也。今改爲指南廣義，非敢求異，亦以標新，改正舊本，非出臆見，必參考群書，方敢增減，庶無不根之言。」封舟掌舵人傳授針本給琉球舵工於康熙二十二年，是年十一月二十四日程順則隨謝恩貢使王明佐初次渡海，十二月初五日到福州。隨著程順則滯留福州留學四載。他早就留心針法，在其初渡舟中，據此既自王明佐請益甚多。他輯刻指南廣義，也「必參考群書，方敢增減，庶無不根

⑰ 向達校注，《兩種海道針經》，中外交通史籍叢刊（北京，一九六一）頁二二。

之言。」《指南廣義》的剞劂雖是於康熙四十七年三月初八日自北京朝貢事畢回到福州，五月二十二日自閩安鎮出海歸國之短期間，但其留心彙輯針法，可謂相當長時間。

《指南廣義》的內容是：海島圖、針路條記、傳授針法本末考、天妃靈應記、請天妃安享祝文、請天妃登舟祝文、請天妃入廟祝文、天妃誕辰及節序祝文、祭天妃儀注、周公指南地羅二十四位圖、定更數之法、開洋下針祝疏、風信考、逐月暴風日期、許眞君傳授龍神行日、出行通用吉日附忌日、論用　亡日、百事吉時、行船通用吉日附忌日、逐月行船吉日、四時占候風雲、準備緩急物件、潮汐論、月華出時訣、定寅時歌、太陽出沒歌、太陰出沒歌、定四正四隅之法、正隅對念法、二十四位順念法、觀星圖、四時調攝、飲食雜忌、養心窮理、謹戒戲謔、戒浪飲酒、禁作無益。附錄：河口柔遠驛記、重建天妃樓記、土地祠記、祭土地祠祝文、崇報祠記。末後附引言。卷首的海島圖即畫福州、琉球間各島嶼形勢圖，其實爲不知文字舟夫，把島名象形畫出，如花瓶嶼畫一花瓶，梅花嶼畫一朶梅花，而其前附琉球國三十六島圖，僅把琉球群島的島名，以位置按排而已。此三十六島，後成爲徐葆光撰《中山傳信錄》所收地圖之根據㊳。

㊳ 徐葆光，《中山傳信錄》，《臺灣文獻叢刊》第三〇六種（臺北，民國六十一年）第二册頁一三二—一三三、一三八。東恩納寬惇，《南島風土記》（那霸，昭和二十五）頁六九—七〇。

《指南廣義》的內容大致可分一爲，針路、定羅經二十四位、定更數等有關航海行舟諸法；二爲風信、逐月暴風、占候風雲、潮汐、觀星圖等有關天文氣象的觀察方法、紀錄和歌訣。三爲航海中有關起居飲食等衛生的注意事項。四爲天妃靈應記及請天妃安享、登舟、入廟、天妃誕辰及節序等祝文、祭天妃儀注和開洋下針祝疏等有關航海安全的祭拜海神的祝文範例。末後附錄福州驛館的天妃樓、土地祠、崇報祠等有關祭拜及其祠記。

分量雖不多，但這本書最重要部分仍是針路。關於福建琉球間的針路，《指南廣義》的「針路條記」錄有共十四條，比其他任何書都較多。其中抄自封舟針簿有福州往琉球二條，自琉球回福州一條，漳州往琉球一條，計四條。另外抄自三十六姓所傳針本有十條。這十條中琉球往福州有二月開洋一條，三月開洋二條，成化二十一年九月二十四午時開洋一條，另又一條東北風時，十月開洋一條。其餘是自福州回那霸，另外是福州到八重山島、福州到宮古島，釣魚臺到那霸的四條針路。

按明代中國與琉球間的交通，初開設市舶司於泉州，後因琉船入貢多趨福州，於成化五年（一四六九年）市舶司改於福州。中琉間的航海，嗣後是以福州與那霸爲進出港口。自中國赴琉球，利用夏季的西南風期，自閩江口放洋，其航線大致經臺灣北端，過花瓶嶼、彭佳山、釣魚臺、黃尾嶼、赤尾嶼至久米島，再北轉入那霸港。自琉球到中國，則利用冬季東北風期，出那霸港，自久米島偏北取向溫州南杞山、臺山，再駛至閩江口入福州。《指南廣義》書中錄自封舟針簿的福州往琉球和自琉球回福州的針路，可謂中琉交通的常道。即：

「福州往琉球。東沙外開船（用單辰針〔一二〇度〕）十更（取）雞籠頭（北過）花瓶嶼（並）彭家山（用乙卯〔九七·五度〕並單卯針〔九〇度〕）十更（取）釣魚臺（北過前面）黃麻嶼（北過用單卯針〔九〇度〕）四更，黃尾嶼（北過用甲卯針〔八二·五度〕）十更赤尾嶼（由乙卯針〔九七·五度〕）六更古米山（北過用單卯針〔九〇度〕）馬齒山（北過用甲卯針〔八二·五度〕）及甲寅針〔六七·五度〕）收入那霸大吉。」

「又五虎門開船（取）官塘東獅（用辰巽針〔一二七·五度〕）十五更，小琉球頭（北過用乙卯針〔九七·五度〕）十五更、釣魚臺（北過隴單卯針〔九〇度〕）十更赤洋（又單卯〔九〇度〕）並甲卯〔八二·五度〕）十二更古米山（用單卯〔九〇度〕兼乙卯〔九七·五度〕）至那霸港。」

「回福州，十月十日巳時〔上午十點左右〕出那霸港（用申針〔二四〇度〕放洋，用辛酉針〔二七七·五度〕）一更半（見）古米山並姑巴甚麻山（用辛酉針〔二七七·五度〕）四更（用辛戌針〔二九二·五度〕）十二更（用乾戌針〔三〇七·五度〕）四更（單申〔二四〇度〕）五更（辛酉〔二七七·五度〕）十六更（見）南杞山（用坤未針〔二一七·五度〕）三更（取）臺山（打水二十托，西邊有橫礁出水，用丁未針〔二〇二·五度〕）三更（取）里麻山（一云）霜山（用單申針

（二四〇度））三更收入定海。」以下從略。

按中國的航海，定方向，早就用指南針，早期所用羅盤是水羅盤，用水浮型指南針，但自明萬曆年間多用旱針盤。羅盤亦即針盤，其方位以天干（十干，即甲乙丙……癸），地支（十二支，即子丑寅……亥）加上八卦方位配成二十四方位。其方位的配合是先以十二支均等分一圓周，作爲方位名稱，以向右旋，依次爲名。子爲正北，午爲正南。在十二支之間列入十個天干。如甲乙列於東方卯位的左右，丙丁列於南方午位的左右等。最後則以八卦名稱列於西北、東北、東南、西南等方位，一圓周有二十四個方位，所以每一方位相當於十五度。這方位即稱針位，而指南針使用時或單針（單指，或正鍼），或縫針（指兩間）。單針如單卯針是九十度，單辰針爲一百二十度，單甲針爲七十五度，單甲針和單卯針相差十五度。如指兩間的縫針，如甲卯針即其兩間的八十二度半。所以中式方位盤名稱雖距僅二十四方向，實際應用時可作四十八方向。

海上航行所用計程的單位是更。據《東西洋考》卷九舟師考等各書大致爲一晝夜分成十更，一更又合六十里。但在清初已有用西洋船用玻璃漏，以沙盡爲一漏，一晝夜爲二十四漏。至於測水的深淺的單位是托，《東西洋考》卷九舟師考謂：「沉繩水底，打量某處水深幾托。方言謂長如兩手分開者爲一托。」又針路記載中若干航行術語，如取是趨的意思，北過是北方航過，並或平是船身正橫與某島相平，隴是靠隴接近的意思[69]。

關於中琉間的航海，自嘉靖十三年（一五三四年）陳侃的使琉冊封以來，每次使琉多撰成使錄，記錄其使事，多留下了航海紀實，其中針路可考者有萬曆七年（一五七九年）的蕭崇業使錄的《琉球過海圖》[70]萬曆三十四年（一六〇六年）的夏子陽使錄的《琉球過海圖》[71]；其餘明嘉靖年間鄭若曾撰《鄭開陽雜著》卷四〈日本圖纂〉，同書卷九〈琉球圖說〉均有福建使往日本和福建使往大琉球鍼路和回鍼。胡宗憲輯《籌海圖編》卷二所錄福建使往日本針路；鄭舜功撰《日本一鑑桴海圖經》說：鄭舜功使日前，曾廣求航海書，《得鍼譜》、《渡海方程》、《海道經書》、《四海指南》、《航海秘訣》、或作《海航秘訣》及《航海全書》等書，而其《萬里長歌錄》有自嶺海到日本的航程。又吳人愼懋賞於萬曆三十七年以後輯成的四夷廣記在其日本國條錄有福建往日本鍼路更數和漳州往琉球並日本針位。順風相送所載針路有福建往琉球和琉球回福建的針路。往路是自太

---

[69] 對於中國古時航海方法可參考周鈺森，《鄭和航路考》（臺北，民國四十八年）頁九〇—一〇五；向達校注，《兩種海道針經》（北京，一九六一）序言頁五—七；方蒙，《明代中國航海圖籍上所見臺澎諸島嶼與針路》，《臺灣人文》創刊號（臺北，民國六十六年十月）頁三—五。

[70] 《使琉球錄》三種，第一冊，頁五五—六二。

[71] 《使琉球錄》三種，第二冊，頁一七九—一九五。

武放洋。以上是明代有關中琉間的針路記載。清代的中琉間針路，除了這本《指南廣義》以外，有《指南正法》的福州往琉球針、琉球回福州針。康熙六十年徐葆光的《中山傳信錄》所收針路⑫，乾隆二十二年間周煌的《琉球國志略》，卷首有針路圖，卷五錄有陳侃以來各次使琉冊封的航程紀實，亦錄有蕭崇業、夏子陽、汪楫、徐葆光、周煌等明清兩代各次使琉時的針路⑬。嘉慶五年使琉的李鼎元撰《使琉球記》對其航程記有針位⑭。嗣後嘉慶十三年使琉的齊鯤、費錫章合編《續琉球國志》卷三有針路⑮。又於同治五年使琉冊封尚泰的趙新所輯《續琉球國志略》卷二也錄有道光十八年和同治五年的針路⑯。如此關於中琉間的航海針路，《指南廣義》以外已有上述各書的著錄，

---

⑫《臺灣文獻叢刊》第三〇六種（臺北，民國六十一年）頁九—一二。
⑬《臺灣文獻叢刊》第二九三種（臺北，民國六〇年）頁一三八—一四七。
⑭《清代琉球紀錄集輯》，《臺灣文獻叢刊》第二九二種（臺北，民國六〇年）第二冊，頁一五七—一六一。
⑮沖繩縣立圖書館，昭和五十三年覆刊本，下冊頁三七—五六。
⑯沖繩縣立圖書館，昭和五十四年覆刻本，頁一三三—一三七。

可提供古時中國航海的研究⑺。

程順則又在書末引言，云：「東西二洋等處，爲我國所不到之地。舊本悉有畫圖，帙頁繁多，今盡略之。」可知封舟福建舵工給琉球舵工的針本。原包括東西二洋的針經，可惜被程順則認爲對琉球不需要而削略，若保存下來當與《順風相送》等書，可留存明末清初的中國在亞洲各地駛行的航路。

程順則在引言又說：「我國建祠崇祀天妃，歷有年所矣。凡遇誕辰、併諸節序及進貢、接貢，請神登舟，往返安位，各有祭，祭必用祝文。茲爲一一增補。開洋下針祝疏，舊本繁蕪，恐致褻瀆，另撰新文，便於口宣。」如此可知《指南廣義》所收錄祭拜祝文的用意，也可看到琉球於航海往來，也受到中國民間信仰的影響。

⑺ 近年關於中琉間航海針路的研究有徐玉虎，明朝册封「航海鍼路」之詮釋，收於《明代琉球王國對外關係之研究》（臺北，民國七十一年）頁四五—七六；第田晶子，向達注《兩種海道針經》中の《順風相送》〈について——十六世紀における中國商船の針路〉，《南島史學》第二五、二六號（一九八五年九月）頁九八—一一四。

七、結語

中國與琉球間的正式交通起源於明初，比其他地域較晚，因此從中琉的來往，可以瞭解中外關係的建立及嗣後處理。中國語文爲東亞世界的國際通用語言，互相溝通必須使用漢語漢文。琉球爲便於與中國交通，依靠一批久米村的專業人才來操舟修職貢。琉球在東亞交易圈能發揮其仲介貿易的功能時，自有大陸沿海私商相繼投歸琉球，其時久米村繁榮，琉球無虞修職貢所需人才。但明末以來琉球的國際貿易地位衰落，久米村隨之也趨於凋謝。琉球王府爲繼續維持朝貢，須自力更生，培養人才，從琉球官宦子弟，選拔俊秀，自幼學習語文，入籍唐榮。然隨著漢文教材的流通而傳布了中國的典章制度及學術宗教。漢文也成爲官宦貴族的教養，使他們能寫漢文、能詠漢詩，而由於這些仕紳受中國文化的薰染，更能漸次教化流布到民間，提升其文教。琉球與中國的交通可以提供爲東亞國際交流的運作、典範的了解。

程順則父子兄弟一家的生涯，足以呈現在實務上爲從事中琉間的外交往來，而學習中國語文，進而受到儒家思想的薰陶而促進琉球文教進興的實例。程順則所刻兩部書《六諭衍義》和《指南廣義》，一是爲學習中國語言，另一是爲司針操舟，均爲修職貢的實務用書，卻也是一爲傳播中國的儒家道德，一爲傳授中國的航海技術的書籍。程順則所刻這兩部書，雖不是中國文化的高深精華，但可顯示民間的生活文化的層面。《指南廣義》這本書是根據多年累積起來的民間的經驗，其科學性尚待將來的研究，然《指南廣義》顯然對中國航海史提供了寶貴的資料。

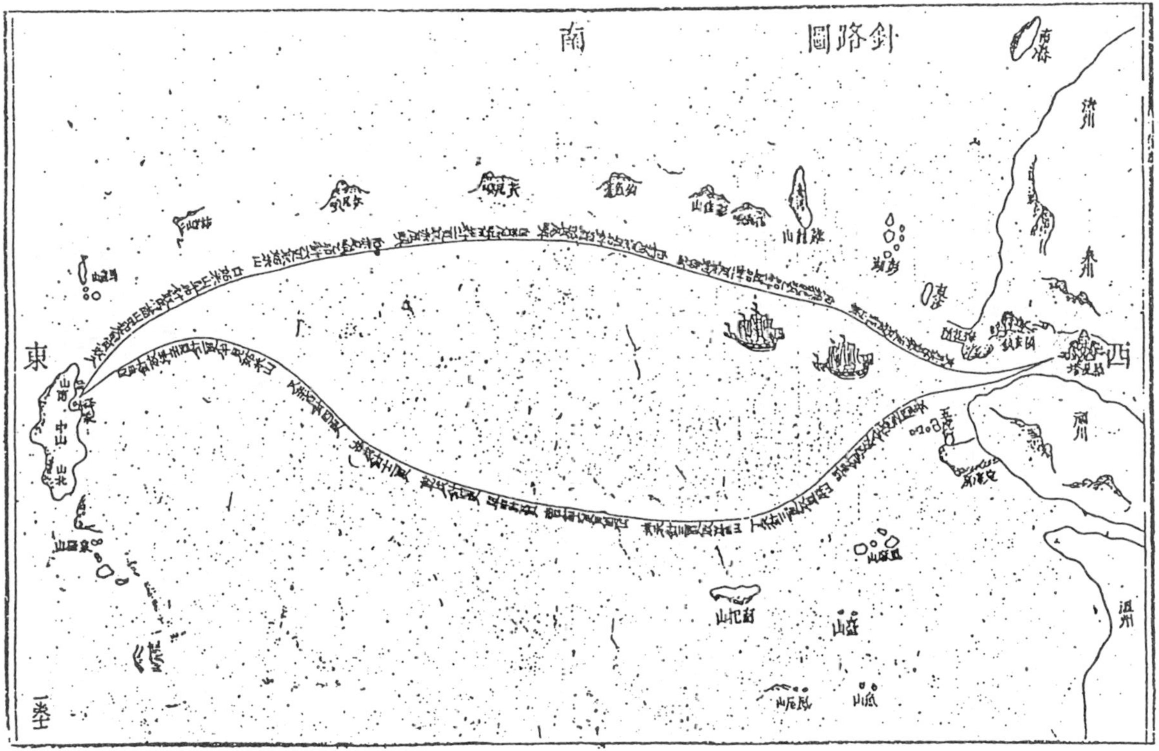

針路圖
南
東
西
中山
山南
山北

指南針方位盤

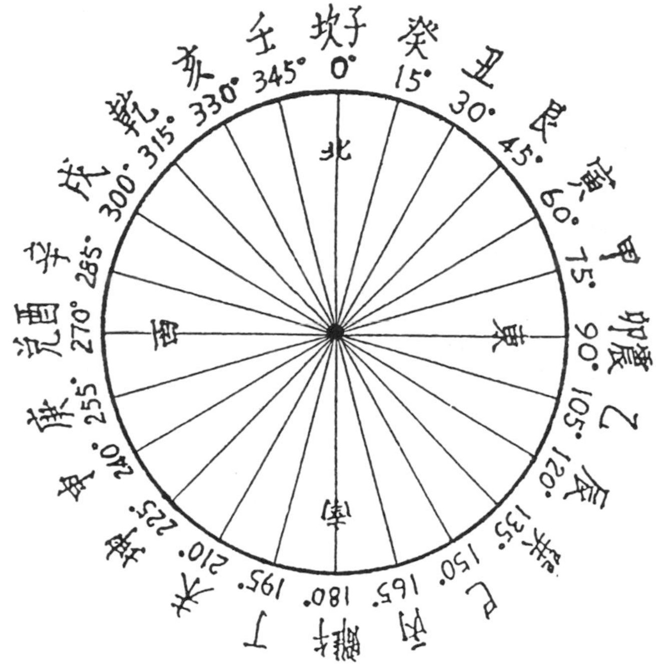

子　= 0°	卯　= 90°	午　= 180°	酉　= 270°
子癸 = 7.5°	乙卯 = 97.5°	丁午 = 187.5°	辛酉 = 277.5°
癸　= 15°	乙　= 105°	丁　= 195°	辛　= 285°
癸丑 = 22.5°	乙辰 = 112.5°	丁未 = 202.5°	辛戌 = 292.5°
丑　= 30°	辰　= 120°	未　= 210°	戌　= 300°
丑艮 = 37.5°	辰巽 = 127.5°	坤未 = 217.5°	乾戌 = 307.5°
艮　= 45°	巽　= 135°	坤　= 225°	乾　= 315°
艮寅 = 52.5°	巽巳 = 142.5°	坤申 = 232.5°	乾亥 = 322.5°
寅　= 60°	巳　= 150°	申　= 240°	亥　= 330°
寅甲 = 67.5°	丙巳 = 157.5°	庚申 = 247.5°	壬亥 = 337.5°
甲　= 75°	丙　= 165°	庚　= 255°	壬　= 345°
甲卯 = 82.5°	丙午 = 172.5°	庚酉 = 262.5°	壬子 = 352.5°

註：採自周鈺森著《鄭和航路考》海運出版社 民48年6月

糧船

《天工開物》第九卷所載的，是船和車。

中國有一句成語說「南船北馬」，船和車，在中國確實是最主要的交通器具。《天工開物》的第九卷中，是寫著各種船和車，而從歷史上看，使我們最感興趣的，是在「漕舫」項下所說的船。以前，我們對於中國的各種民船，嘗作若干調查，例如「滿鐵調查部」出版的《華中的民船業》，即其一例。據此，我們對於河渠及航行於河渠中的民船的構造以及其他事項，大體上是可以知道的。至在「漕舫」項下所說的船，則是專用於漕運的特殊船隻。明代所謂漕運，是指將在南方作為賦稅而徵收的稻米，從水路運至帝都北京而言。元時的首都，亦在北京，其漕運是專賴海道①。惟在明永樂帝自金陵遷都於北京後，則將運河改修，連絡著原有的河川，稍後遂廢置海運，而將多量的稻米，改由河運②。因之就建造了特別的船，在《天工開物》中，是稱此船曰平底淺船。這一個名稱是根據其形狀而定名的。在萬曆重修《大明會典》卷二百中，是根據其所裝的貨物，而稱之曰糧船③。這糧船所裝運的數量，每年或稍有增減，而在明中葉以後，大體上似是以四百萬石爲標準④。明代的一石，與日本的一斗相近。故中國的四百萬石，約略等於日本的四十萬石。以現在的很發達的交通器具的狀態而言，這一個數量，不能算大；然在當時，沿著運河、長江等一七〇〇公里的水路，要運這一個數量，卻決不能說是一件容易的事情。水路的治安，固是一大問題⑤，而更重要的，更成爲運輸上的障礙的，是水路本身並不是一條平坦的直通的水路。在這一條水路中，橫著幾條很大的河川，而因這河川的水準不同，在運河中，就有若干處發生很大的落差。因之，在水路中或是要建造水門，或是要塡土而作部分的截斷⑥。在那樣的地點，有時或不免要將整個的船拖上或放下，或是貨物駁裝，故其運搬實非常困難，而絕非容易⑦。又因水路遙長，故從事運輸的人所蒙受的經濟上的損失，亦絕非淺鮮⑧。在初時，是由納稅的農民，負荷著搬運之勞。但在有明一代，這漕運的方法，屢經改革，後來是組織了有如輜重兵的運軍，使負著運輸的責任。關於此項運輸組織的變遷，已有若干論文加以說明（原註①），讀者可以參閱。

明代正式利用運河以供漕運，大約是始於永樂十三年⑨（西元一四一五年）。在永樂九年（西元一四一一年），以宋禮爲監督官疏浚會通河⑩，所謂會通河，就是山東部分的運河。此外，並改修運河的其他部分，遂廢止危險的海運，而專靠河運。宋禮，在《明史》中有傳⑪，是漕運的權威人物。《天工開物》中謂運河中的平底淺船是由平江伯陳某所造，惟據《明史·食貨志》，則最先是由宋禮督造，其次纔是陳瑄造淺船⑫。《天工開物》中所說的陳某，大概一定是指陳瑄。《明史》卷一五三有陳瑄傳，謂其在永樂初年指揮海運，運輸過很多的糧食。又在專靠河運以後，繼宋禮者，亦是由陳瑄監理漕運。《明史》記云陳瑄亦造淺船二千餘艘⑬。《明史紀事本末》卷二四則謂陳瑄使湖廣、江西等地造平底船三千隻，每年運糧三百餘萬石⑭。在兩項記載中，所造船數雖是有二千與三千之別，然河運所用的平底船，是由陳瑄所造，則是一件很有名的事蹟，《明史》列傳中謂陳瑄膺平江伯之封，故《天工開物》中所說平江伯陳某，大概一定是指這陳瑄。

因運河的疏浚不完全，河運所用的糧船，吃水甚淺，故用沒有龍骨的平底船。所謂平底船，大概在古時就已使用。在陳瑄之前，宋禮已用平底船，但這大概決不是宋禮的發明。明初的海運，是用積載量達千石的大船，每船水手達百人。自用河運以後，則糧船的裝載量是以四百石爲標準。糧船的吃水，不過三尺，在《明史》河渠志中（原註②），有明文記載，據此我人當可推知運河水深的限度。此外又有若干記載，似可使人推測：因受水的深度的限制，糧船所裝，事實上恐不過二百石⑮。

關於糧船的構造，史籍中極少記載，故《天工開物》中所記糧船的構造，很值得重視。中國的河船，大多是平底船，而與長軸垂直的方向有許多隔壁板，這是構造上的一個特色。隔壁板的功用，是在萬一有漏處時，使浸水限制於一個部分。明代的糧船，大概相當確實地亦具有這兩項特色。現試檢拾若干散見於其他史籍中的零碎的記載，聊以補《天工開物》之說。據《明史・食貨志》，造船的木材，是用楠木或杉木，較次者是用松樹。並說明三年小修，六年大修，十年重造[16]。據「皇明經世文編」，則：用杉木者十年一造，用楠木者七年一造，用松樹者五年一造[17]，據此可知用杉木者最爲堅固。其價値的高低，是按著杉木、楠木、松樹的順序。在《天工開物》中，說明：按著船的不同部分，其所用木材的質地不同，其記載極詳細。在萬曆重修《大明會典》卷二百（河渠五）中，記有造「四百料淺船一隻」所用的各部分的材質和數量，試爲轉錄如下：

四百料淺船一隻　合用：

底板楠木三根　棧板楠木三根

出腳楠木一根　梁頭雜木三根

前後伏獅拏獅雜木二根　草鞋底榆木一根

封頭楠木連三枋一塊　封梢楠木短枋一塊

挽腳梁雜木一段　面梁楠木連二枋一塊

將軍柱雜木一段　桅夾雜木一段

大小釘鋦七百斤　艌麻二百斤

油灰六百斤　桐油三十斤

船上什物

大桅一根　頭桅一根　大篷一扇

頭篷一扇　繂索三副　度繂三副

貓纜一條　貓頂一條　繫水一條

紝簟一條　箍頭繩一條　八皮四條

⿰木牽簟三條　抱桅索二副　櫓四枝

腳索二副　招頭木一根　篙子十根

挽子一把　水橛一箇

跳板一塊　櫓跳四塊　櫓繩四條

戽斗一箇　鐵貓一箇　弔桶一箇

挨簟木二條　竹水斗一箇　舵一扇

舵牙一根　舵關門棒一根　水桶一箇

前後襯倉水基竹瓦金　蓋篷並襯倉蘆席金

船式樣

底長五丈二尺　頭長九尺五寸

梢長九尺五寸　底闊九尺五寸

底頭闊六尺　底梢闊五尺

頭伏獅闊八尺　梢伏獅闊七尺

梁頭一十四座　底板厚二寸

糧　船

棧板厚一寸七分　釘一尺三釘

龍口梁闊一丈深四尺

使風梁闊一丈四尺深三尺八寸

後斷水梁闊九尺深四尺五寸

兩廒共闊七尺六寸

觀此，可知主要的材料是用楠木⑱。試比較船式樣的記載，則可知與《天工開物》所記載者，是互相一致的⑲。上項記載中的船的各部位的名稱，在《天工開物》的日譯中，筆者大抵已附註加以說明，但尚有一部分不十分清楚。關於糧船的構造，我們不能更具體地完全明白，實深感遺憾。

惟有關船隻的各部位的名稱，明嘉靖時李昭祥所寫的《龍江船廠志》[20]，卻很可以供參考。該書中繪有各種船式的圖，是一本很有特色的著作，其中所記，最重要的是朝廷所用的黃船。《大明會典》中所稱的數量「四百料」，在清水泰次及其他的論文中，大抵是將「料」字解作爲「石」，這和其他史料中所云糧船裝載的標準是四百石之說，是符合的[21]。惟《天工開物》謂糧船裝載二千石。《天工開物》之說，有何根據，殊不明瞭，若標準爲四百石，則《天工開物》所記的裝載量似有過多之嫌。但就糧船的構造而論，沒有其他更較《天工開物》爲詳細的記載，故關於糧船構造問題，祇有留待今後再加詳細的研究。又「大明會典」中所記的船式樣的尺寸，是《天工開物》中所云明代的初制，至以後運軍所造的大型船，其記載是祇見於《天工開物》。然此項改革始於何時，在《天工開物》中卻未見提及。

上文已經說過：有明一代，其漕運方法，嘗幾經改革。據清水泰次氏所述，是略如下示：

自洪熙元年（西元一四二五年）起開始支運（搬運由軍民分擔）

自宣德六年（西元一四三一年）起並用兌運（以軍人爲主）與支運

自成化七年（西元一四七一年）起是變爲改兌（軍人直接至產糧地搬運）

即自成化七年起，長距離的搬運，完全是由軍人負責。如糧船的擴大，是始於其時，則在萬曆重修《大明會典》中，似應載有加長一丈的船的尺寸。關於這一點，確是一個疑問[22]。就船型變化的問題而言，《天工開物》的記載，實不容忽視。

編按：本文原作者為藪內清，曹永和先生譯。

（原註①）可參閱下列論文：

清水泰次：《明代的漕運》（《史學雜誌》第三九編，昭和三年）

星斌夫：《明初的漕運》（《史學雜誌》第四八編，昭和十二年）

譯者按：《清水氏論文》有王崇武的譯文，載於《禹貢》第五卷第五期。

在戰後星斌夫又發表二文：

《明代漕運に於ける漂失糧と運軍の立場》（《山形大學紀要》第一卷第三號，昭和二十六年三月）

《明代の漕運機構について》（《山形大學紀要》第二卷第一號，昭和二十七年三月）。

但譯者尚未見及。

（原註②）《明史·河渠志》曰；《萬曆元年（西元一五七三年），（萬）恭言：祖宗時造淺船近萬，非不知滿載省舟之便，以閘河流淺，故不敢過四百石也。其制底平倉淺：底平則入水不深，倉淺則負載不滿。又限淺船用水不得過六拏：伸大指與食指相距爲一拏，六拏不過三尺許，明受水淺也。》據是可知明時糧船吃水不過三尺，而其積載量是以四百石爲限。上文「不敢過四百名」一語，便是明證。關於這一點，在其他文獻中，亦有明白的記載。

（譯者註①）元初，運糧並不專靠海道，而嘗試行過各種方法。元危素撰《元海運志》云：「初伯顏平江南時，嘗命張瑄、朱清等，以宋庫藏圖籍，自崇明州從海道載入京師，而運糧則自浙西涉江入淮，由黃河逆水至中灤旱站，陸運至洪門，入御河以達於京。後又開濟州泗河，自淮至新開河，由大清河至利津河入海。因海口沙壅，又從東阿旱站運至臨清入御河。又開膠萊河道通海，勞費不貲，卒無成效。」《元史》卷九三食貨志亦有同樣記載。據是可知元初運糧，其漕道並無一定。至元十九年（西元一二八二年）開始海運，而至元二十六年（西元一二八九年）又開濬會通河，可知其時仍未罷河運。但因河道岸狹水淺，輸糧不多，故倚海運爲重。

（譯者註②）明初海運，仍襲元代故道，但在洪武年間，糧運的目的，是在餽運北征的軍餉，後開始經略遼東，則海運是指運糧於遼東，以給軍餉。洎永樂帝定都燕京，漕運方是供給首都的民食，而其時漕運是改取河道，而將海運停止。惟薊州軍餉，則仍用遮洋船由海道運送。

（譯者註③）萬曆重修《大明會典》卷二百糧船條曰「糧船有二：曰遮洋；曰淺船。永樂初漕江南粟，一由海道，至直古口，入白河，抵通州。一渡淮溯黃河，至陽武，又陸運至衛河，由衛河抵通州。海運用遮洋船，裏河用淺船。」據是可知糧船實包括著遮洋船與淺船；但因明代漕運，是以河漕爲主，故在許多文獻中，所謂「糧船」或「漕船」，皆若專指淺船而言。

（譯者註④）萬曆重修《大明會典》卷二七漕運條云：「（成化）八年（西元一四七二年），定歲運米四百萬石（歲額至是始定）。」又《明史》卷七九〈食貨志〉三漕運項曰「初運糧京師，未有定額。成化八年始定四百萬石，自後以爲常。」據是可知明代中葉以後，每年的漕運數額是以四百萬石爲標準。

（譯者註⑤）陳仁錫《無夢園集》車三漕運積弊議中有言曰：「徐兗之間，綠林嘯聚，實繁有徒。萬一復爲蓮妖所隔絕，羽林佽飛兒立槁矣。即不然而漕艘之凍阻爲常，運軍之骨髓已竭，可不爲寒心哉。」又「黃陂縣志」云；《李元苹主政戶部，時巨寇李青山嘯聚梁山，運河梗塞。詔簡才幹重臣，設法督濟，遂遣公。勅以五日一奏報。公表賊情，條奏方略，討平之。》（〈黃陂縣志〉條係自《古今圖書集成》〈經濟彙編食貨典〉卷一八二轉引）。

（譯者註⑥）《明史》卷八五〈河渠志〉三有記載曰：「自南旺分水北至臨清三百里，地降九十尺，爲閘二十有一。南至鎮口三百九十里，地降百十有六尺，爲閘二十有七。其外又有積水、進水、減水、平水之閘五十有四，又爲壩二十有一，所以防運河之洩，佐閘以爲用者也。」

（譯者註⑦）關於挽船與轉載，可參閱下列記錄。《續文獻通考》卷三八曰：「大通河，……每閘各設官吏共編夫一百八十名（每名工食銀八兩）。造剝船三百隻（每隻價銀三十五兩），分置各閘，責經紀領之。使製布囊盛米，僱役遞相轉輸，以達都下，軍民稱便。」同書卷三九曰：「徐州洪在徐州，爲運河要害，亂石峭立，凡百餘步，故又名百步洪。成化四年（西元一四六八年），命官鑿石，以利舟楫，又甃石路長一百三十丈，以便牽挽。」

（譯者註⑧）《古今治平路》（《古今圖書集成》〈經濟彙編食貨典〉卷一七五）有言曰：「……而江西、湖廣、浙江及蘇湖諸郡，距京師遠，民不習河事，而漕河有洪閘淺凍風濤之阻，多失陷，往復動經歲，勞費於正糧數倍，且以轉漕故，失農月，苦甚。」這是說農民受漕糧之困。又有言曰：「漕卒，一歲之間，大半在途，無室家之樂，有風波之險，洪牌之停留，舳艫之銜激，陰雨則慮濕漏，淺澀則費推移，沿途有將領之科索，上倉苦官儹之留難，及其回家，席未及煖，而文移又促以再兌矣。」這是說漕卒所受之累。

（譯者註⑨）萬曆重修《大明會典》卷二〇〇曰：「（永樂）十三年，增造淺船三千餘隻，一年四次，從裏河轉漕，遂罷海運。獨薊州軍餉用遮洋船海運如初。」

（譯者註⑩）開浚會通河，是明初漕運史上的一件大工程，各書記載甚多。《太宗永樂實錄》記載較詳。試錄之如下。永樂九年（西元一四一一年）二月己未條云：「開會通河。河自濟寧至清河，舊通舟楫。洪武中，沙岸衝決，河道淤塞，故於陸路置八遞運所，每所用民丁三千，車二百餘輛。歲久，民困其役。永樂初，屢有言開河便者，上重民力，未許。至是，濟寧州同知潘叔正言：會通河道四百五十餘里，其淤塞者三之一，浚而通之，非惟山東之民免轉輸之勞，實國家無窮之利。乃命工部尚書宋禮，都督周長往視。禮等還，極陳疏浚之便，且言天氣和霽，宜及時用力。於是遣侍郎金純發山東及直隸徐州民丁，繼發應天鎮江等江民丁，併力開浚。民丁皆給糧賞，而蠲其他役及今年田租，命尚書宋禮總督之。遣吏部侍郎師逵以太牢祭山川城隍之神，仍命御史二員監督。」

同年六月乙卯條記其竣功云：「會通河成。河以汶泗爲源。汶水出寧陽縣，泗水出兗州府，至濟寧州而合。置天井閘以分其流。南流達於淮，而河則其西北流也。由開河過東東（曹按：第二東字疑係衍字）昌府，入臨清縣，計三百八十五里，深一丈三尺，廣三丈二尺。役軍夫三十萬，用工十旬，蠲租稅百一十萬二千五百有奇。自濟寧至臨清，置閘十五，閘置官。立水則，以時啓閉，舟行便之。」

會通河的竣工日期及其規模，據此二條，當可明白。

（譯者註⑪）《明史》卷一五三《宋禮傳》

（譯者註⑫）《明史》卷七九食貨志三漕運條曰：《自濬會通河，帝命都督賈義，尚書宋禮以舟師運。禮以海船大者千石，工窳輒敗，乃造淺船五百艘，運淮揚徐兗糧百萬以當海運之數。平江伯陳瑄繼之，頗增至三千餘艘。

（譯者註⑬）《明史》卷一五三陳瑄傳云：「永樂元年（西元一四〇三年），命瑄充總兵官，總督海運，輸粟四十九萬餘，餉北京及遼東。」又有言曰：「宋禮既治會通河成，朝廷議罷海運，仍以瑄董漕運，議造淺船二千餘艘。」

（譯者註⑭）《明史紀事本末》卷二四永樂十三年（西元一四一五年）三月條云：「十三年三月，罷海運糧。命平江伯陳瑄於湖廣、江西造平底淺船三千艘，以從河運。歲運三百餘萬石。」

（譯者註⑮）《明史》卷一五三《列傳》四一《宋禮傳》曰：「計海船一艘，用百人而運千石，其費可辦河船容二百石者二十船用十人可運四千石，以此而論，利病較然。」據此可知：海船的裝載量是一千石，搭乘水手是一百名；河船的裝載量是二百石，水手是十名。《學菴類稿》（《古今圖書集成》經濟彙編食貨典卷一七六）云：「先是海運船有千料者；有四百料者，名鑽風海船，每歲漂損補造，期迫而工窳。永樂十年（西元一四一二年），宋禮改四百料爲淺船五百艘，每船受米二百石，從會通河僭運。」據此亦可知河船的裝載量是二百石。

（譯者註⑯）《明史》卷七九《食貨志》三漕運條云：「初，船用楠杉，下者乃用松。三年小修，六年大修，十年更船。」

（譯者註⑰）《皇明經世文編》唐漁石集有言曰：「湖廣都司所屬武昌等一十一衛所，原額設淺船一千一十二隻。杉木者十年一造，每隻連底價銀一百三兩；楠木者七年一造，每隻連底價銀九十一兩五錢；松木者五年一造，每隻連底價銀七十三兩九錢一分。以十年爲率。」（譯者未見原書，上文係自星斌夫氏文中轉錄）。萬曆重修《大明會典》卷二〇〇造淺船遮洋船則例條下，亦有類似記載。

（譯者註⑱）萬曆重修《大明會典》卷二〇〇造淺船遮洋船則例條下云：「今例清江提舉司，每年該造船六百八十隻，俱用楠木料。」由此可知楠木是造漕船的主要木料。

（譯者註⑲）近年國立中央圖書館影印該館所藏珍本《亦覽堂叢書》中，有朱家相增修《漕船志》一書，增修是在嘉靖二十三年（西元一五四四年）。朱氏是自嘉靖二十二年起主理清江廠事。《漕船志》分八卷，其中記載是以清江廠建造漕船的各項規則沿革爲主。在第三卷《船紀》中載有船式。試轉錄如下：

船式

糧船

淺船每隻

底長五丈二尺　頭長九尺五寸

稍長九尺五寸　底闊九尺五寸
底頭闊六尺　底稍闊五尺
頭伏獅闊八尺　稍伏獅闊七尺
梁頭一十四座　底棧每一尺四釘
龍口梁闊一丈深四寸
兩廠共闊七尺六寸
使風梁闊一丈四尺深三尺八寸
後斷水梁　九尺深四尺五寸
每船合用料物
底板厚二寸
棧板厚一寸七分（共用大中小楠木九根）
以上共該民七木價銀六十兩
雜木一根（銀二兩六錢五分）　草鞋底一付（銀八錢）
腳夫（工銀一錢五分）　拆船匠（工銀三錢）
大木匠（工銀五兩）　細木匠（工銀三錢）
雇牛洩木（工銀一錢二分）　鋸匠（工銀一兩七錢）

皮條四根（銀八分）　艌匠（工銀七錢）
牙人（用銀五錢）　宣打黃釘（工銀五錢）
攀頭稍鐵葉（銀三錢）　桐油三十斤（銀六錢）
畫匠（工銀一錢）　菜蔬等項（銀七錢七分）
油灰五百五十斤（銀三兩）　黃麻一百七十斤（銀二兩四分）
釘局六百二十斤（銀十兩二錢三分）
飯米八石六斗（銀五兩一錢六分）
以上共該軍三料銀三十五兩
有底船者準銀三十兩
什物（附）
大桅一根　頭桅一根
大篷一扇　頭篷一扇
綍索三付　度綍三條
鐵貓纜一條　貓頂繩一條
繫水一條　一條
箍頭繩一條　八皮四皮

桻䉶三條　抱桅索二付
櫓四枝　腳索二付
招頭木一根　篙子十條
挽子一把　水櫢二根
榔頭一箇　跳板一塊
櫓跳四塊　櫓繩四條
戽斗一箇　鐵貓一箇
吊桶一箇　挨䉶木二根
竹水斗一箇　舵一扇
舵牙一根　舵關門棒一根
鍋二口　水桶一箇
前後襯倉蓋篷水基竹瓦蘆蓆
以上係綱運三修等銀給買

試將《漕船志》、萬曆重修《大明會典》、《天工開物》三書中有關淺船的記載加以比較，則其異同有如下列：

①造船材料

《漕船志》與《大明會典》均載有木料的數量，而《大明會典》的記錄較爲詳細。《天工開物》無數量記載，但按船的各部分，分別記載其所用木料。關於油灰、桐油、釘鉤等項，《漕船志》所記的數目與《大明會典》者稍有差別。當時漕船所用的材料，是由軍民分別負擔，其比率是民七軍三。《漕船志》記明材料的價值及工資，是一個特色。

②船式樣

《漕船志》有《底棧每一尺四釘》的記載，萬曆重修《大明會典》作「一尺三釘」，《天工開物》無此項記載。

③船上什物

《天工開物》無記載。《漕船志》有「鍋二口」，其餘均與《大明會典》所記同。

《天工開物》雖不記船上什物，但對於漕船的構造，記載是最爲詳細。

（譯者註⑳）有影印本，是《續玄覽堂叢書》中的第一一七至一一九册。

（譯者註㉑）《漕運志》卷六：「（嘉靖二年）都御史俞公諫、總兵官楊公宏奏：切照漕運糧儲四百萬石，原額船一萬二千一百四隻，每隻該運正糧三百三十石，耗糧一百三十二石，名爲四百料淺船，以便裏河駕運。此皆先朝大臣經畫良法，行之歲久，運無廢事。」據是可知淺船一隻是裝運正耗米共四百六十二石。故一千料海船、四百料淺船等名稱，可解作裝載一千石的海船與裝載四百石的淺船。

（譯者註㉒）關於船式的改變，《天工開物》的原文是說：「……此其初制，載米可近二千石（交兑每隻止足五百石）。後運軍造者，私增身長二丈，首尾闊二尺餘，其量可三千石。」據是可知船式的改變，是出於運軍的私自增加尺寸。《增修漕船志》卷三在記載船式之後，又曰：「按淺船以海船得名。闊欲承載之多，淺欲盤剝之易。原定漕式，過越洪閘，涉歷江河，最爲輕便。邇來各船身長廒闊，多添梁頭，運軍利於私載，運官敢於公占，誠當嚴禁，以杜其漸也。」據此按語，可知船形的加大，是爲運軍要藉此走私，而運官則藉此侵呑。當時的運軍，一方面是與普通軍士一樣，有月糧支給，而另外再有行糧，故其待遇是較普通軍士爲稍優，但仍極微薄。在宣德六年（西元一四三一年）開始兌運時，乃酌量路程遠近，給與路費耗米等項。但在宣德之前，洪熙元年（西元一四二五年），已規定運軍可附載自己的什物，並通令官司毋得阻當（據《萬曆會典》卷二七）。這是明廷爲優恤運軍的糧運之苦，故許其攜帶土宜貨物，聽其發賣，以助貧軍剝淺守凍盤費之資。然其時運軍所攜帶的什物，沿途仍受各處官司的勒索阻當。於是「成化元年（西元一四六五年）奏准：各處運糧旗軍附帶土宜物貨，河西務張家灣等處，免其稅課。」（萬曆會典卷二七）。但沿途官司的留難攔阻，甚難制止，故屢有申明不許阻擋擾害之舉（參閱「皇明名臣經濟錄」卷二十二所收錄的〈都御史臧鳳正德十四年漕例奏〉）。同時，運軍亦有利用此種特典搭載客商貨物並兼營貿易等弊端發生，故弘治十三年（西元一五〇〇年）又定例禁止附帶客商貨物。《萬曆會典》卷二七有言曰：「凡漕運船隻，除運軍自帶土宜貨物外，若附帶客商勢要人等、酒麵糯米花草竹木板片器皿貨物者，將本船運軍並附載人員參問發落，貨物入官，其把總等官有犯，降一級，回衛帶俸差操。民運船不在此例。」然運軍的此種貿利行爲，甚難禁遏，且因沿途官司將領的科索，反使運軍更行增加其私貨。於是，在弘治十五年（西元一五〇二年）又題准運軍附帶土宜，不得過十石。(《萬曆會典》卷二七)。然漕船私載貨物，年年有增無減，成爲漕運上一項極大的弊端。於是「嘉靖三十九年(西元一五六〇年)題准：工部抽分廠凡遇糧船除土宜四十石外，許驗客貨。如無，放行。不許立掛號名色以誤期限。」(《萬曆會典》卷二七)。惟在萬曆七年(西元一五七九年)，准許攜帶的數額又稍見增加。《會典》載云：「萬曆七年題准：每船許帶土宜六十石，多者盡數入官。」然官方雖將限額放寬，而走私之風，卻更加熾烈，並因之將漕船私自更加擴大。萬曆末年，毛一鷺在《條議漕政疏》中乃不得不曰：「一日造船當定式也。船之有式，酌其所受以爲大小。未有漕舟漫無裁制之理。查祖制，每船載正耗米不過四百餘石，又每船許帶土宜六十石，即從寬格，每船載五六百石止矣。乃今各總船無不可容千石者，若江廣糧船，體式愈大。皆由旗軍幫造，放樣長大，恣所欲爲。捐本既重，貫利必奢。每於兌糧完後，即滿載貨物，船重如山，勢不得不灘淺起剝，移船如山，勢不得不前脫後擁。宥之則舟膠，繩之則軍遁。治一甲而令衆甲，則死且不悛，言何能喻！請自四十八年(西元一六二〇年)爲始，各省廠造，一如漕規，盡革幫造陋習。倘謂積重難返，當於江廣船制準諸今日之廠造，以廠造船制，準諸昔年之舊式，長短廣狹，俱限以制，越制者監造官必罪，不數年舊船盡而船畫一矣。船窮於有所限，貨窮於無所受，沿途既省貿易之遷延，又免膠淺之盤剝，可不煩催趲而自速矣。」(自《古今圖書集成》〈食貨典〉第一七九卷漕運部轉引)。據是可知漕船之違式越制，先是起於幫造。因船身放大，載貨加多，就不能不多加梁頭，以求堅固。然在《漕船志》中已提出警告曰：「邇來各船，身長敞闊。多添梁頭，運軍利於私載，運官敢於公占，誠當嚴禁，以杜其漸也。」《漕船志》的增修，是在嘉靖二十三年(西元一五四四年)。據此推測，則違制的大型糧船的建造，大概是始於嘉靖初葉的前後。因爲漕船的擴大，完全是違制的結果，故在官文書的萬曆重修《大明會典》中無違制漕船的尺寸的記載，是理所當然的。

後記

自一九三八到三九年的日治時代開始，我於對文史哲各方面濫讀之中，興趣逐漸集中於歷史。一九四一年，讀到了當時任教於臺北帝國大學神田喜一郎教授的〈顯出於中國史學的倫理思想〉（收於《岩波講座倫理學》第十冊），因此託同鄉前輩楊雲萍氏推介，想當神田教授的選科生；卻遇到神田教授似正好前往福建和廣東，遂未果。嗣後，我一直自己研讀白鳥庫吉、桑原騭藏、藤田豐八、高楠順次郎、塚本善隆等諸教授的論著；又讀到和辻哲郎教授的《風土》一書，使我把研讀志趣定爲東西交通史和中印佛教史。

臺北帝國大學史學科的「東洋史講座」，在教授藤田豐八去世後，由桑田六郎續任教授，其主要研究爲漢代至明初的南海史。「南洋史講座」的村上直次郎教授離開臺北帝大返日後，岩生成一升為教授，其以十六、十七世紀日本人在南洋的活動為研究主題；當時為其副教授的箭內健次，是研究十六、十七世紀的菲律賓華僑。「日本史講座」的小葉田淳副教授（當時），則是研究明代中日關係史。所以，整個臺北帝大史學科，是以對外交通史的研究為一大特色；自古代至近代，都具有相當傲人的成績。當時，雖然因境遇之故，我無緣與這些教授有所接觸，但已熟知其成績，並認眞去拜讀相關著作，獲益良多。

一九四七年三月，我開始服務於臺灣大學圖書館。當時，日本教授已多被遣散返日，幸好桑田六郎教授尙留用於臺大；我去旁聽，與宋文薰一起上課，直到桑田教授返日為止。我受到桑田教授許多指導，其返日後，也仍保持彼此的連繫。一九五三年，我在《臺灣銀行季刊》獲得臺灣史研究的發表園地後，岩生成一教授收我為其門生，幫助我獲得聯合國教科文組織獎補金（UNESCO Fellowship），到東洋文庫和東京大學留學。其時，我除了受岩生師直接的個別指導外，也有機緣在京都大學和小葉田淳教授、在九州大學與箭內健次教授晤面聆教。因此，在學術的脈絡上，我也可以算是繼承了臺北帝大史學科的學統。

雖然從戰前的一九四〇年代以來，我對東西交通史、中國海洋史就有研究的興趣，卻一直沒有寫文章發表的機會。到了一九六二年十月，臺北舉行「第二屆亞洲歷史學家會議」之前，我在當時臺大歷史系主任劉崇鋐教授的慫恿之下，終於在這次的國際學術會議發表了一篇英文論文：〈明季中國海外貿易〉（Chinese Overseas Trade in the Late Ming Period），算是我在中國海洋發展史範疇下研究發表的首篇。包遵彭先生主編的《明史論叢》在學生書局出版時，曾希望將這篇文章翻譯成中文，收在其中的《明代國際貿易》一書；但因故未能翻譯，終究延宕下來沒有發表，也致使《明代國際貿易》較他書單薄了一些。這也是由於當時的國內，相關領域研究成果缺少發表場合之故。因此，我的中國海洋發展史研究，在一九六四年八月於香港大學舉行的「亞洲史國際會議」，再以英文發表一篇〈東亞胡椒貿易〉（Pepper Trade in East Asia）後，就未再持續下去了。

一九八一年間，錦繡出版社企畫一套六冊的《中國全集》專書。擬自一九八二年一月開始，每月出版一本書；其中第五冊是《海洋中國》，其內容擬從海洋看中國的歷史發展，及其與現在、未來各產業的展望等。整套書的主編林淑滿小姐，邀請我參與撰寫歷代海洋活動部分。時一般的看法認爲：中國文化與經濟的發展，係由西北而漸趨東南、由陸地而往海洋，對海洋的認知與開拓，將爲時勢所必趨。因此，對其歷史的研究探討是很需要的；爲此，計劃先整理一篇總論，期使抓住重點，進而可以做一些專論研究。我過去雖然漫不經心地看書，總希望能更深切的認知與瞭解，所以答應寫了。但由於生就的慢筆，加以當時圖書館也忙，遂無法充分應命；最後，由編者林淑滿小姐以口述方式整理，應出版者的急需。

一九八三年，中央研究院三民主義研究所（現改爲中山人文社會科學研究所）決定推動以明、清兩代爲主的中國海洋發展史計劃。我獲故吳劍雄等同仁的熱心幫忙和陳昭南所長的提拔，進入研究所，參與計劃。此後，始能名正言順地研究海洋史，並有系統地撰寫中國海洋史專論。我在第一、二、三屆的「中國海洋發展史研討會」發表的論文，分別是：〈試論明太祖的海洋交通政策〉（一九八四年）、〈明末華人在爪哇萬丹的活動〉（一九八六年）、〈明洪武朝的中琉關係〉（一九八八年）等三篇。

我認爲，明朝前期民間的海外活動，受到嚴厲的限制；明中葉以後，始較有民間活動的資料。所以，明前期的研究需從明廷政策著眼，而以《明實錄》等官方資料，配合各項文獻和前人業績的探討；中期以後，則可藉由各種資料闡釋中國人的海外活動。所以，我對洪武朝的研究，即透過官方政策的解讀；明末爪哇萬丹等人活動的研究，則利用中外資料和論著，以瞭解明末中國人在海外活動的實況。

由於我的慢筆，每次截稿日期均未能遵守，幾乎都是在相當匆促的情況下完成論文；甚至，有在開會前一天，還留在研究所挑燈夜戰，勉強應付開會。同仁見我如此年紀，寫得如此辛苦，勸我不必再寫；所以，四、五兩屆的「中國海洋發展史研討會」，我都暫時休息。到第六屆，我才開始再寫。在該屆，我發表〈英國東印度公司與臺灣鄭氏政權〉一文。此文收於拙另著《臺灣早期歷史研究續集》一書。第七屆，我發表了〈從鄭和下西洋看明成祖的海外政策〉；第八屆——即今年

（二〇〇〇年三月三十一日），又發表〈十七、十八世紀海外華人慘案初探〉一文。

本書收錄的文章，即以總論性的〈中國海洋史話〉爲首篇；其次，即是在中央研究院中山人文社會科學研究所各屆《中國海洋發展史論文集》發表的文章，各篇依出版年代順序收錄。惟第七屆的〈從鄭和下西洋看明成祖的海外政策〉和第八屆〈十七、十八世紀海外華人慘案初探〉二文，因尚未修訂，未收錄於本書。

由於對環中國海域交流歷史的關心，地處交通要津且在臺灣近鄰的琉球歷史，也引起我相當的研究興趣。適巧，臺灣大學在故文學院長沈剛伯教授的鼓吹之下，早有出版臺大所藏琉球重要資料《歷代寶案》的計劃。臺大圖書館由賴永祥教授主持，我協助；而在賴教授於一九七〇年離開臺大赴美後，即改由我負責。一九六五年，我在赴日於東洋文庫研究之際，也曾順便參加由故和田久德教授主持的「歷代寶案研究會」。一九八三年，琉球學界組團來臺、開啓兩地的文化交流後，我曾應邀到琉球演講；因此，對中琉關係、琉球與東亞海域交易圈關係的撰寫討論，也成爲我海洋史研究的一環。本書收錄的〈關於琉球程順則與其所刊刻《指南廣義》〉一文，則是陳捷先教授於一九八六年初次與東京明治大學合作、由聯合報國學文獻館主辦的「中國域外漢籍國際學術會議」，邀我參加所發表的論文。

〈糧船〉一文，係譯注性質的文字。這篇譯文，是藪內清所編《天工開物の研究》（一九五三年）書中的一篇。由於臺大圖書館長蘇薌雨受教育部之託，主持該書的中譯；而其時，同仁中只我購得日文原書，所以不但參與翻譯工作，原書也被廣爲流用。我選關於糧船的這篇來譯，是因文章最短；儘管如此，我當時還是對譯注下了一點功夫。

我的長年研究過程，先後曾有數不清的前輩、長者、朋友，和後起之秀、學生等的期望、提拔、鼓勵、推動、刺激等，使我能走到現在。由於生長的環境，我自孩童至青年，無論讀書、學習、思考、表達，均以日文爲主，因此我對中文的落筆撰寫較爲遲慢；加以年輕時，爲飯碗問題而有職務在身，所以僅能做業餘的研究；退休後，時間雖然較爲充裕，卻年紀漸大。是以回顧起來，總覺得自己做得還不夠。朋友和學生，時常催我把過去的文章再結集出書，但一是無時間，也難得鼓起心情修改舊稿；二是又覺不如另寫新東西較有意思，所以一直猶豫不決。

無論如何，本書終於還是要出版了。我要感謝多年來的朋友——聯經出版事業公司總編輯林載爵先生的再三、再四催迫出書，其好意難卻。我的書固定由同一出版商刊行，是想到對自己或其他人士找書會比較方便。我也感謝聯經的沙淑芬小姐爲本書編輯出版所付出的辛勞，還感謝中央研究院臺灣史研究所籌備處的詹素娟小姐爲本書出版做無私的幫忙。

中國海洋史論集

2000年10月初版　　定價：新臺幣450元
2016年4月二版

著　者	曹　永　和	
總編輯	胡　金　倫	
總經理	羅　國　俊	
發行人	林　載　爵	

出版者	聯經出版事業股份有限公司	責任編輯	沙　淑　芬
地址	台北市基隆路一段180號4樓	封面設計	王　振　宇
台北聯經書房	台北市新生南路三段94號		
電話	(02)23620308		
台中分公司	台中市北區崇德路一段198號		
暨門市電話	(04)22312023		
郵政劃撥帳戶第	0100559-3號		
郵撥電話	(02)23620308		
印刷者	世和印製企業有限公司		
總經銷	聯合發行股份有限公司		
發行所	新北市新店區寶橋路235巷6弄6號2F		
電話	(02)29178022		

行政院新聞局出版事業登記證局版臺業字第0130號

本書如有缺頁，破損，倒裝請寄回台北聯經書房更換。　ISBN 978-957-08-4727-7 (精裝)
聯經網址 http://www.linkingbooks.com.tw
電子信箱 e-mail:linking@udngroup.com

國家圖書館出版品預行編目資料

中國海洋史論集 / 曹永和著 .
--二版 . --臺北市：聯經，2016年
360面；14.8×21公分 .
ISBN 978-957-08-4727-7（精裝）
[2016年4月二版]

1.東西方關係 2.中國史 3.文學

640.7 105006561

臺灣研究叢刊

臺灣早期歷史研究	曹永和著
清代臺灣之鄉治	戴炎輝著
臺灣的人口變遷與社會變遷	陳紹馨著
臺灣農業發展的經濟分析	李登輝著
光復前臺灣之工業化	張宗漢著
臺灣土著民族的社會與文化	李亦園著
臺灣民間信仰論集	劉枝萬著
臺灣土著社會文化研究論文集	黃應貴主編
日據時代臺灣之財政	黃通、張宗漢、李昌槿編
臺灣歌仔戲的發展與變遷	曾永義著
臺灣開發史研究	尹章義著
臺灣鳥類研究開拓史	劉克襄著
戰後臺灣農民價值取向的轉變	廖正宏、黃俊傑著
臺灣土著文化研究	陳奇祿著
清代臺灣社會經濟	王世慶著
協力網絡與生活結構——台灣中小企業的社會經濟分析	陳介玄著
貨幣網絡與生活結構	陳介玄著
台灣地區開闢史料學術論文集	國學文獻館編
台灣產業的社會學研究	陳介玄著
茶、糖、樟腦業與臺灣之社會經濟變遷	林滿紅著
台灣日治時期的法律改革	王泰升著
頭家娘：台灣中小企業「頭家娘」的經濟活動與社會意義	高承恕著
荷據時代台灣史	楊彥杰著
荷蘭人在福爾摩莎	程紹剛譯註
臺灣早期歷史研究續集	曹永和著

現代名著譯叢

極權主義	蔡英文譯
法律的理念	張茂柏譯
自然法——法律哲學導論	李日章譯
人文科學的邏輯	關子尹譯
論康德與黑格爾	關子尹譯
六大觀念：真、善、美、自由、平等、正義	蔡坤鴻譯
康德〔純粹理性批判〕導讀	李明輝譯
黑格爾與現代社會	徐文瑞譯
論小說與小說家	瞿世鏡譯
倫理學原理	蔡坤鴻譯
托馬斯・摩爾	梁懷德譯
制憲風雲——美國立憲奇蹟	孫北堂譯
法國1968：終結的開始	趙剛譯註
西方政治傳統：近代自由主義之發展	李豐斌譯
論民主	李柏光、林猛譯
後現代性的起源	王晶譯
共同體的基礎理論	于嘉雲譯
倫理與經濟	劉楚俊譯
宇宙與歷史	楊儒賓譯
超越左派右派：激進政治的未來	李惠斌、楊雪冬譯
星空中的普魯斯特	廖月娟譯
馬丹・蓋赫返鄉記	江政寬譯